KB276108

고사성어 쓰기

초판 발행   2013년 01월 30일
초판 11쇄   2026년 02월 10일

편저   바른한자사용연구회
발행인   이재현
발행처   리틀씨앤톡

등록일자   2022년 9월 23일
등록번호   제 2022-000106호

ISBN   978-89-6098-134-8 (13710)

주소   경기도 파주시 문발로 405 제2출판단지 활자마을
홈페이지   www.seentalk.co.kr
전화   02-338-0092
팩스   02-338-0097

상식의 폭을 넓혀주는

고사성어 쓰기

바른한자사용연구회 편저

머리말

고사성어를 알면 신화, 역사, 고전 상식이 풍부해진다.

'고사성어'는 고사에서 연유한 말로, 신화, 전설, 역사, 고전문학 작품 등에서 나온 말이 포함된다. 교훈, 경구, 비유, 상징어 등으로 사용되며, 관용구나 속담으로도 쓰여, 언어표현을 보다 풍부하게 해준다. 한국과 중국에서 발생한 고사성어는 사자성어가 대부분이지만, 단순한 단어로서 예사롭게 쓰는 '완벽'이나 벼슬에서 물러난다는 '계관', 도둑을 뜻하는 '녹림' 등도 고사성어에 속한다. 고사성어의 대부분은 우리말로 토착화하여 속담으로 일컬어지기도 한다. 《고사성어 쓰기》를 통해 우리가 자주 사용하는 고사성어의 의미를 제대로 알고, 한자 쓰기와 읽기도 자연스럽게 익숙해질 것이다.

漢字의 쓰기순서(筆順)

❶ 위부터 아래로 쓴다【상하구조】

三 석삼 | 三 三 三

❷ 왼쪽에서 오른쪽으로 쓴다【좌우구조】

校 학교교 | 校校校校校校校校校校

❸ 가로획과 세로획이 서로 만날 때는 가로획을 먼저 쓴다.

十 열십 | 十 十

❹ 삐침(丿)과 파임(乀)이 만날 때는 삐침을 먼저 쓴다.

文 글월문 | 文 文 文 文

❺ 좌우 대칭인 경우에는 가운데를 먼저 쓰고 왼쪽, 오른쪽 순서로 쓴다.

小 작을소 | 小 小 小

❻ 안과 바깥쪽이 있을 때는 바깥쪽을 먼저 쓴다【내외구조】

同 한가지동 | 同 同 同 同 同 同

❼ 글자 전체를 꿰뚫는 세로획은 나중에 쓴다.

車 수레거 | 車 車 車 車 車 車 車

❽ 오른쪽 위의 점은 나중에 쓴다.

代 대신할대 | 代 代 代 代 代

❾ 받침은 2종류인데 '題'는 받침을 먼저 쓰고, '近'은 받침을 나중에 쓴다.

題 제목제 | 題 題 題 題 題 題 題 題 題 題 題 題
近 가까울근 | 近 近 近 近 近 近 近 近

★ 이상의 9가지 원칙을 염두에 두고 쓰기 연습을 하면 한자를 바르고 쉽게 쓸 수 있다.

父爲子綱(부위자강) : 아들은 아버지를 섬기는 근본이고

君爲臣綱(군위신강) : 신하는 임금을 섬기는 근본이고

夫爲婦綱(부위부강) : 아내는 남편을 섬기는 근본이다.

君臣有義(군신유의) : 임금과 신하는 의가 있어야 하고

父子有親(부자유친) : 아버지와 아들은 친함이 있어야 하며

夫婦有別(부부유별) : 남편과 아내는 분별이 있어야 하며

長幼有序(장유유서) : 어른과 어린이는 차례가 있어야 하고

朋友有信(붕우유신) : 벗과 벗은 믿음이 있어야 한다.

不孝父母死後悔(불효부모사후회) : 부모에게 효도하지 않으면 죽은 뒤에 뉘우친다.

不親家族訴後悔(불친가족소후회) : 가족에게 친절치 않으면 멀어진 뒤에 뉘우친다.

少不勤學老後悔(소불근학노후회) : 젊을 때 부지런히 배우지 않으면 늙어서 뉘우친다.

安不思難敗後悔(안불사난패후회) : 편할 때 어려움을 생각지 않으면 실패 후에 뉘우친다.

富不儉用貧後悔(부불검용빈후회) : 편할 때 아껴쓰지 않으면 가난한 후에 뉘우친다.

春不耕種秋後悔(춘불경종추후회) : 봄에 종자를 갈지 않으면 가을에 뉘우친다.

不治壇墻盜後悔(불치단장도후회) : 담장을 고치지 않으면 도적 맞은 후에 뉘우친다.

色不謹身病後悔(색불근신병후회) : 색을 삼가치 않으면 병든 후에 뉘우친다.

醉中妄言醒後悔(취중망언성후회) : 술 취할 때 망언된 말은 술 깬 뒤에 뉘우친다.

不接賓客去後悔(불접빈객거후회) : 손님을 접대하지 않으면 간 뒤에 뉘우친다.

可欺宜方 가기의방 | 그럴 듯한 방법으로 남을 기만하는 것.

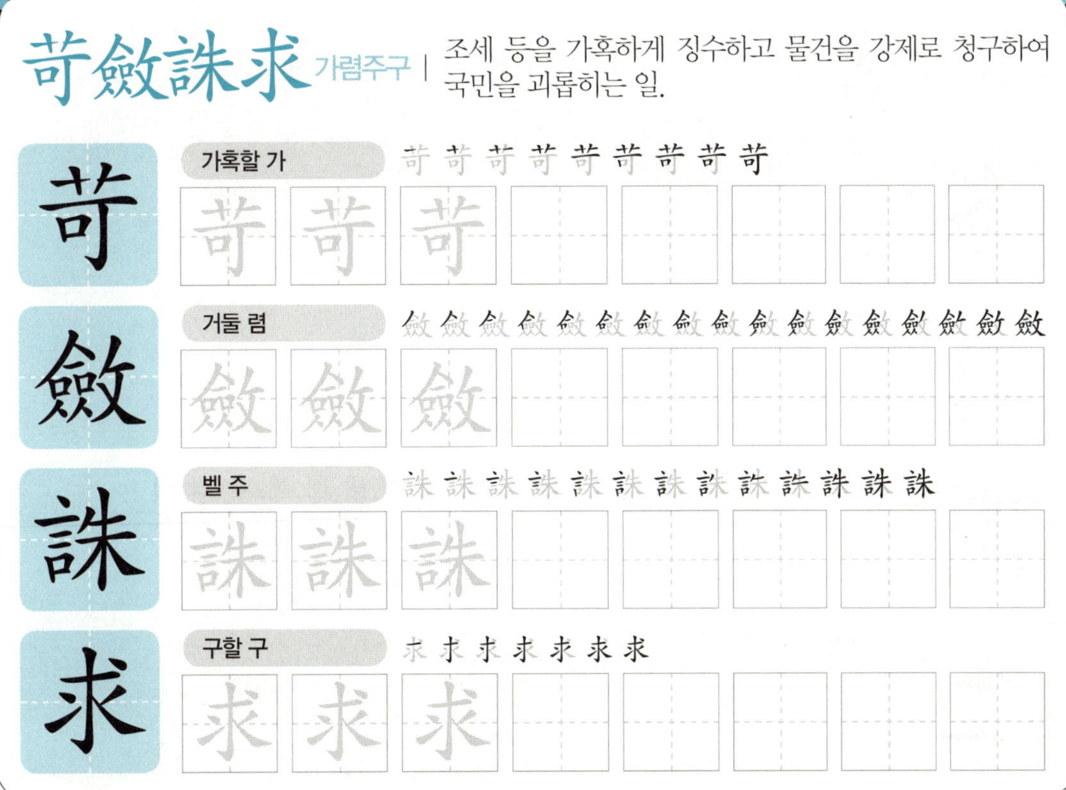

옳을 가	可可可可可
속일 기	欺欺欺欺欺欺欺欺欺欺欺欺
마땅할 의	宜宜宜宜宜宜宜宜
모 방	方方方方

苛斂誅求 가렴주구 | 조세 등을 가혹하게 징수하고 물건을 강제로 청구하여 국민을 괴롭히는 일.

가혹할 가	苛苛苛苛苛苛苛苛苛
거둘 렴	斂斂斂斂斂斂斂斂斂斂斂斂斂斂斂斂
벨 주	誅誅誅誅誅誅誅誅誅誅誅誅誅
구할 구	求求求求求求求

刻骨難忘 각골난망 | 은혜를 마음 속 깊이 새겨 잊지 않음.

| 새길 각 | 刻 刻 刻 刻 刻 刻 刻 刻 |
| 刻 | 刻　刻　刻 |

| 뼈 골 | 骨 骨 骨 骨 骨 骨 骨 骨 骨 骨 |
| 骨 | 骨　骨　骨 |

| 어려울 난 | 難 難 難 難 難 難 難 難 難 難 難 難 難 難 難 難 難 難 |
| 難 | 難　難　難 |

| 잊을 망 | 忘 忘 忘 忘 忘 忘 忘 |
| 忘 | 忘　忘　忘 |

各自圖生 각자도생 | 제각기 자신이 살아 나갈 방법을 도모함.

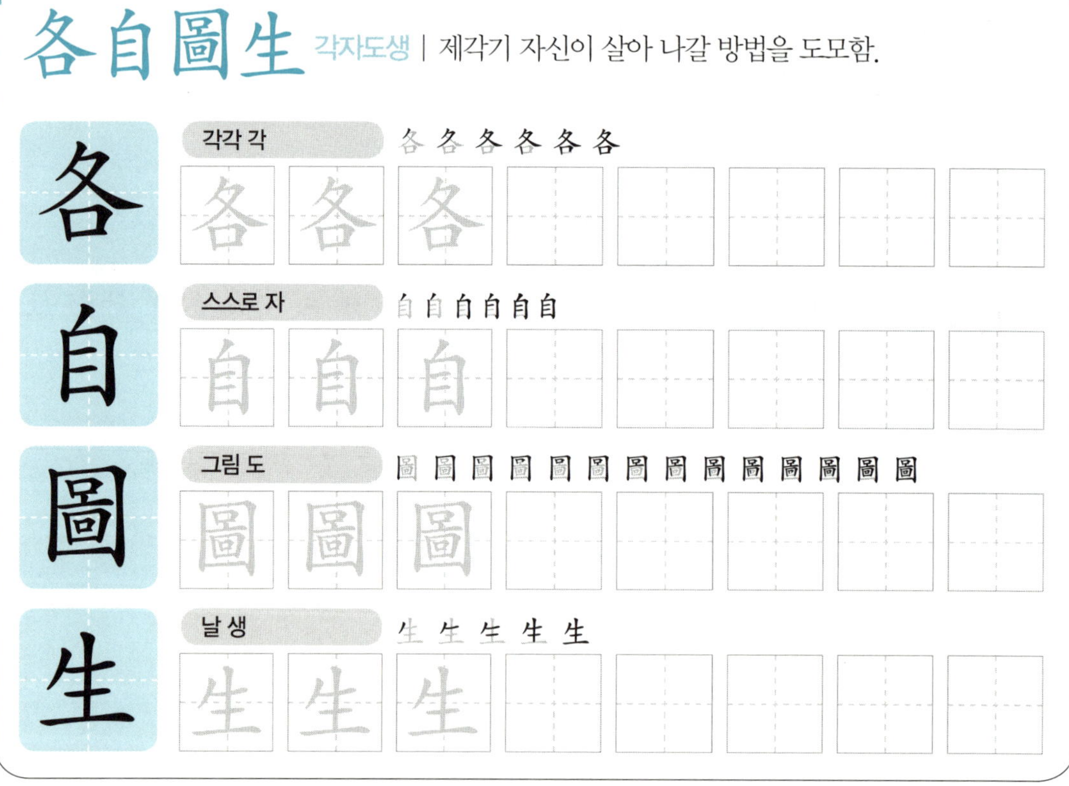

| 각각 각 | 各 各 各 各 各 各 |
| 各 | 各　各　各 |

| 스스로 자 | 自 自 自 自 自 自 |
| 自 | 自　自　自 |

| 그림 도 | 圖 圖 圖 圖 圖 圖 圖 圖 圖 圖 圖 圖 圖 圖 |
| 圖 | 圖　圖　圖 |

| 날 생 | 生 生 生 生 生 |
| 生 | 生　生　生 |

刻舟求劍 각주구검 | 판단력이 둔하여 세상일에 어둡고 어리석음을 이르는 말.

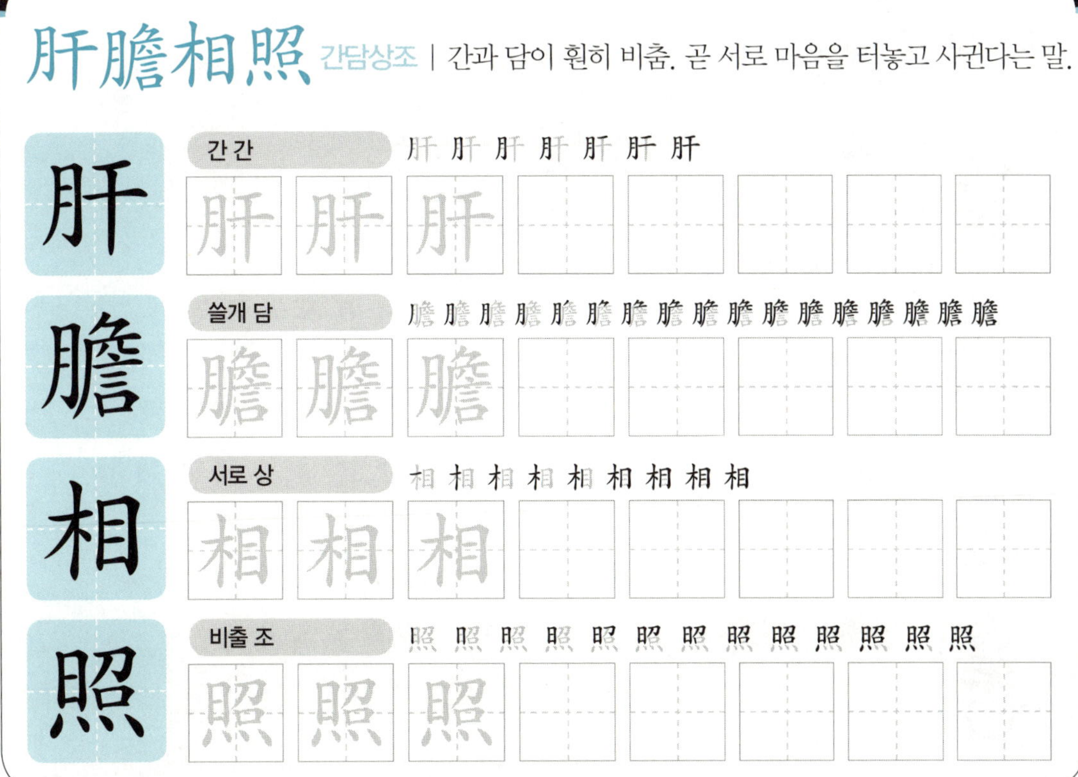

刻	새길 각	刻 刻 刻 刻 刻 刻 刻 刻
舟	배 주	舟 舟 舟 舟 舟 舟
求	구할 구	求 求 求 求 求 求 求
劍	칼 검	劍 劍 劍 劍 劍 劍 劍 劍 劍 劍 劍 劍 劍 劍 劍

肝膽相照 간담상조 | 간과 담이 훤히 비춤. 곧 서로 마음을 터놓고 사귄다는 말.

肝	간 간	肝 肝 肝 肝 肝 肝 肝
膽	쓸개 담	膽 膽 膽 膽 膽 膽 膽 膽 膽 膽 膽 膽 膽 膽
相	서로 상	相 相 相 相 相 相 相 相 相
照	비출 조	照 照 照 照 照 照 照 照 照 照 照 照 照

甘言利說 감언이설 | 남에게 비위를 맞혀 달콤한 말과 이로운 조건을 거짓으로 붙여 꾀는 말.

달 감	甘 甘 甘 甘 甘
말씀 언	言 言 言 言 言 言 言
이로울 리	利 利 利 利 利 利 利
말씀 설	說 說 說 說 說 說 說 說 說 說 說 說 說

改過遷善 개과천선 | 잘못된 점을 고쳐 착하게 됨.

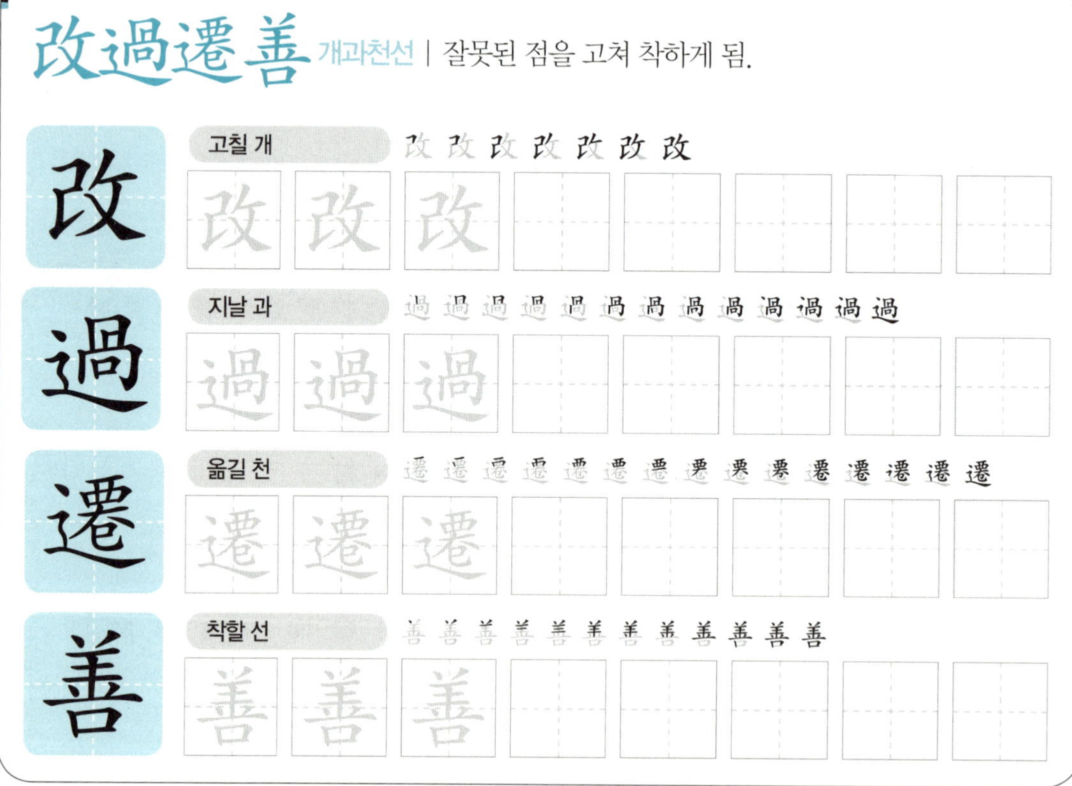

고칠 개	改 改 改 改 改 改 改
지날 과	過 過 過 過 過 過 過 過 過 過 過 過
옮길 천	遷 遷 遷 遷 遷 遷 遷 遷 遷 遷 遷 遷 遷
착할 선	善 善 善 善 善 善 善 善 善 善 善 善

蓋世之才 개세지재 | 세상을 마음대로 다스릴 만한 뛰어난 재기(才氣).

| 덮을 개 | 蓋 蓋 蓋 蓋 蓋 蓋 蓋 蓋 蓋 蓋 蓋 蓋 蓋 蓋 |

| 인간 세 | 世 世 世 世 世 |

| 갈 지 | 之 之 之 之 |

| 재주 재 | 才 才 才 |

乾坤一擲 건곤일척 | 운명과 흥망을 걸고 한 판으로 승부나 성패를 겨룸.

| 하늘 건 | 乾 乾 乾 乾 乾 乾 乾 乾 乾 乾 乾 |

| 땅 곤 | 坤 坤 坤 坤 坤 坤 坤 坤 |

| 한 일 | 一 |

| 던질 척 | 擲 擲 擲 擲 擲 擲 擲 擲 擲 擲 擲 擲 擲 擲 擲 |

見利思義 견리사의 | 눈 앞에 이익이 보일 때만 의리를 생각하는 것.

볼 견	見 見 見 見 見 見 見
이로울 리	利 利 利 利 利 利 利
생각 사	思 思 思 思 思 思 思 思 思
옳을 의	義 義 義 義 義 義 義 義 義 義 義 義

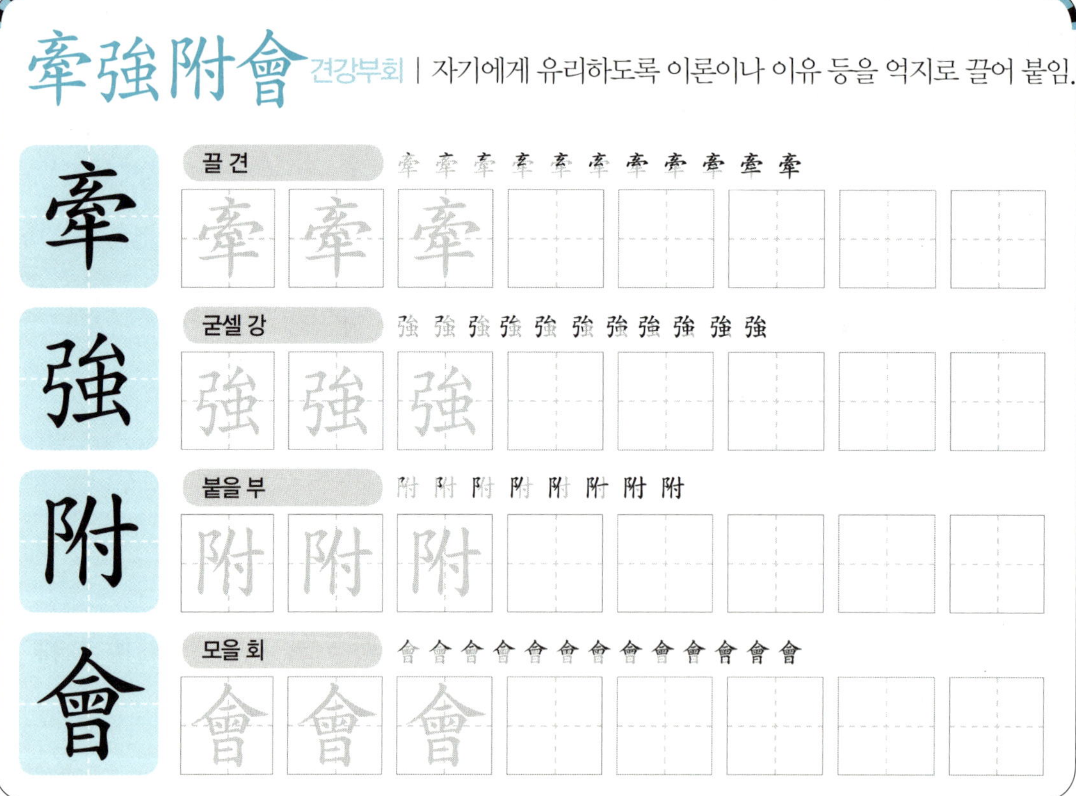

牽強附會 견강부회 | 자기에게 유리하도록 이론이나 이유 등을 억지로 끌어 붙임.

끌 견	牽 牽 牽 牽 牽 牽 牽 牽 牽 牽 牽
굳셀 강	強 強 強 強 強 強 強 強 強 強 強
붙을 부	附 附 附 附 附 附 附 附
모을 회	會 會 會 會 會 會 會 會 會 會 會 會 會

見蚊拔劍 견문발검 | 모기를 보고 칼을 뺌. 곧 작은 일에 크게 성내어 덤빔.

見

볼 견　見 見 見 見 見 見 見

蚊

모기 문　蚊 蚊 蚊 蚊 蚊 蚊 蚊 蚊 蚊 蚊

拔

뺄 발　拔 拔 拔 拔 拔 拔 拔 拔

劍

칼 검　劍 劍 劍 劍 劍 劍 劍 劍 劍 劍 劍 劍 劍 劍 劍

見物生心 견물생심 | 물건을 보면 욕심이 생김.

見

볼 견　見 見 見 見 見 見 見

物

물건 물　物 物 物 物 物 物 物 物

生

날 생　生 生 生 生 生

心

마음 심　心 心 心 心

見危授命 견위수명 | 나라가 위태로울때 목숨을 아끼지 않고 나라를 위하여 싸움.

볼 견	見見見見見見見
위태할 위	危危危危危危
줄 수	授授授授授授授授授授
목숨 명	命命命命命命命命

結草報恩 결초보은 | 죽어서 혼령이 되어도 그 은혜를 잊지 않고 갚음.

맺을 결	結結結結結結結結結結結
풀 초	草草草草草草草草草草
갚을 보	報報報報報報報報報報報報
은혜 은	恩恩恩恩恩恩恩恩恩恩

謙讓之德 겸양지덕 | 겸손하고 사양하는 미덕.

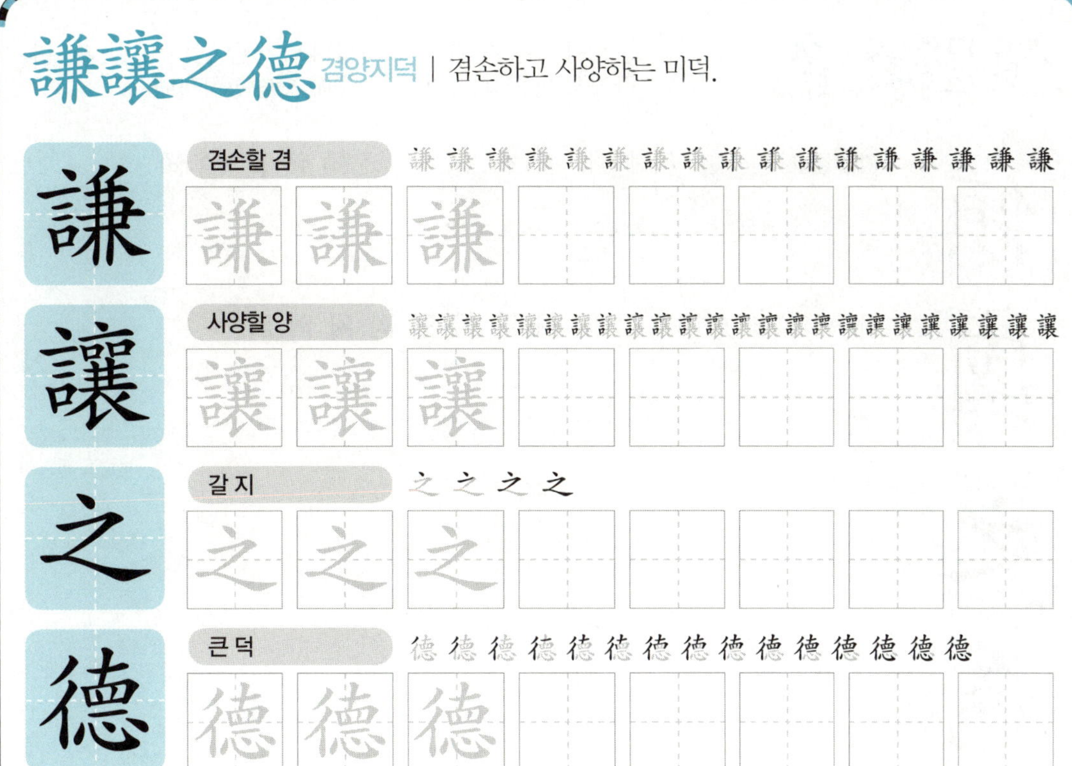

| 겸손할 겸 | | | | | | | | |
| 謙 | 謙 | 謙 | | | | | | |

| 사양할 양 | | | | | | | | |
| 讓 | 讓 | 讓 | | | | | | |

| 갈 지 | | | | | | | | |
| 之 | 之 | 之 | | | | | | |

| 큰 덕 | | | | | | | | |
| 德 | 德 | 德 | | | | | | |

輕擧妄動 경거망동 | 경솔하고 망령된 행동.

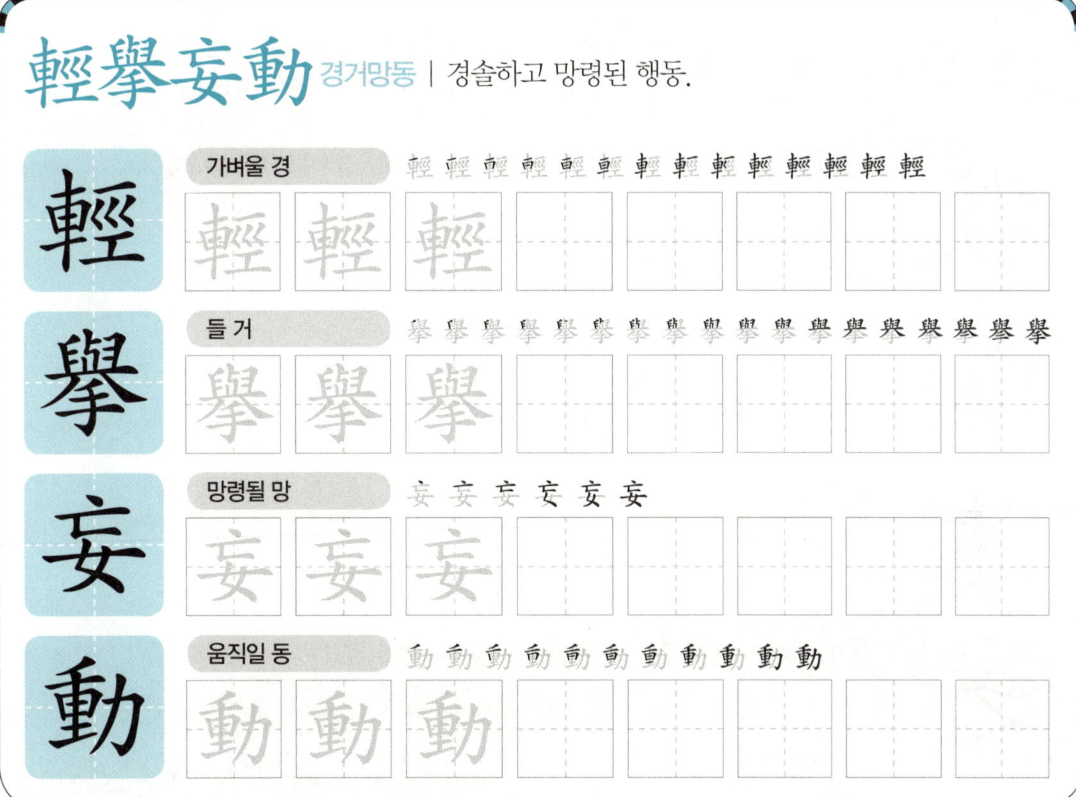

| 가벼울 경 | | | | | | | |
| 輕 | 輕 | 輕 | | | | | |

| 들 거 | | | | | | | |
| 擧 | 擧 | 擧 | | | | | |

| 망령될 망 | | | | | | | |
| 妄 | 妄 | 妄 | | | | | |

| 움직일 동 | | | | | | | |
| 動 | 動 | 動 | | | | | |

傾國之色 경국지색 | 군왕이 혹하여 나라가 뒤집혀도 모를 만한 미인. 곧 나라에서 으뜸가는 미인. = 傾城之美(경성지미)

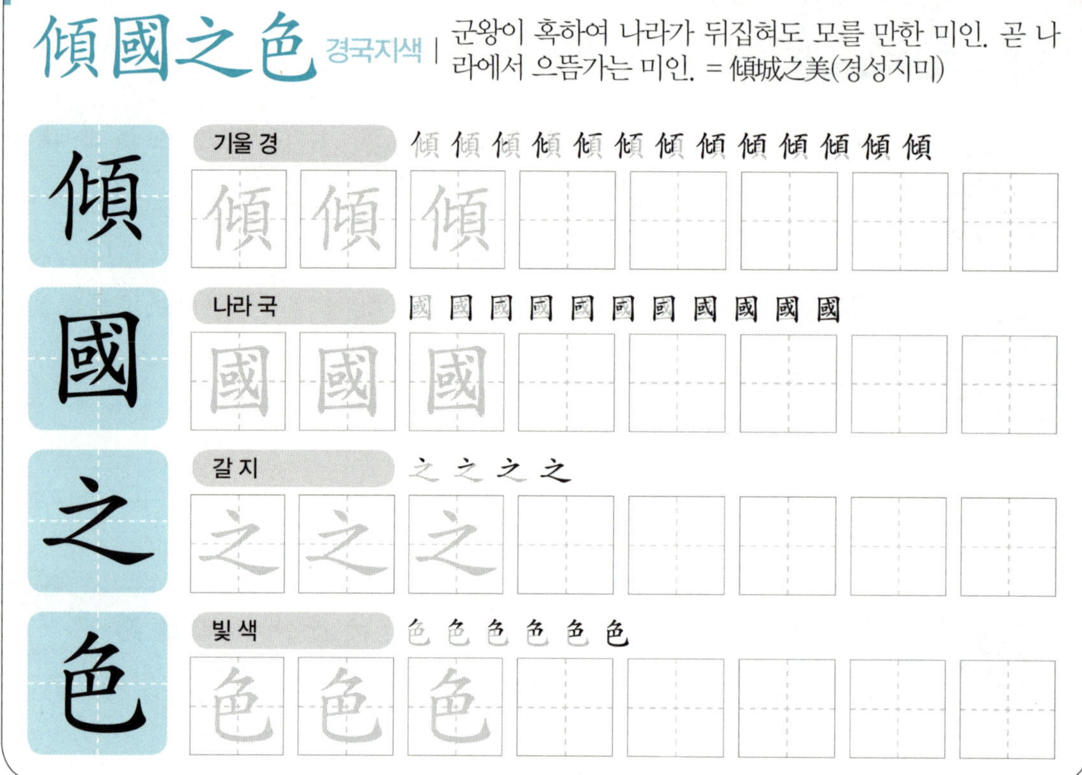

기울 경	傾
나라 국	國
갈 지	之
빛 색	色

敬而遠之 경이원지 | ① 겉으로는 공경하는 척하나 속으로는 멀리함.
② 존경하기는 하되 가까이하지는 아니함.

공경할 경	敬
말이을 이	而
멀 원	遠
갈 지	之

經天緯地 경천위지 | 천하를 경륜하여 온 세상을 다스림.

경서 경	經 經 經 經 經 經 經 經 經 經 經 經
하늘 천	天 天 天 天
씨줄 위	緯 緯 緯 緯 緯 緯 緯 緯 緯 緯 緯 緯 緯
땅 지	地 地 地 地 地 地

鷄口牛後 계구우후 | 닭의 부리와 소의 꼬리라는 말로, 큰 단체의 꼴찌보다는 작은 단체의 우두머리가 되라는 뜻.

닭 계	鷄 鷄 鷄 鷄 鷄 鷄 鷄 鷄 鷄 鷄 鷄 鷄 鷄 鷄 鷄 鷄 鷄 鷄 鷄 鷄
입 구	口 口 口
소 우	牛 牛 牛 牛
뒤 후	後 後 後 後 後 後 後 後 後

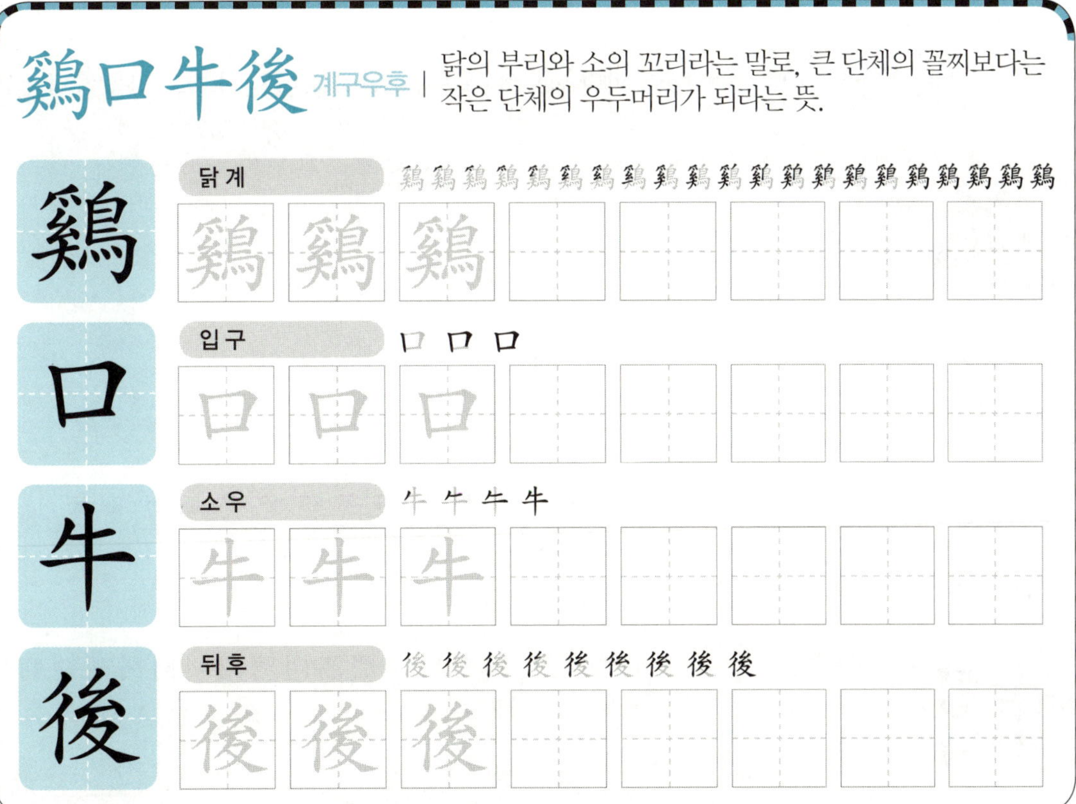

鷄卵有骨 계란유골 | 계란에도 뼈가 있다는 뜻으로, 공교롭게 일이 방해됨을 이르는 말.

닭 계	鷄 鷄 鷄 鷄 鷄 鷄 鷄 鷄 鷄 鷄 鷄 鷄 鷄 鷄 鷄 鷄 鷄 鷄 鷄 鷄
알 란	卵 卵 卵 卵 卵 卵 卵
있을 유	有 有 有 有 有 有
뼈 골	骨 骨 骨 骨 骨 骨 骨 骨 骨 骨

孤軍奮鬪 고군분투 | 약한 힘으로 누구의 도움도 없이 힘에 겨운 일을 해내감.

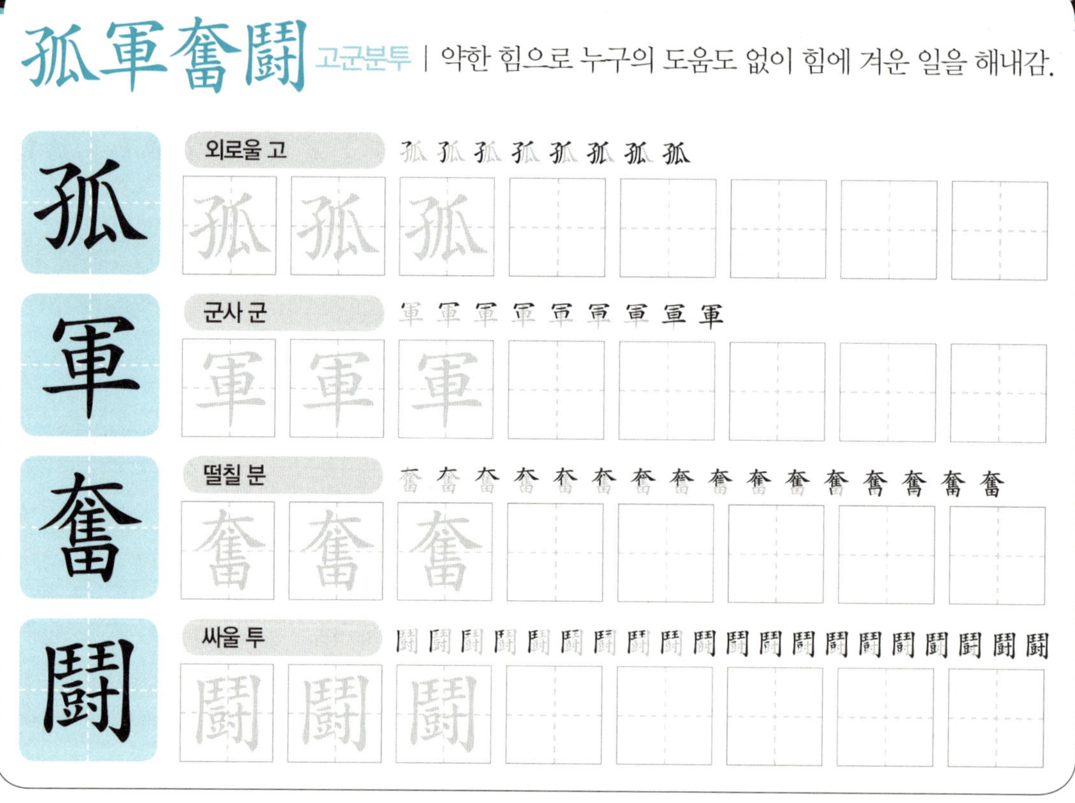

외로울 고	孤 孤 孤 孤 孤 孤 孤 孤
군사 군	軍 軍 軍 軍 軍 軍 軍 軍 軍
떨칠 분	奮 奮 奮 奮 奮 奮 奮 奮 奮 奮 奮 奮 奮 奮 奮
싸울 투	鬪 鬪 鬪 鬪 鬪 鬪 鬪 鬪 鬪 鬪 鬪 鬪 鬪 鬪 鬪 鬪 鬪 鬪 鬪 鬪

鼓腹擊壤 고복격양 | 입을 옷과 먹을 것이 풍부하여 안락하게 태평 세월을 즐김을 뜻함.

북고	鼓 鼓 鼓 鼓 鼓 鼓 鼓 鼓 鼓 鼓 鼓 鼓 鼓
배복	腹 腹 腹 腹 腹 腹 腹 腹 腹 腹 腹 腹 腹
칠격	擊 擊 擊 擊 擊 擊 擊 擊 擊 擊 擊 擊 擊 擊 擊
부드러운흙 양	壤 壤 壤 壤 壤 壤 壤 壤 壤 壤 壤 壤 壤 壤 壤 壤

高峯峻嶺 고봉준령 | 높이 솟은 산봉우리와 험준한 산마루.

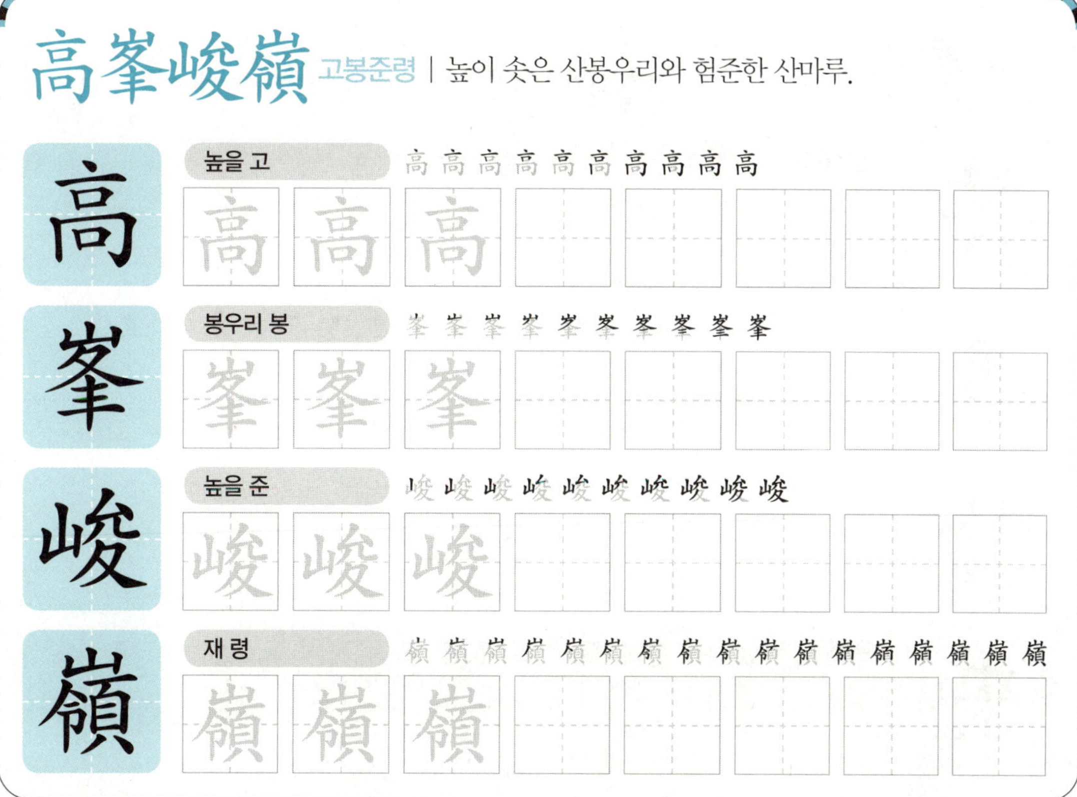

높을 고	高 高 高 高 高 高 高 高 高 高
봉우리 봉	峯 峯 峯 峯 峯 峯 峯 峯 峯 峯
높을 준	峻 峻 峻 峻 峻 峻 峻 峻 峻
재 령	嶺 嶺 嶺 嶺 嶺 嶺 嶺 嶺 嶺 嶺 嶺 嶺 嶺 嶺 嶺 嶺 嶺

孤掌難鳴 고장난명 | 외손뼉은 울리기 어렵다는 뜻으로, 혼자서는 일을 이룰 수 없음을 비유하는 말.

| 외로울 고 | 孤 孤 孤 孤 孤 孤 孤 孤 |
| 孤 孤 孤 | |

| 손바닥 장 | 掌 掌 掌 掌 掌 掌 掌 掌 掌 掌 掌 |
| 掌 掌 掌 | |

| 어려울 난 | 難 難 難 難 難 難 難 難 難 難 難 難 難 難 難 難 難 難 難 |
| 難 難 難 | |

| 울 명 | 鳴 鳴 鳴 鳴 鳴 鳴 鳴 鳴 鳴 鳴 鳴 鳴 鳴 鳴 |
| 鳴 鳴 鳴 | |

苦盡甘來 고진감래 | 쓴 것이 다하면 단 것이 온다는 고사로, 고생이 끝나면 영화가 온다는 말. ↔ 興盡悲來(흥진비래)

| 괴로울 고 | 苦 苦 苦 苦 苦 苦 苦 苦 苦 |
| 苦 苦 苦 | |

| 다할 진 | 盡 盡 盡 盡 盡 盡 盡 盡 盡 盡 盡 盡 盡 盡 |
| 盡 盡 盡 | |

| 달 감 | 甘 甘 甘 甘 甘 |
| 甘 甘 甘 | |

| 올 래 | 來 來 來 來 來 來 來 來 |
| 來 來 來 | |

骨肉相爭 골육상쟁 | 뼈와 살이 서로 싸운다는 말로, 동족끼리 서로 싸움.

뼈 골	骨
고기 육	肉
서로 상	相
다툴 쟁	爭

公卿大夫 공경대부 | 삼공(三公)과 구경(九卿) 등 벼슬이 높은 사람들.

공평할 공	公
벼슬 경	卿
큰 대	大
지아비 부	夫

誇大妄想

誇大妄想 과대망상 | 무리하게 과장된 것을 믿는 망령된 생각.

| 자랑할 과 | 誇誇誇誇誇誇誇誇誇誇誇誇 |
| 誇 | 誇 誇 誇 |

| 큰 대 | 大 大 大 |
| 大 | 大 大 大 |

| 망령될 망 | 妄 妄 妄 妄 妄 妄 |
| 妄 | 妄 妄 妄 |

| 생각할 상 | 想 想 想 想 想 想 想 想 想 想 想 想 |
| 想 | 想 想 想 |

過猶不及

過猶不及 과유불급 | 모든 사물이 정도를 지나치면 도리어 미치지 못함.

| 지날 과 | 過 過 過 過 過 過 過 過 過 過 過 過 |
| 過 | 過 過 過 |

| 오히려 유 | 猶 猶 猶 猶 猶 猶 猶 猶 猶 猶 猶 |
| 猶 | 猶 猶 猶 |

| 아닐 불·부 | 不 不 不 不 |
| 不 | 不 不 不 |

| 미칠 급 | 及 及 及 及 |
| 及 | 及 及 及 |

巧言令色 교언영색 | 남의 환심(歡心)을 사기 위하여 아첨하는 교묘한 말과 보기 좋게 꾸미는 얼굴빛.

공교로울 교	巧 巧 巧 巧 巧
말씀 언	言 言 言 言 言 言 言
하여금 령	令 令 令 令 令
빛 색	色 色 色 色 色 色

九曲肝腸 구곡간장 | 굽이굽이 사무치는 애타는 마음속.

아홉 구	九 九
굽을 곡	曲 曲 曲 曲 曲 曲
간 간	肝 肝 肝 肝 肝 肝 肝
창자 장	腸 腸 腸 腸 腸 腸 腸 腸 腸 腸 腸 腸

救國干城 구국간성 | 나라를 위기에서 구하여 지키는 믿음직한 군인이나 인물.

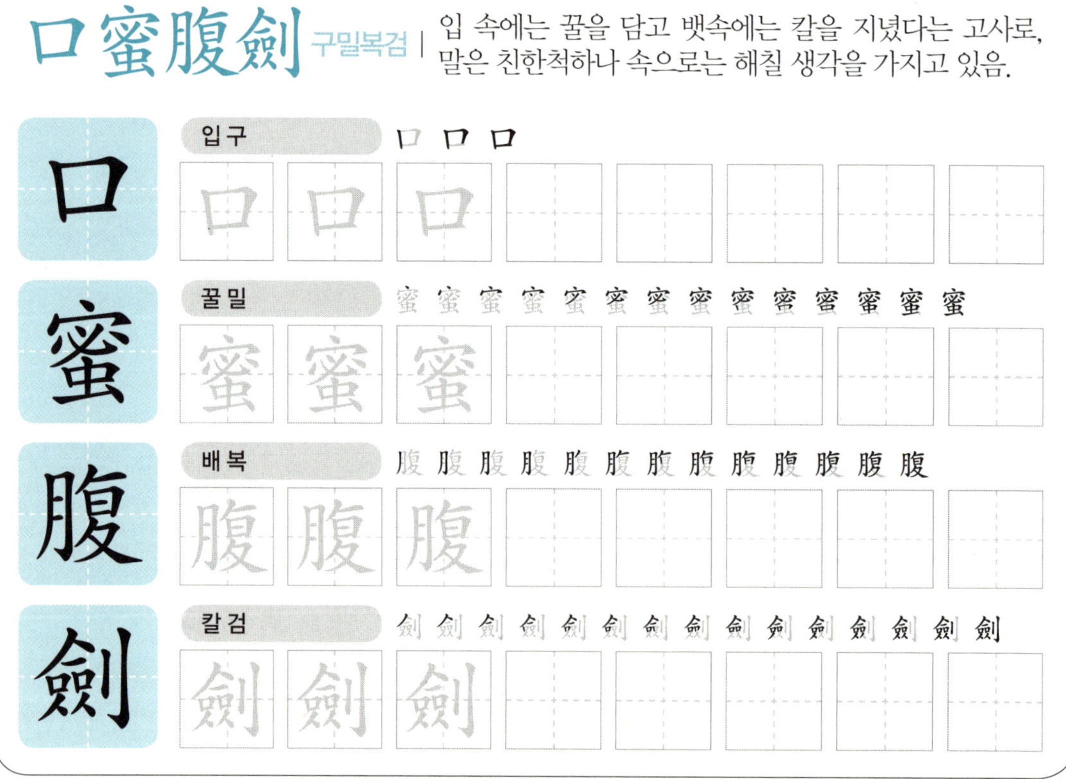

救國干城

구원할 구	救 救 救 救 救 救 救 救 救 救 救
나라 국	國 國 國 國 同 國 國 國 國 國 國
방패 간	干 干 干
재 성	城 城 城 城 城 城 城 城 城 城

口蜜腹劍 구밀복검 | 입 속에는 꿀을 담고 뱃속에는 칼을 지녔다는 고사로, 말은 친한척하나 속으로는 해칠 생각을 가지고 있음.

口蜜腹劍

입 구	口 口 口
꿀 밀	蜜 蜜 蜜 蜜 蜜 蜜 蜜 蜜 蜜 蜜 蜜 蜜 蜜
배 복	腹 腹 腹 腹 腹 腹 腹 腹 腹 腹 腹 腹
칼 검	劍 劍 劍 劍 劍 劍 劍 劍 劍 劍 劍 劍 劍 劍

九死一生 구사일생 | 아홉번 죽을 뻔하다가 한 번 살아난다는 뜻으로, 어렵게 죽을 고비에서 살아남.

아홉 구	九 九
죽을 사	死 死 死 死 死 死
한 일	一
날 생	生 生 生 生 生

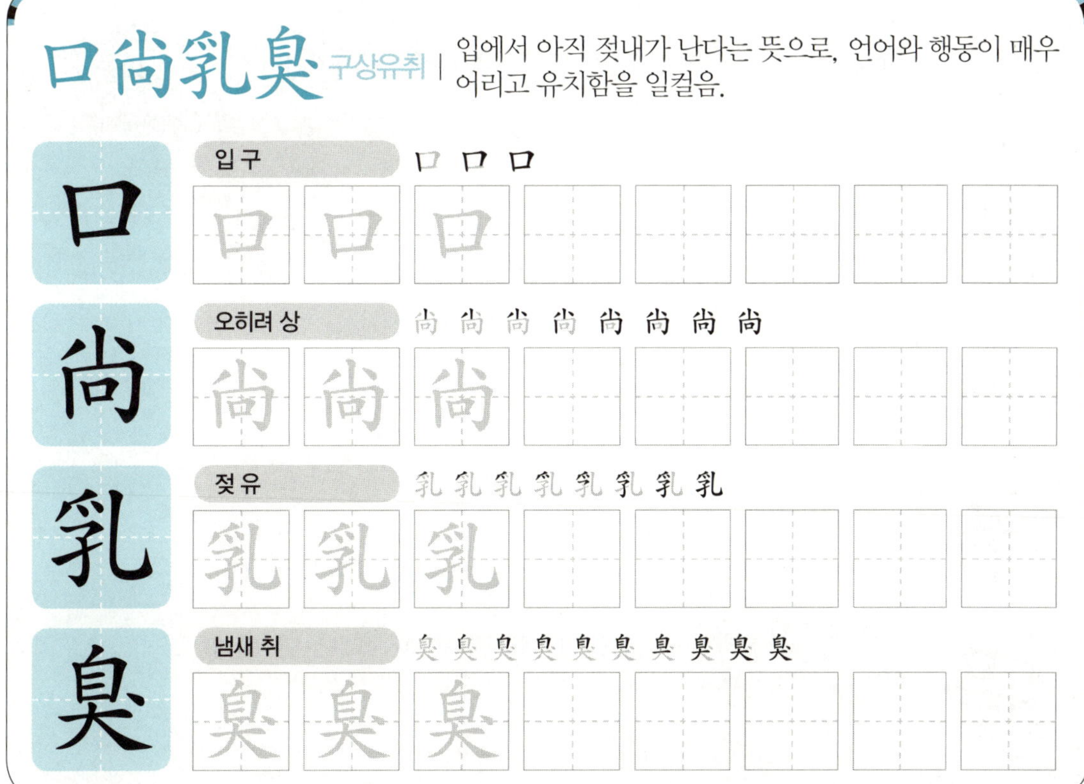

口尙乳臭 구상유취 | 입에서 아직 젖내가 난다는 뜻으로, 언어와 행동이 매우 어리고 유치함을 일컬음.

입 구	口 口 口
오히려 상	尚 尚 尚 尚 尚 尚 尚 尚
젖 유	乳 乳 乳 乳 乳 乳 乳 乳
냄새 취	臭 臭 臭 臭 臭 臭 臭 臭 臭 臭

九牛一毛 _{구우일모} | 아홉 마리의 소에 한 가닥의 털이란 뜻으로, 썩 많은 가운데의 극히 적은 것을 비유하는 말.

九折羊腸 _{구절양장} | 세상일이 매우 복잡하여 살아가기가 어려움을 비유하는 말.

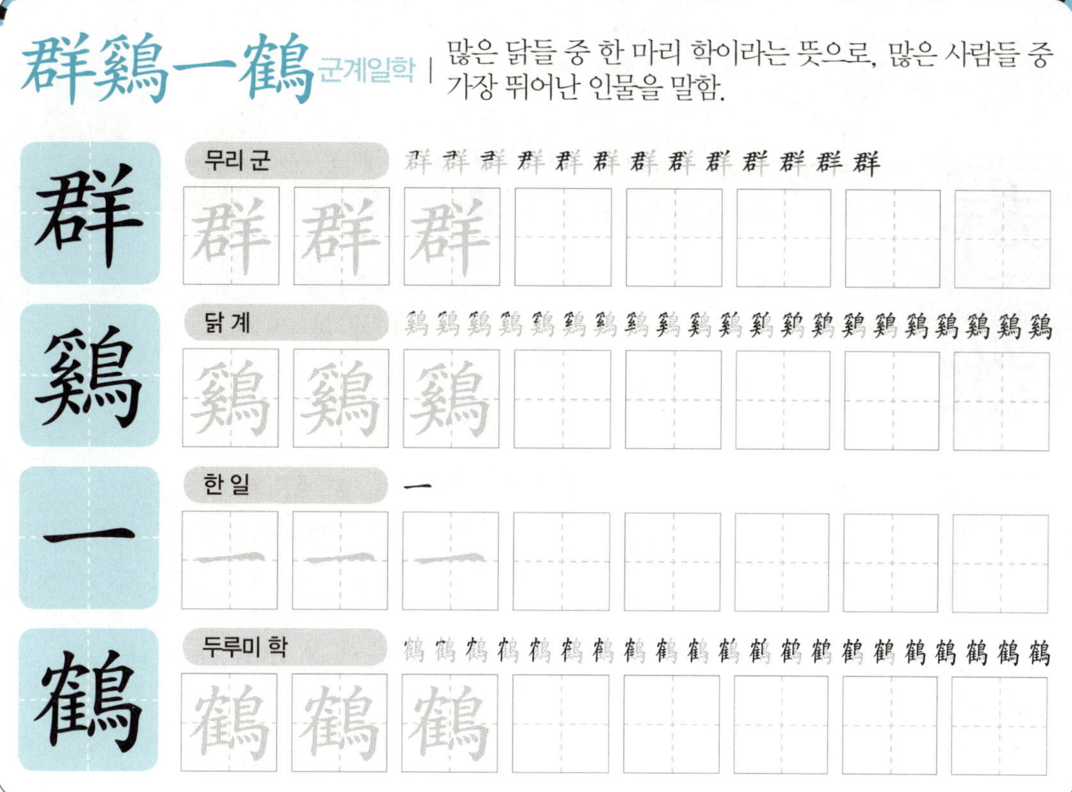

群鷄一鶴 군계일학 | 많은 닭들 중 한 마리 학이라는 뜻으로, 많은 사람들 중 가장 뛰어난 인물을 말함.

무리 군 群
닭 계 鷄
한 일 一
두루미 학 鶴

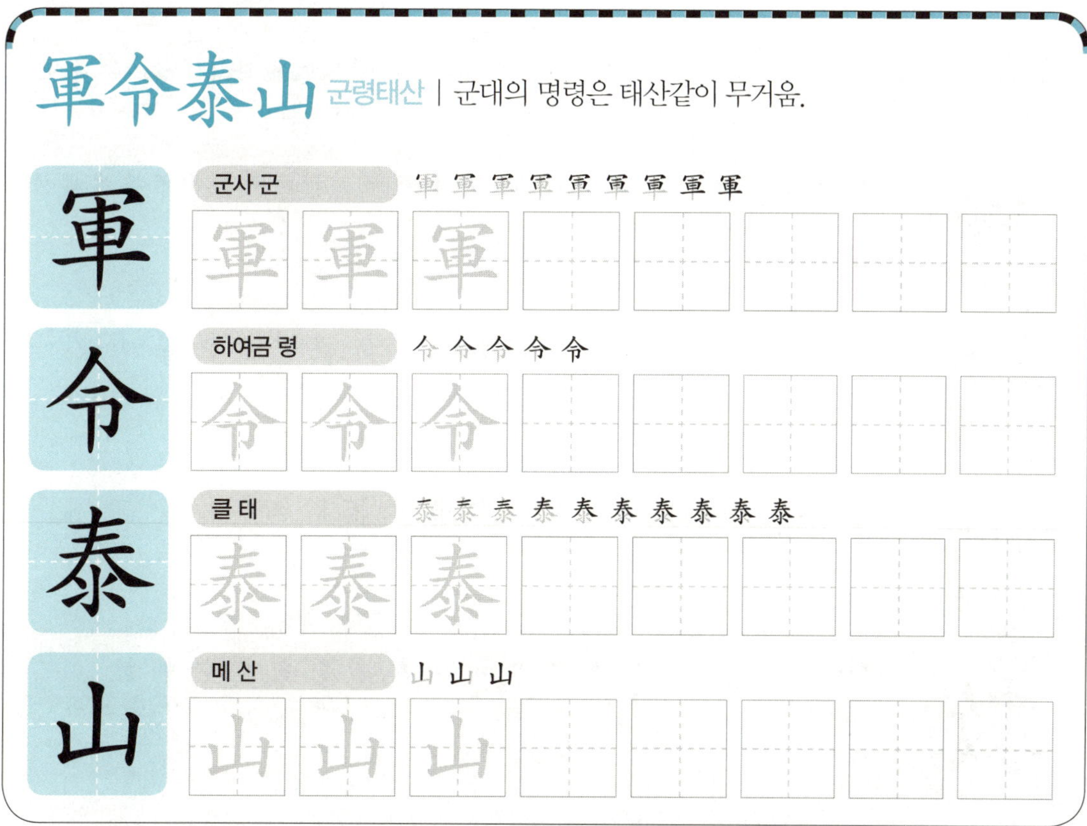

軍令泰山 군령태산 | 군대의 명령은 태산같이 무거움.

군사 군 軍
하여금 령 令
클 태 泰
메 산 山

群雄割據 군웅할거 | 많은 영웅들이 지역을 갈라 자리잡고 서로의 세력을 다툼.

무리 군	群群群群群群群群群群群群群
수컷 웅	雄雄雄雄雄雄雄雄雄雄雄
나눌 할	割割割割割割割割割割割割
의지할 거	據據據據據據據據據據據據據據

權謀術數 권모술수 | 목적 달성을 위하여 수단과 방법을 가리지 않는 온갖 모략이나 술책.

권세 권	權權權權權權權權權權權權權權權權權權權
꾀할 모	謀謀謀謀謀謀謀謀謀謀謀謀謀謀謀
재주 술	術術術術術術術術術術術
셈 수	數數數數數數數數數數數數數數數

勸善懲惡 권선징악 | 착한 행실을 권장하고 나쁜 행실을 징계함.

권할 권	勸
착할 선	善
징계할 징	懲
악할 악	惡

捲土重來 권토중래 | 한 번 패하였다가 세력을 회복하여 다시 쳐 들어옴.

거둘 권	捲
흙 토	土
무거울 중	重
올 래	來

近墨者黑 근묵지흑

먹을 가까이하면 검어진다는 고사로, 악한 이를 가까이 하면 악에 물들기 쉽다는 말.

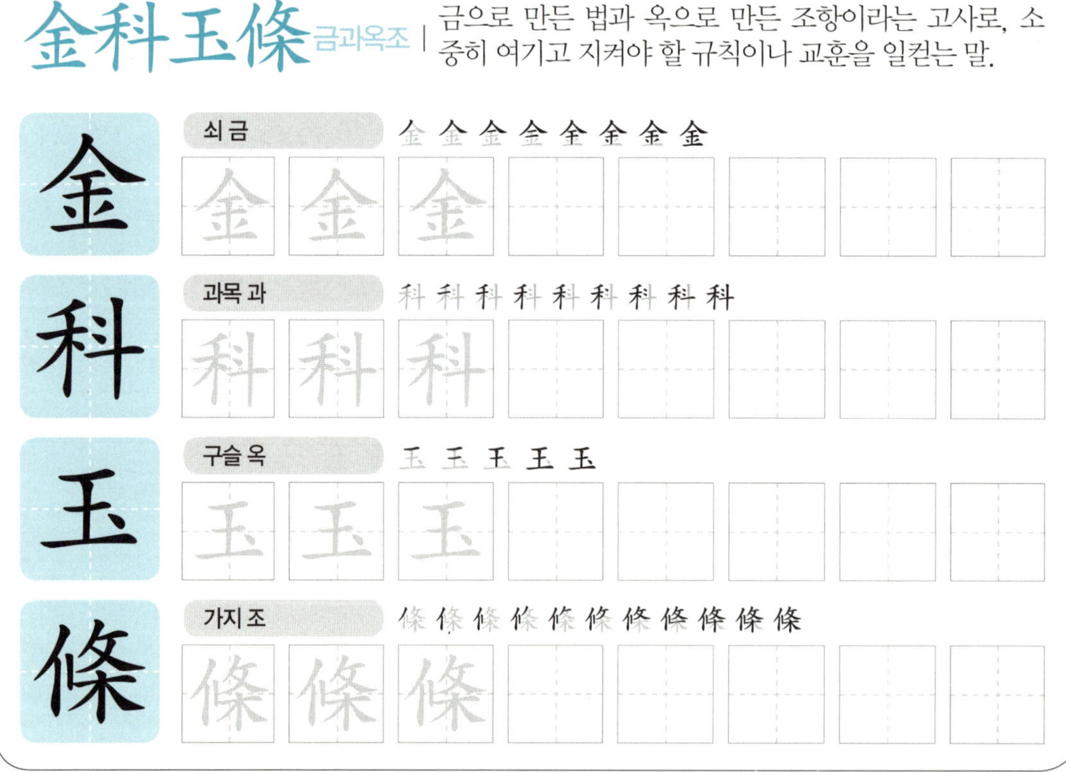

가까울 근	近近近近近近近近
먹 묵	墨墨墨墨墨墨墨墨墨墨墨墨墨墨墨
놈 자	者者者者者者者者者
검을 흑	黑黑黑黑黑黑黑黑黑黑黑黑

金科玉條 금과옥조

금으로 만든 법과 옥으로 만든 조항이라는 고사로, 소중히 여기고 지켜야 할 규칙이나 교훈을 일컫는 말.

쇠 금	金金金金金金金金
과목 과	科科科科科科科科科
구슬 옥	玉玉玉玉玉
가지 조	條條條條條條條條條條

錦上添花 금상첨화 | 비단 위에 꽃을 더함. 곧 좋은 일에 더 좋은 일이 겹침. ↔ 雪上加霜(설상가상)

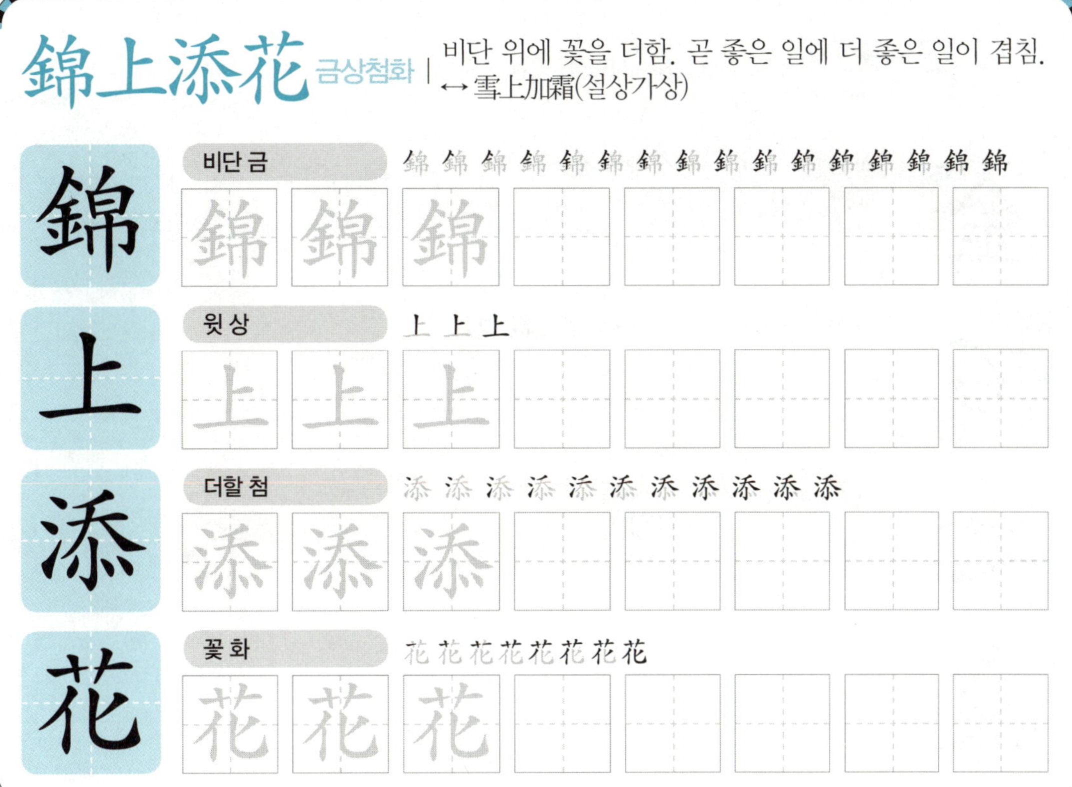

비단 금	錦 錦 錦 錦 錦 錦 錦 錦 錦 錦 錦 錦 錦 錦 錦
윗 상	上 上 上
더할 첨	添 添 添 添 添 添 添 添 添 添 添
꽃 화	花 花 花 花 花 花 花 花

今昔之感 금석지감 | 지금과 예전의 차이가 너무 심하여 생기는 느낌.

이제 금	今 今 今 今
옛 석	昔 昔 昔 昔 昔 昔 昔 昔
갈 지	之 之 之 之
느낄 감	感 感 感 感 感 感 感 感 感 感 感 感

金石之交 금석지교 | 쇠나 돌같이 굳은 사귐.

| 쇠 금 | 金 金 金 金 金 金 金 金 |
| 金 | 金 金 金 |

| 돌 석 | 石 石 石 石 石 |
| 石 | 石 石 石 |

| 갈 지 | 之 之 之 之 |
| 之 | 之 之 之 |

| 사귈 교 | 交 交 交 交 交 交 |
| 交 | 交 交 交 |

金城鐵壁 금성철벽 | 쇠로 된 성과 철로 만든 벽이라는 뜻으로, 경비가 매우 견고한 성벽.

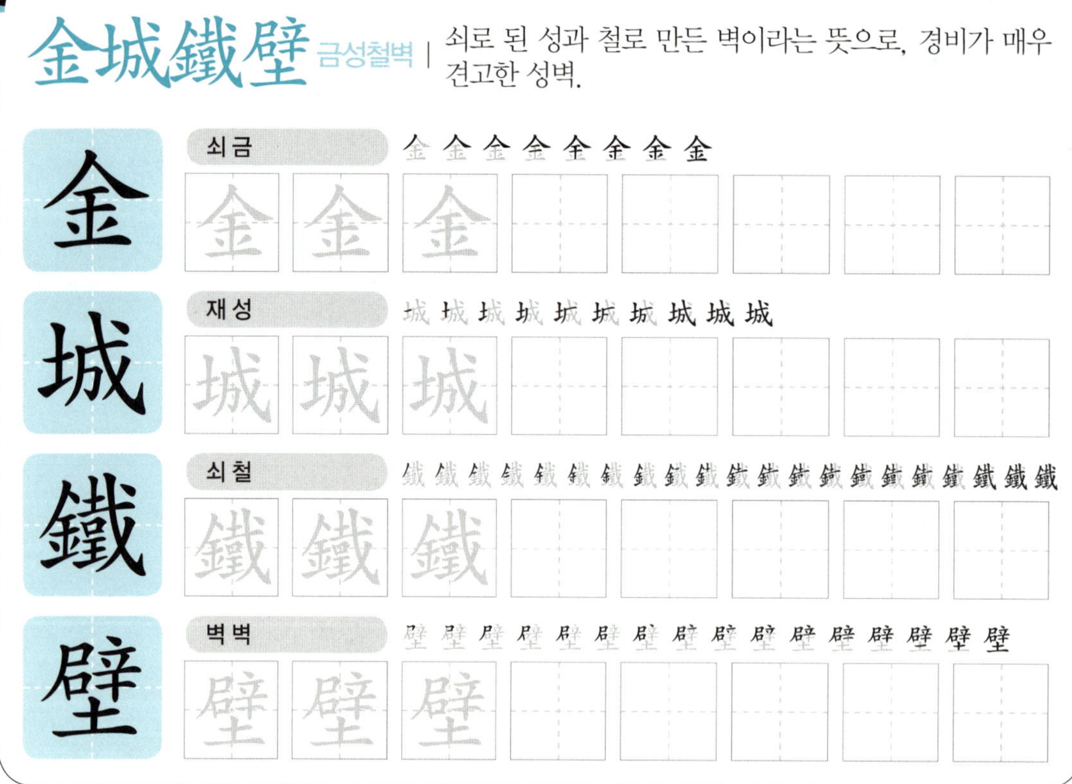

| 쇠 금 | 金 金 金 金 金 金 金 金 |
| 金 | 金 金 金 |

| 재 성 | 城 城 城 城 城 城 城 城 城 城 |
| 城 | 城 城 城 |

| 쇠 철 | 鐵 |
| 鐵 | 鐵 鐵 鐵 |

| 벽 벽 | 壁 壁 壁 壁 壁 壁 壁 壁 壁 壁 壁 壁 壁 壁 壁 壁 |
| 壁 | 壁 壁 壁 |

錦衣還鄉 금의환향 | 타지에서 성공하여 자기 고향으로 돌아감.

錦	비단 금
衣	옷 의
還	돌아올 환
鄉	시골 향

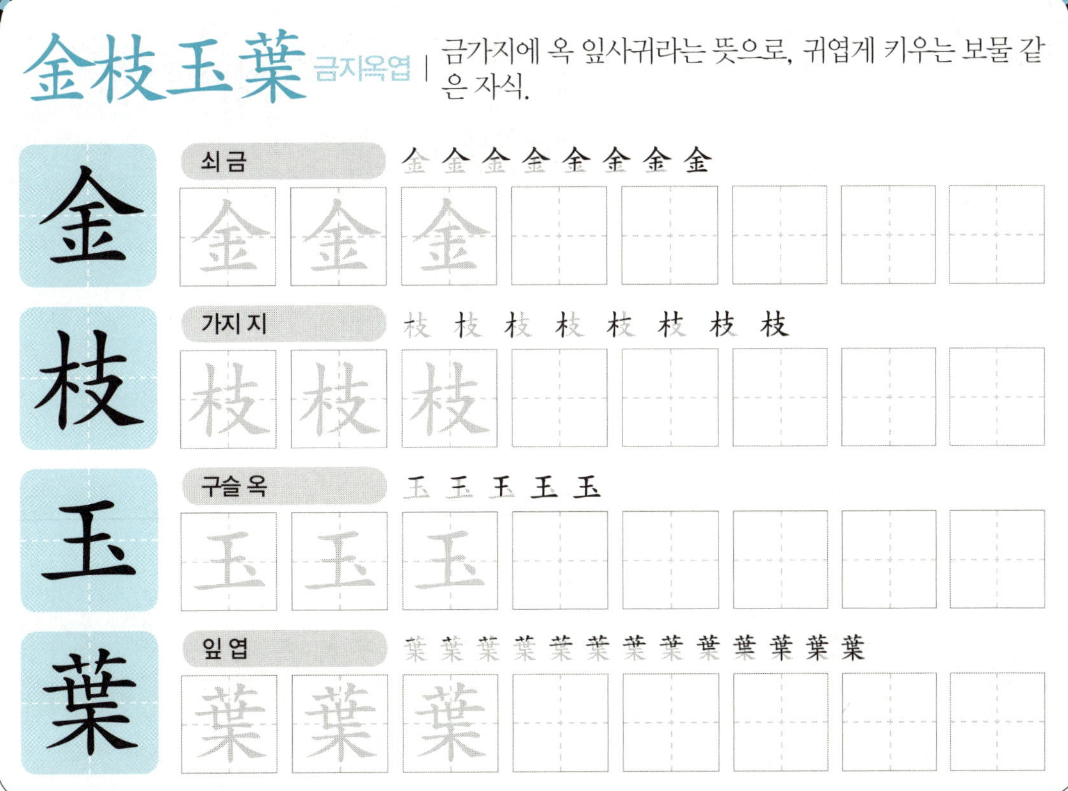

金枝玉葉 금지옥엽 | 금가지에 옥 잎사귀라는 뜻으로, 귀엽게 키우는 보물 같은 자식.

金	쇠 금
枝	가지 지
玉	구슬 옥
葉	잎 엽

奇巖怪石 기암괴석 | 기이하고 괴상하게 생긴 바위와 돌.

기이할 기	奇 奇 奇 奇 奇 奇 奇 奇
바위 암	巖 巖
괴이할 괴	怪 怪 怪 怪 怪 怪 怪 怪
돌 석	石 石 石 石 石

南柯一夢 남가일몽 | ① 깨고 나서 섭섭한 허황된 꿈.
② 덧없이 지나간 한때의 헛된 부귀나 행복.

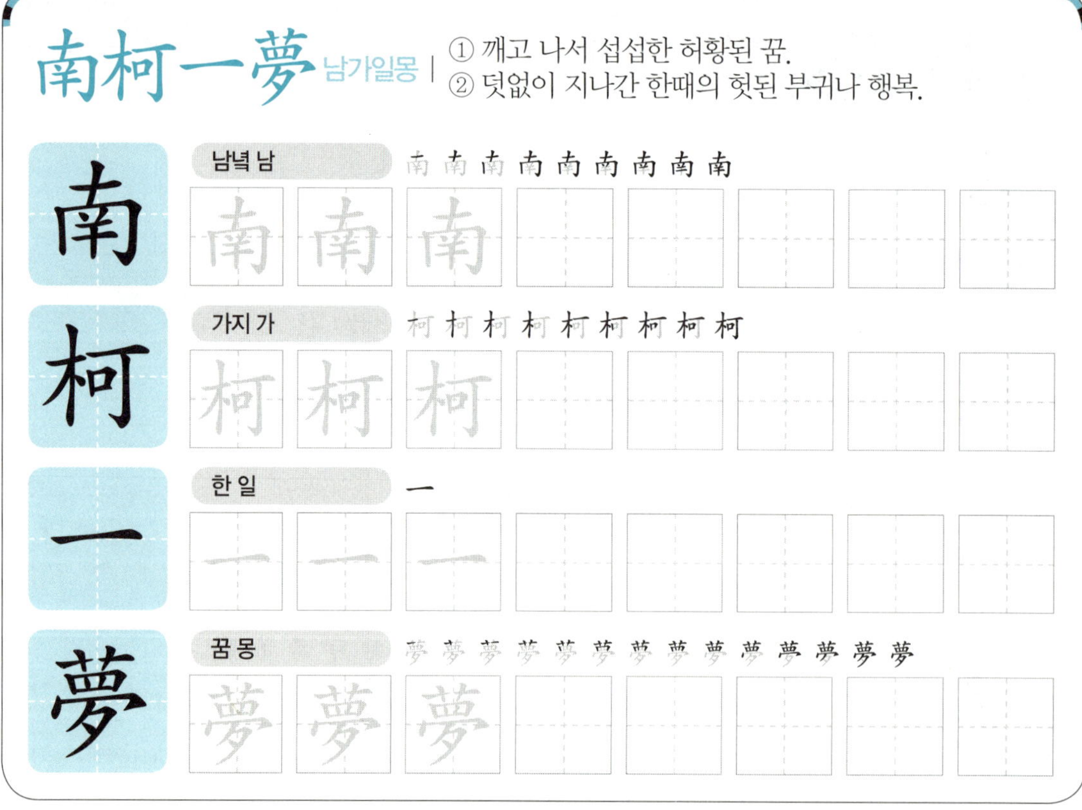

남녘 남	南 南 南 南 南 南 南 南 南
가지 가	柯 柯 柯 柯 柯 柯 柯 柯 柯
한 일	一
꿈 몽	夢 夢 夢 夢 夢 夢 夢 夢 夢 夢 夢 夢 夢 夢

綠陰芳草 녹음방초 | 푸른 나무들의 그늘과 꽃다운 풀. 곧 여름의 자연 경관.

푸를 록	綠		
그늘 음	陰		
꽃다울 방	芳		
풀 초	草		

論功行賞 논공행상 | 세운 공(功)이 있고 없음이나 크고 작음을 따져 거기에 알맞은 상을 줌.

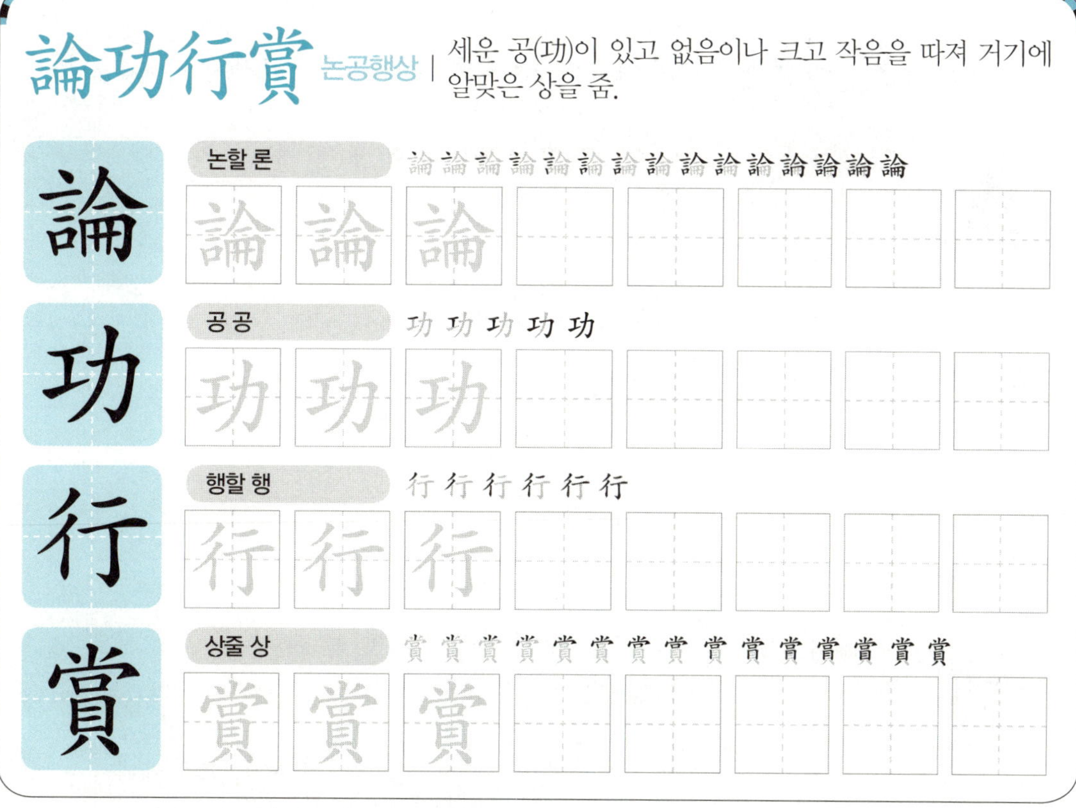

논할 론	論		
공 공	功		
행할 행	行		
상줄 상	賞		

弄假成眞 농가성진 | 장난삼아 한 것이 진심으로 한 것같이 됨.
= 假弄成眞(가롱성진)

희롱할 롱	弄
거짓 가	假
이룰 성	成
참 진	眞

累卵之勢 누란지세 | 쌓여 있는 알처럼 매우 위태로운 형세.

여러 루	累
알 란	卵
갈 지	之
기세 세	勢

多岐亡羊 다기망양 | ① 학문의 길이 여러 갈래로 퍼져 진리를 얻기 어려움.
② 방침(方針)이 너무 많으면 도리어 갈 바를 모름.

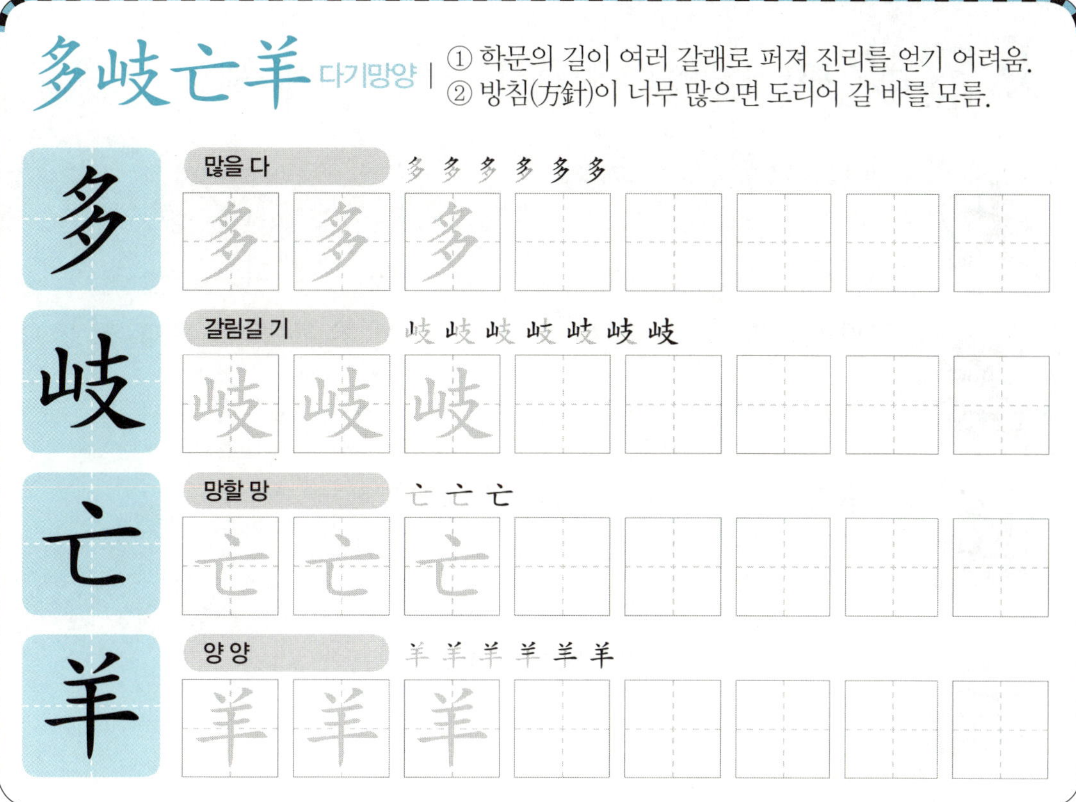

많을 다	多多多多多多
갈림길 기	岐岐岐岐岐岐岐
망할 망	亡亡亡
양 양	羊羊羊羊羊羊

單刀直入 단도직입 | 너절한 서두를 생략하고 요점이나 본 문제를 간단명료하게 말함.

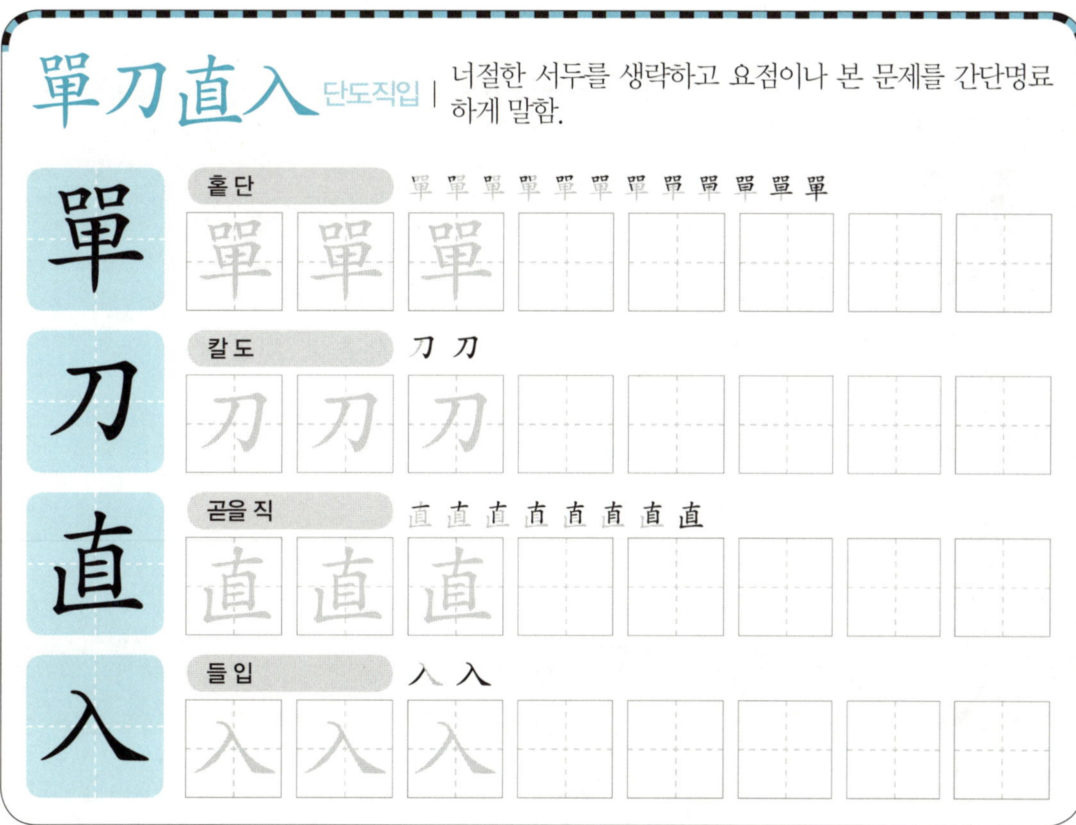

홑 단	單單單單單單單單單單單單
칼 도	刀刀
곧을 직	直直直直直直直直
들 입	入入

大器晚成 대기만성 | 크게 될 사람은 늦게 이루어진다는 뜻.

큰 대							
大 大 大							

그릇 기							
器 器 器 器 器 器 器 器 器 器 器 器 器 器 器							

늦을 만							
晚 晚 晚 晚 晚 晚 晚 晚 晚 晚 晚							

이룰 성							
成 成 成 成 成 成 成							

大義名分 대의명분 | 사람으로서 마땅히 지켜야 할 지켜야 할 큰 의리와 명분.

큰 대							
大 大 大							

옳을 의							
義 義 義 義 義 義 義 義 義 義 義 義 義							

이름 명							
名 名 名 名 名 名							

나눌 분							
分 分 分 分							

獨不將軍 독불장군

① 홀로 목적을 달성하려는 외로운 사람.
② 혼자서는 장군이 못된다는 뜻으로, 남과 협조하여야 한다는 말.

홀로 독	獨
아닐 불·부	不
장수 장	將
군사 군	軍

同價紅裳 동가홍상

같은 값이면 다홍치마. 이왕이면 좋은 것을 가진다는 뜻.

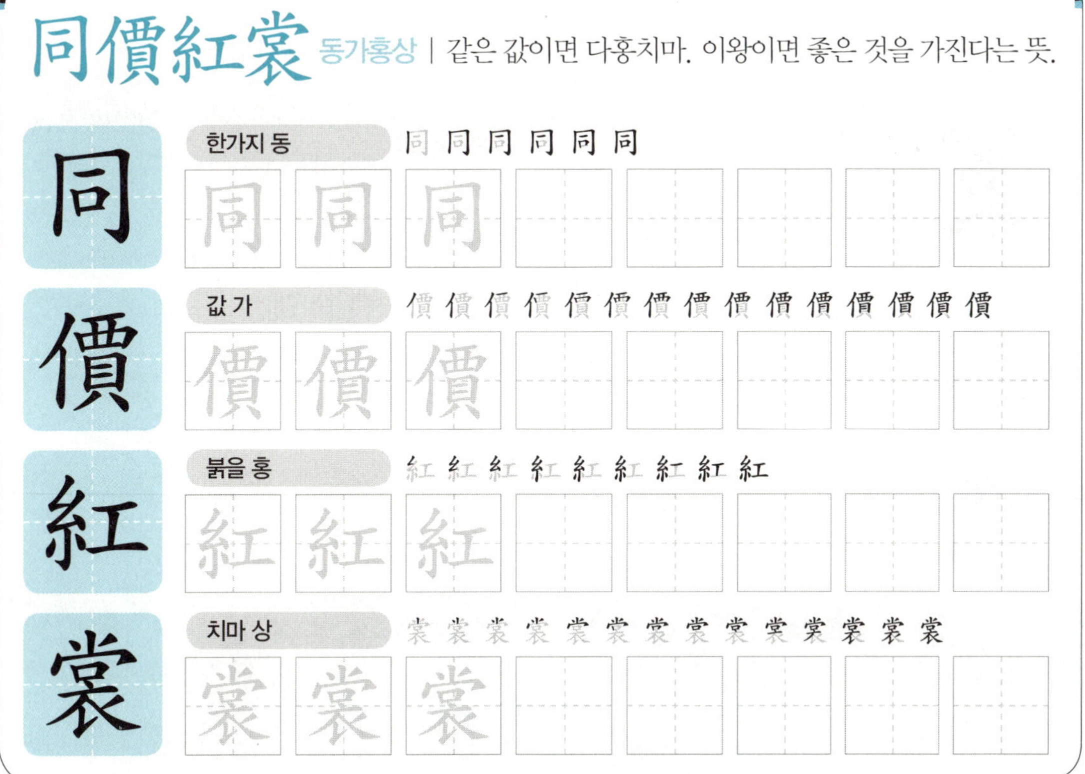

한가지 동	同
값 가	價
붉을 홍	紅
치마 상	裳

同苦同樂 동고동락 | 고통과 즐거움을 함께 함.

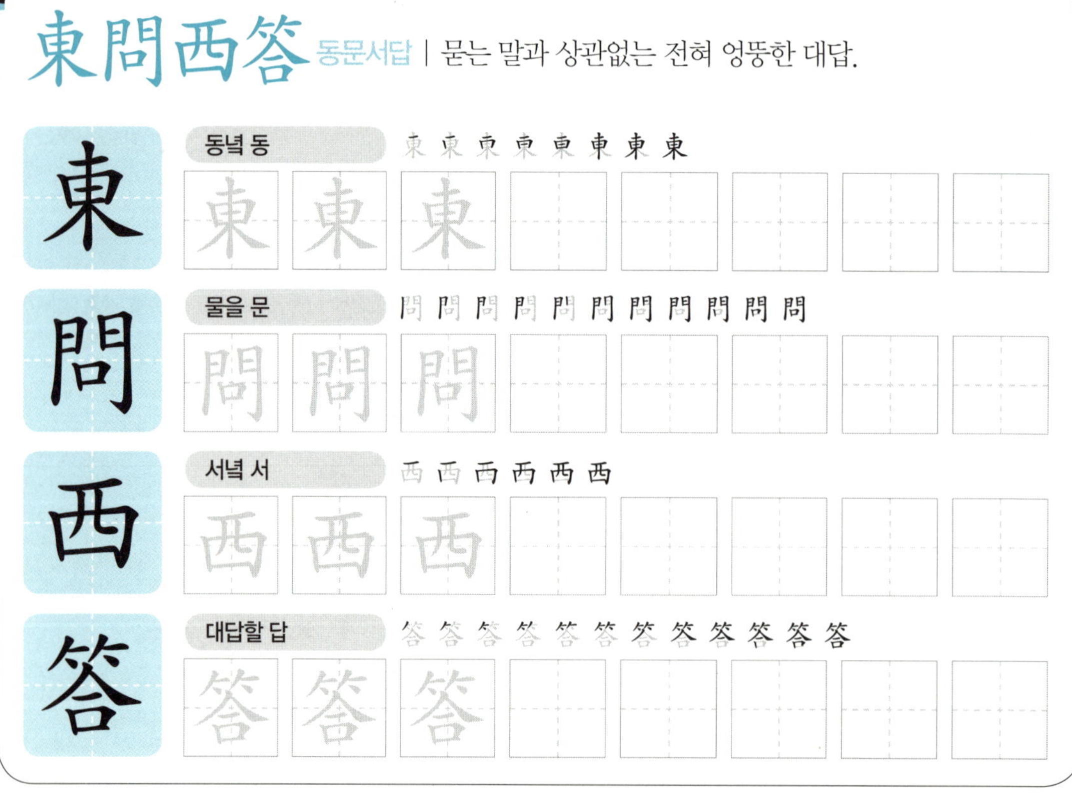

한가지 동	同 同 同 同 同 同
괴로울 고	苦 苦 苦 苦 苦 苦 苦 苦 苦
한가지 동	同 同 同 同 同 同
즐길 락	樂 樂 樂 樂 樂 樂 樂 樂 樂 樂 樂 樂 樂 樂 樂

東問西答 동문서답 | 묻는 말과 상관없는 전혀 엉뚱한 대답.

동녘 동	東 東 東 東 東 東 東 東
물을 문	問 問 問 問 問 問 問 問 問 問
서녘 서	西 西 西 西 西 西
대답할 답	答 答 答 答 答 答 答 答 答 答 答 答

同病相憐 동병상련 | 같은 병을 앓는 사람끼리 서로 가엾게 여긴다는 뜻으로, 처지가 비슷한 사람끼리 서로 도우며 위로하는 것.

한가지 동	同 同 同 同 同 同
병 병	病 病 病 病 病 病 病 病 病
서로 상	相 相 相 相 相 相 相 相 相
불쌍히 여길 련	憐 憐 憐 憐 憐 憐 憐 憐 憐 憐 憐 憐 憐 憐 憐

東奔西走 동분서주 | 이곳 저곳 무척 바쁘게 돌아다님.

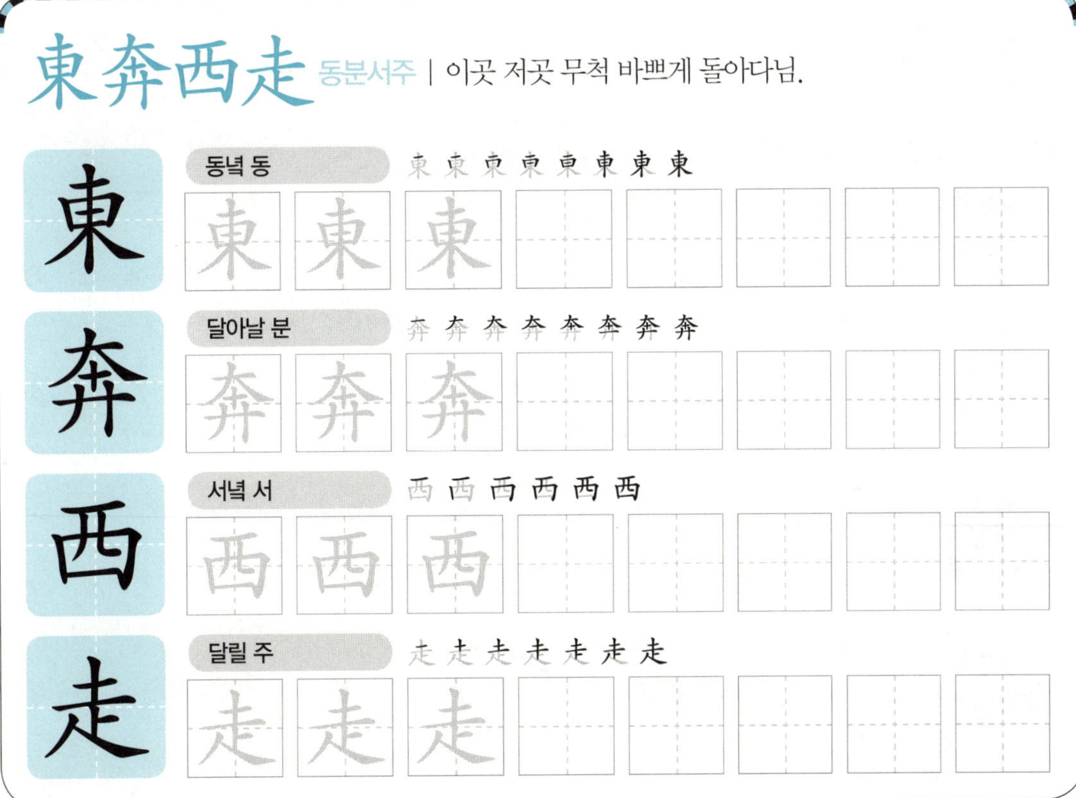

동녘 동	東 東 東 東 東 東 東 東
달아날 분	奔 奔 奔 奔 奔 奔 奔 奔
서녘 서	西 西 西 西 西 西
달릴 주	走 走 走 走 走 走 走

同床異夢 동상이몽 | 같은 잠자리에서 다른 꿈을 꿈. 곧 겉으로는 행동이 같으면서 속으로는 딴 생각을 가진다는 뜻.

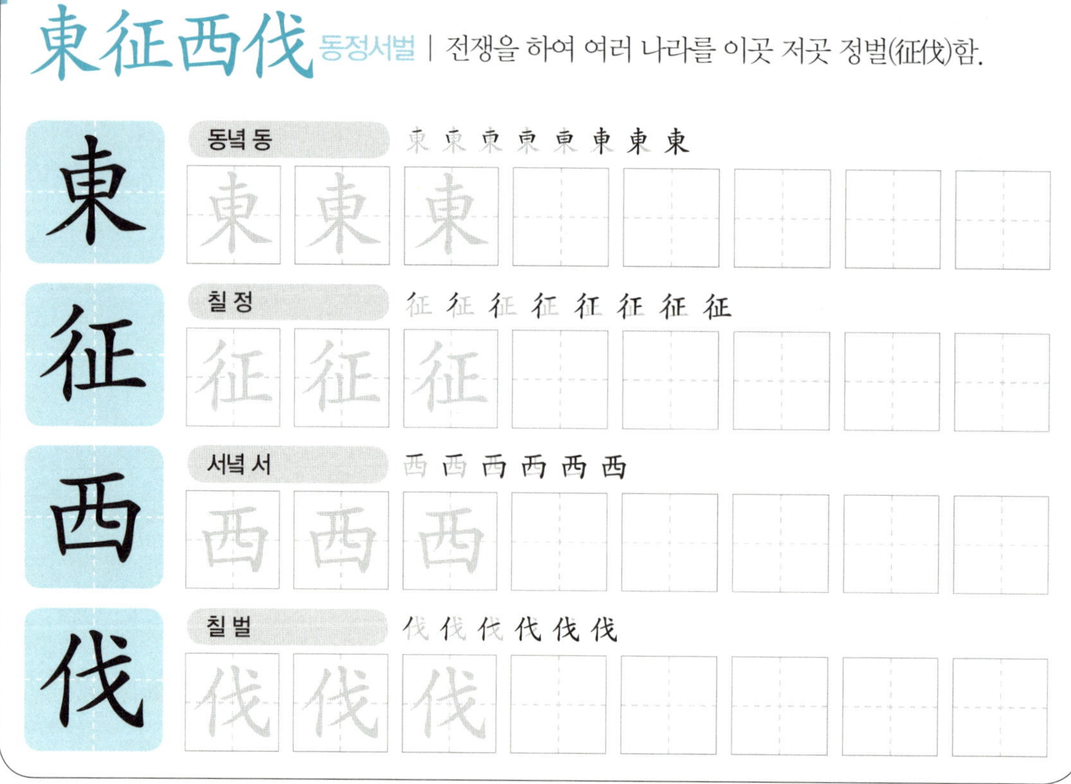

한가지 동	同 同 同 同 同 同
평상 상	床 床 床 床 床 床 床
다를 이	異 異 異 異 異 異 異 異 異 異 異
꿈 몽	夢 夢 夢 夢 夢 夢 夢 夢 夢 夢 夢 夢 夢 夢

東征西伐 동정서벌 | 전쟁을 하여 여러 나라를 이곳 저곳 정벌(征伐)함.

동녘 동	東 東 東 東 東 東 東 東
칠 정	征 征 征 征 征 征 征 征
서녘 서	西 西 西 西 西 西
칠 벌	伐 伐 伐 代 伐 伐

杜門不出 두문불출 | 집 안에서만 있고 밖에는 나가지 않음.

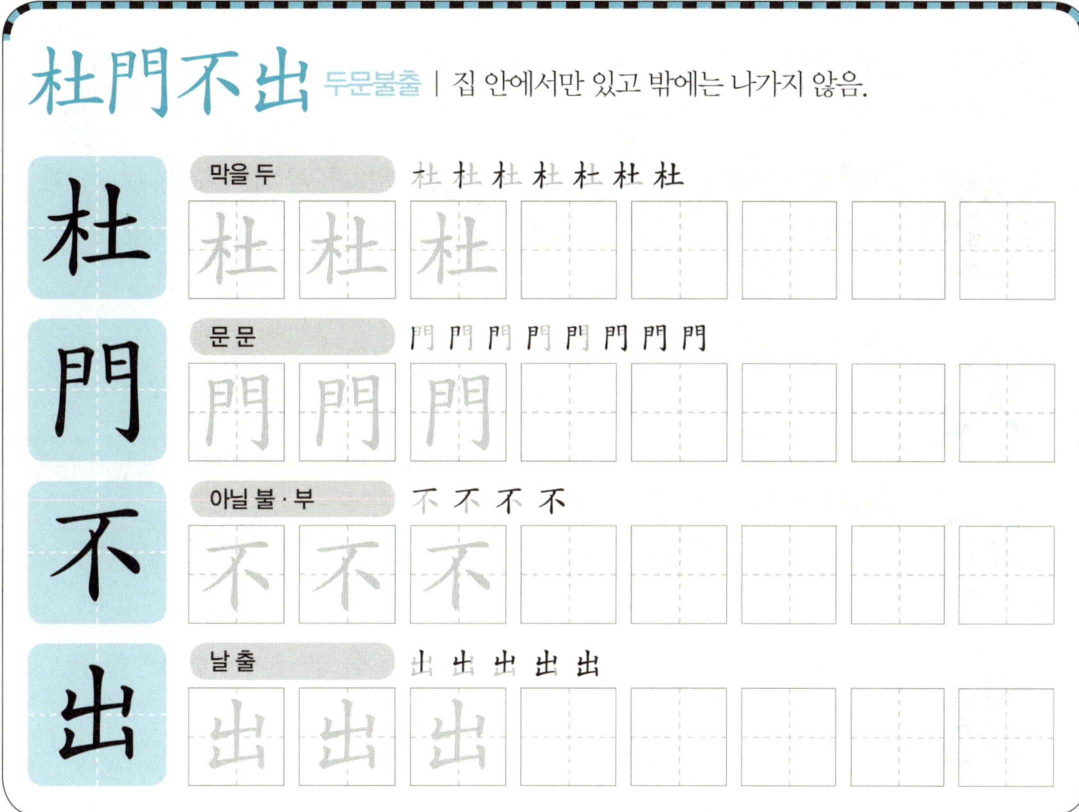

燈下不明 등하불명 | 등잔 밑이 어둡다는 뜻으로, 가까이 있는 것을 도리어 알아내기 어렵다는 말.

燈火可親 등화가친 |

가을 밤은 서늘하여 등불을 가까이 두고 글 읽기에 좋다는 말.

燈	등잔 등	燈 燈 燈 燈 燈 燈 燈 燈 燈 燈 燈 燈 燈 燈 燈
火	불 화	火 火 火 火
可	옳을 가	可 可 可 可 可
親	친할 친	親 親 親 親 親 親 親 親 親 親 親 親 親 親 親 親

馬耳東風 마이동풍 |

말의 귀에 동풍이라는 뜻으로, 남의 말을 귀담아듣지 않고 무관심하게 흘러 버림.

馬	말 마	馬 馬 馬 馬 馬 馬 馬 馬 馬 馬
耳	귀 이	耳 耳 耳 耳 耳 耳
東	동녘 동	東 東 東 東 東 東 東 東
風	바람 풍	風 風 風 風 風 風 風 風 風

莫逆之友 막역지우 | 뜻이 서로 맞는 매우 가까운 벗.

아닐 막	莫 莫 莫 莫 莫 莫 莫 莫 莫 莫 莫
거스를 역	逆 逆 逆 逆 逆 逆 逆 逆 逆 逆
갈 지	之 之 之 之
벗 우	友 友 友 友

萬頃蒼波 만경창파 | 한없이 넓고 넓은 바다.

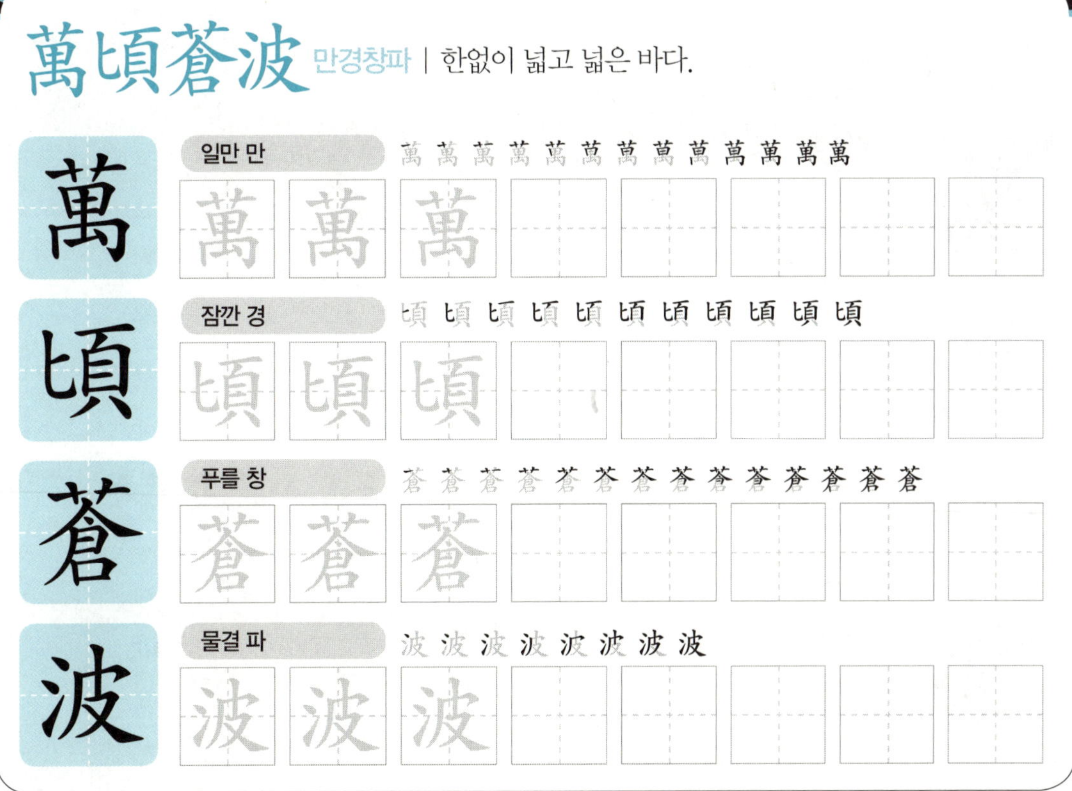

일만 만	萬 萬 萬 萬 萬 萬 萬 萬 萬 萬 萬 萬 萬
잠깐 경	頃 頃 頃 頃 頃 頃 頃 頃 頃 頃 頃
푸를 창	蒼 蒼 蒼 蒼 蒼 蒼 蒼 蒼 蒼 蒼 蒼 蒼 蒼 蒼
물결 파	波 波 波 波 波 波 波 波

萬卷讀破 만권독파 | 만 권이나 되는 책을 다 읽었다는 뜻으로, 곧 많은 책을 처음부터 끝까지 다 읽어 냄을 뜻함.

일만 만	萬 萬 萬 萬 萬 萬 萬 萬 萬 萬 萬 萬 萬
책 권	卷 卷 卷 卷 卷 卷 卷 卷
읽을 독	讀 讀 讀 讀 讀 讀 讀 讀 讀 讀 讀 讀 讀 讀 讀 讀 讀 讀 讀 讀
깨뜨릴 파	破 破 破 破 破 破 破 破 破 破

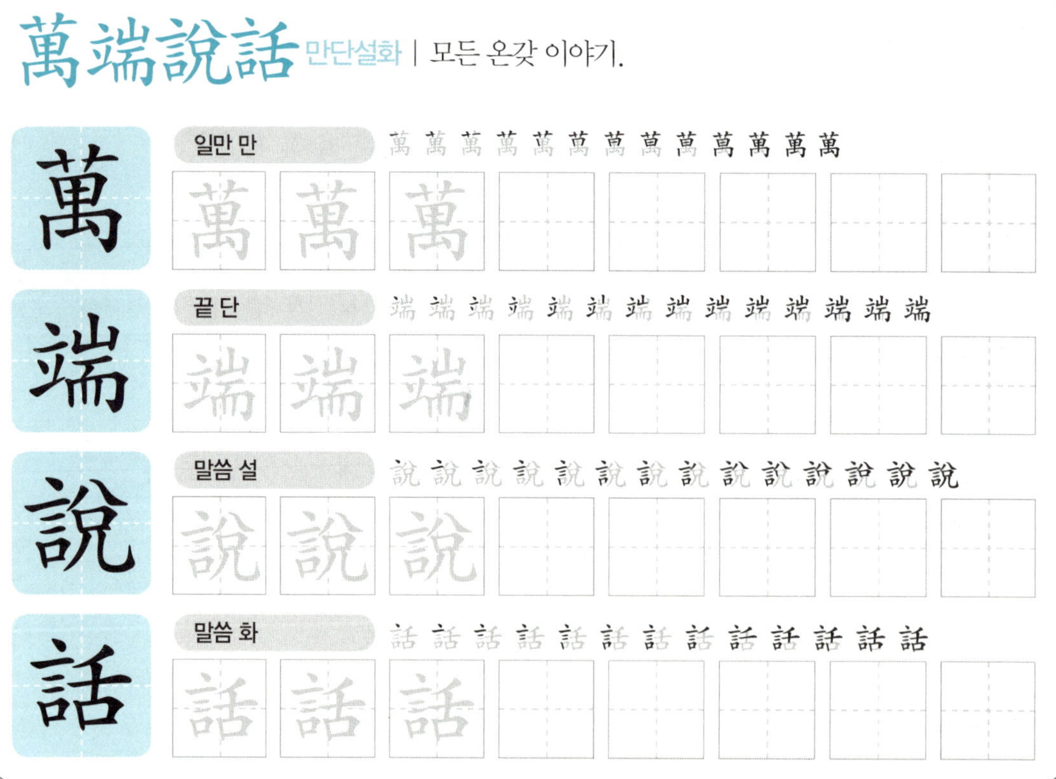

萬端說話 만단설화 | 모든 온갖 이야기.

일만 만	萬 萬 萬 萬 萬 萬 萬 萬 萬 萬 萬 萬 萬
끝 단	端 端 端 端 端 端 端 端 端 端 端 端 端
말씀 설	說 說 說 說 說 說 說 說 說 說 說 說 說 說
말씀 화	話 話 話 話 話 話 話 話 話 話 話 話 話

萬事休矣 만사휴의 | 모든 방법이 헛되게 됨.

일만 만	萬 萬 萬 萬 萬 萬 萬 萬 萬 萬 萬 萬 萬
일 사	事 事 事 事 事 事 事 事
쉴 휴	休 休 休 休 休 休
어조사 의	矣 矣 矣 矣 矣 矣 矣

滿山遍野 만산편야 | 산과 들에 가득차서 뒤덮임.

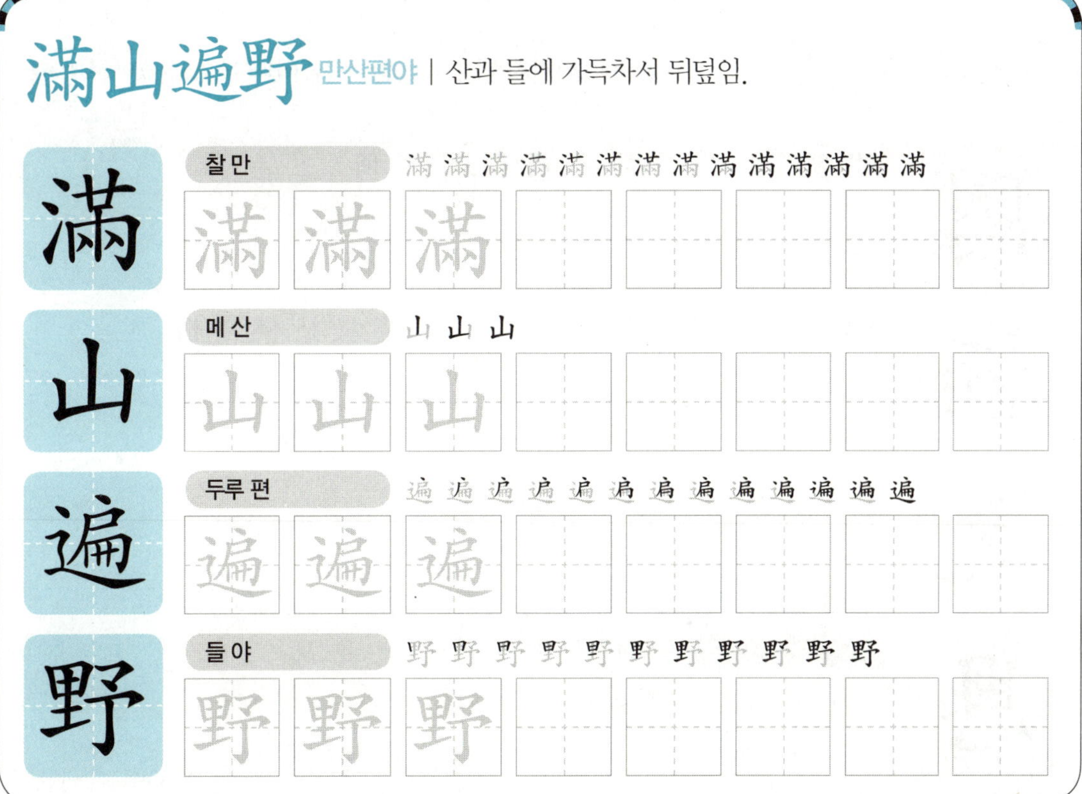

찰 만	滿 滿 滿 滿 滿 滿 滿 滿 滿 滿 滿 滿 滿 滿
메 산	山 山 山
두루 편	遍 遍 遍 遍 遍 遍 遍 遍 遍 遍 遍 遍
들 야	野 野 野 野 野 野 野 野 野 野 野

滿山紅葉 만산홍엽 | 단풍이 들어 온 산이 붉은 잎으로 뒤덮임.

찰 만	滿滿滿滿滿滿滿滿滿滿滿滿滿滿
메 산	山 山 山
붉을 홍	紅紅紅紅紅紅紅紅紅
잎 엽	葉葉葉葉葉葉葉葉葉葉葉葉葉

罔極之恩 망극지은 | 죽을 때까지 다할 수 없는 임금이나 부모의 크나큰 은혜.

없을 망	罔罔罔罔罔罔罔罔
다할 극	極極極極極極極極極極極極極
갈 지	之 之 之 之
은혜 은	恩恩恩恩恩恩恩恩恩恩

望洋之歎 망양지탄 | 바다를 바라보고 하는 탄식. 곧 힘이 미치지 못하여 하는 탄식.

바랄 망	望 望 望 望 望 望 望 望 望 望
큰바다 양	洋 洋 洋 洋 洋 洋 洋 洋 洋
갈 지	之 之 之 之
탄식할 탄	歎 歎 歎 歎 歎 歎 歎 歎 歎 歎 歎 歎 歎 歎 歎

面從腹背 면종복배 | 겉으로는 따르는 척 하나 마음 속으로는 싫어함.

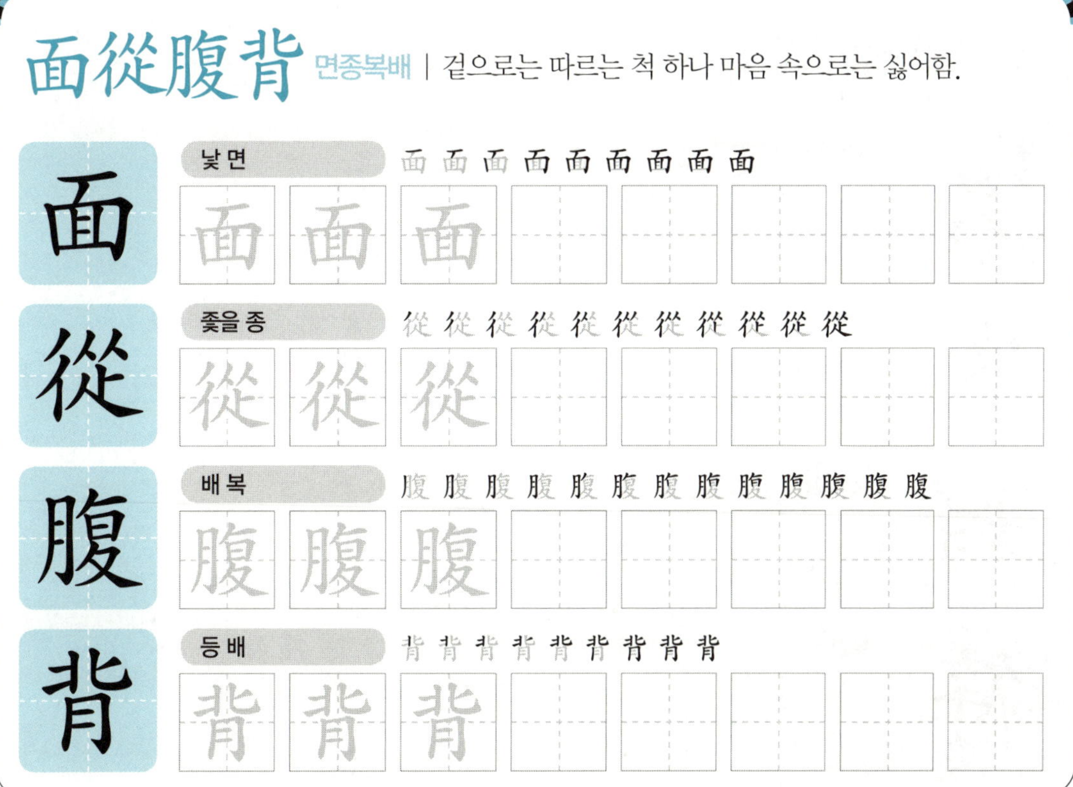

낯 면	面 面 面 面 面 面 面 面
좇을 종	從 從 從 從 從 從 從 從 從 從
배 복	腹 腹 腹 腹 腹 腹 腹 腹 腹 腹 腹
등 배	背 背 背 背 背 背 背 背

明鏡止水 명경지수 | ① 맑은 거울과 잔잔한 물.
② 잡념이 없이 아주 맑고 깨끗한 마음.

밝을 명	明 明 明 明 明 明 明 明
거울 경	鏡 鏡 鏡 鏡 鏡 鏡 鏡 鏡 鏡 鏡 鏡 鏡 鏡 鏡 鏡 鏡 鏡 鏡
그칠 지	止 止 止 止
물 수	水 水 水 水

名實相符 명실상부 | 이름과 실상이 서로 들어맞음.

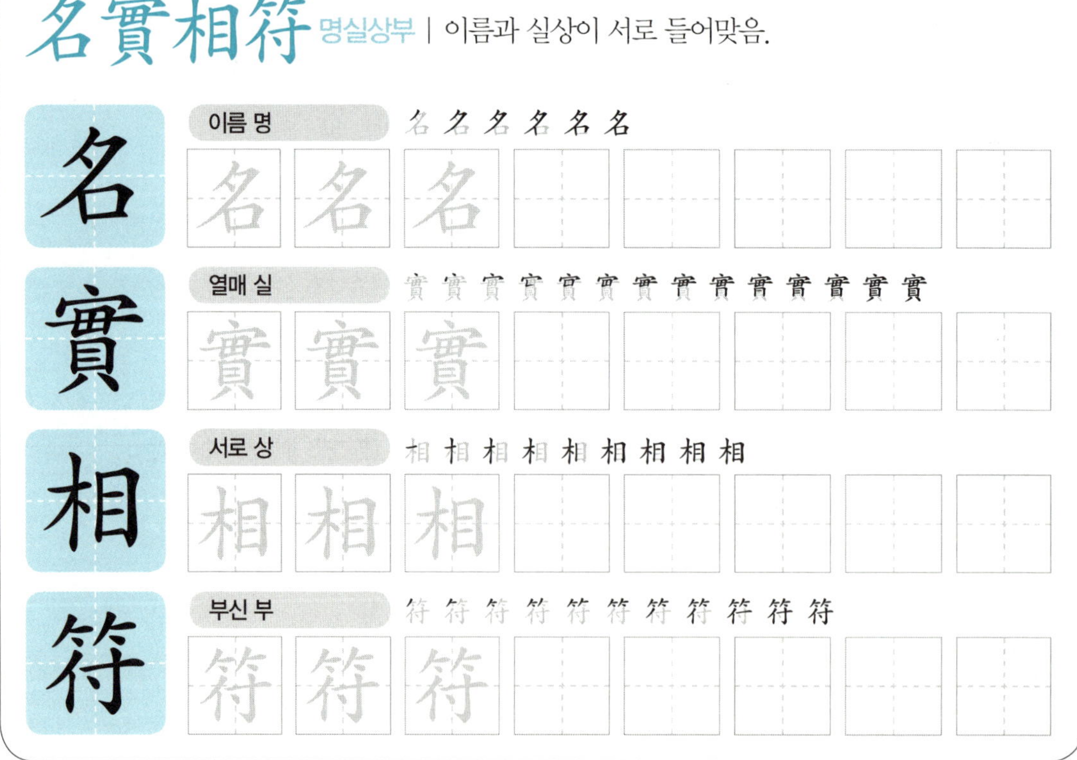

이름 명	名 名 名 名 名 名
열매 실	實 實 實 實 實 實 實 實 實 實 實 實 實 實
서로 상	相 相 相 相 相 相 相 相 相
부신 부	符 符 符 符 符 符 符 符 符 符 符

明若觀火 명약관화 | 불을 보는 것처럼 확실함. 곧 더 말할 나위 없이 명백함.

밝을 명	明 明 明 明 明 明 明 明
같을 약	若 若 若 若 若 若 若 若 若
볼 관	觀 觀
불 화	火 火 火 火

目不識丁 목불식정 | 일자무식(一字無識).

눈 목	目 目 目 目 目
아닐 불·부	不 不 不 不
알 식	識 識 識 識 識 識 識 識 識 識 識 識 識 識 識 識 識
고무래 정	丁 丁

目不忍見 목불인견 | 딱하고 가엾어 차마 눈으로 볼 수 없음. 또는 그러한 참상.

눈 목 — 目 目 目 月 目

아닐 불·부 — 不 不 不 不

참을 인 — 忍 忍 忍 忍 忍 忍 忍

볼 견 — 見 見 見 見 見 見 見

武陵桃源 무릉도원 | 도원명(陶淵明)의 도화원기(桃花源記)에 나오는 별천지. 진(秦)나라 때에 난리를 피한 사람들이 살고 있었다는 곳.

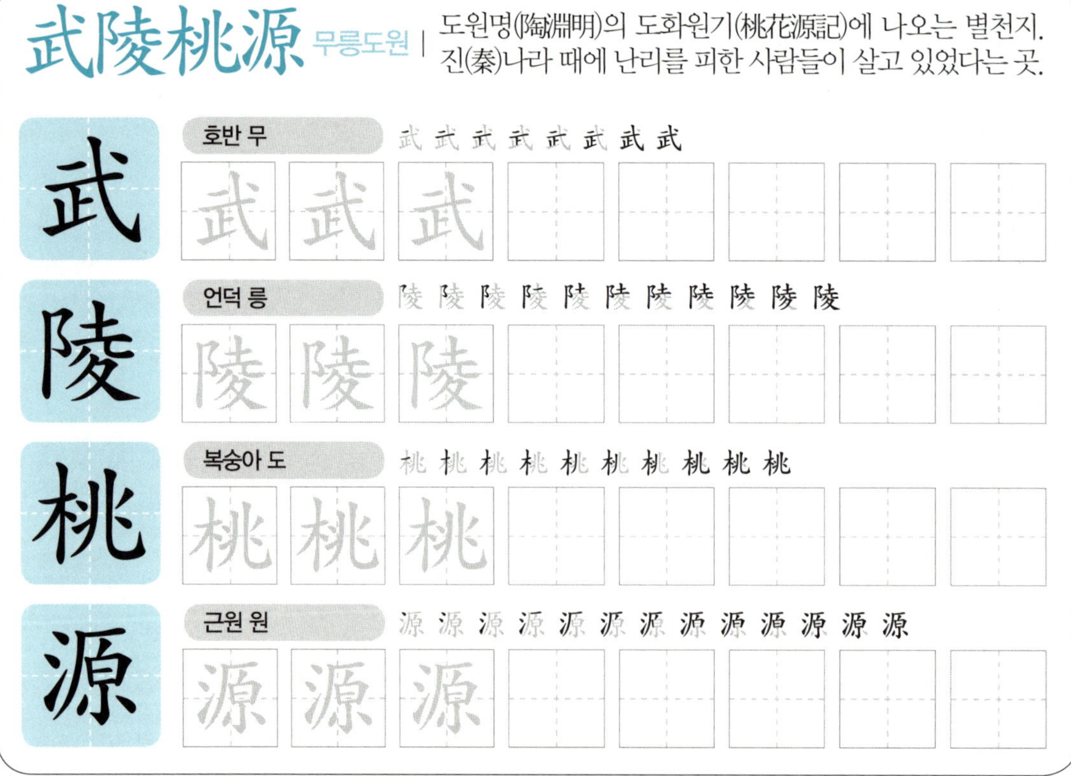

호반 무 — 武 武 武 武 武 武 武 武

언덕 릉 — 陵 陵 陵 陵 陵 陵 陵 陵 陵 陵 陵

복숭아 도 — 桃 桃 桃 桃 桃 桃 桃 桃 桃 桃

근원 원 — 源 源 源 源 源 源 源 源 源 源 源 源 源

無不通知 무불통지 | 정통하여 모르는 것이 없음.

| 없을 무 |
| 無 無 無 無 無 無 無 無 無 無 無 無 |

| 아닐 불·부 |
| 不 不 不 不 |

| 통할 통 |
| 通 通 通 通 通 通 通 通 通 通 通 |

| 알 지 |
| 知 知 知 知 知 知 知 知 |

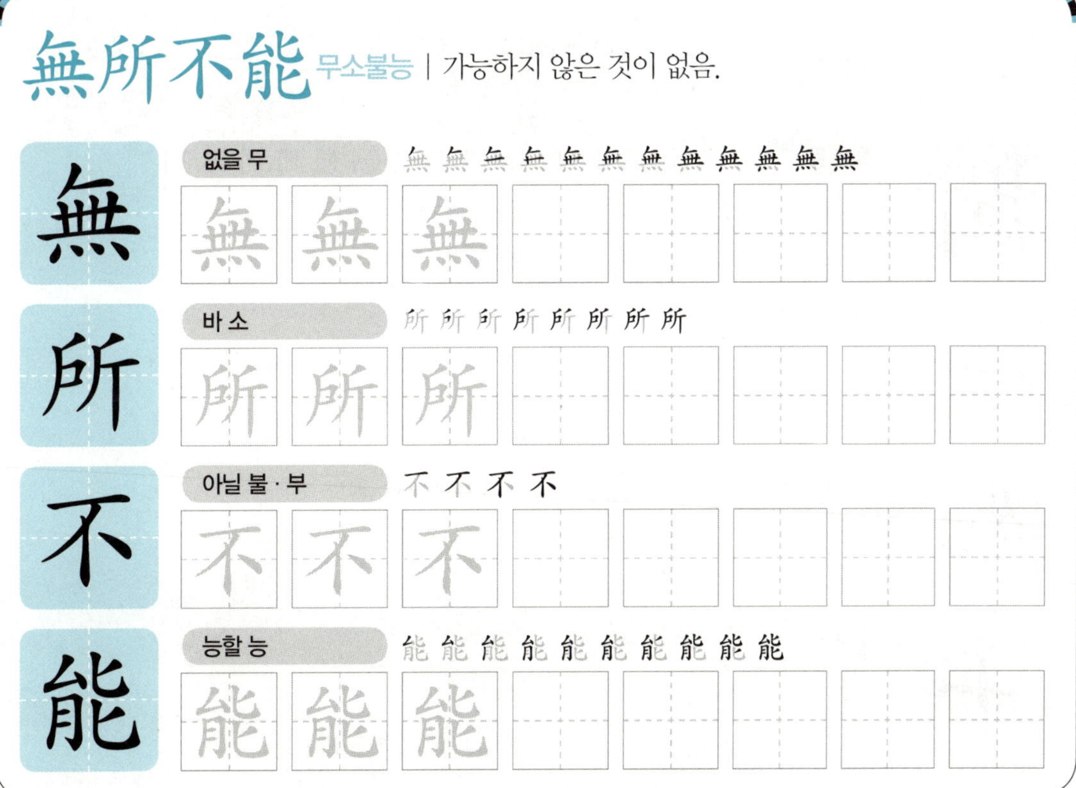

無所不能 무소불능 | 가능하지 않은 것이 없음.

| 없을 무 |
| 無 無 無 無 無 無 無 無 無 無 無 無 |

| 바 소 |
| 所 所 所 所 所 所 所 所 |

| 아닐 불·부 |
| 不 不 不 不 |

| 능할 능 |
| 能 能 能 能 能 能 能 能 能 能 |

無爲徒食 무위도식 | 하는 일 없이 먹고 놀기만 함.

無 없을 무 無 無 無 無 無 無 無 無 無 無 無 無

無 無 無

爲 할 위 爲 爲 爲 爲 爲 爲 爲 爲 爲 爲 爲 爲

爲 爲 爲

徒 무리 도 徒 徒 徒 徒 徒 徒 徒 徒 徒 徒

徒 徒 徒

食 밥 식 食 食 食 食 食 食 食 食 食

食 食 食

聞一知十 문일지십 | 한 마디를 듣고 열 가지를 미루어 앎. 곧 총명하고 지혜로움을 이르는 말.

聞 들을 문 聞 聞 聞 聞 聞 聞 聞 聞 聞 聞 聞 聞 聞 聞

聞 聞 聞

一 한 일 一

一 一 一

知 알 지 知 知 知 知 知 知 知 知

知 知 知

十 열 십 十 十

十 十 十

尾生之信 미생지신 | 융통성 없이 약속만을 굳게 지킴을 이르는 말.

尾
生
之
信

꼬리 미 尾 尾 尾 尾 尾 尾 尾

날 생 生 生 生 生 生

갈 지 之 之 之 之

믿을 신 信 信 信 信 信 信 信 信 信

美風良俗 미풍양속 | 아름답고 좋은 풍속.

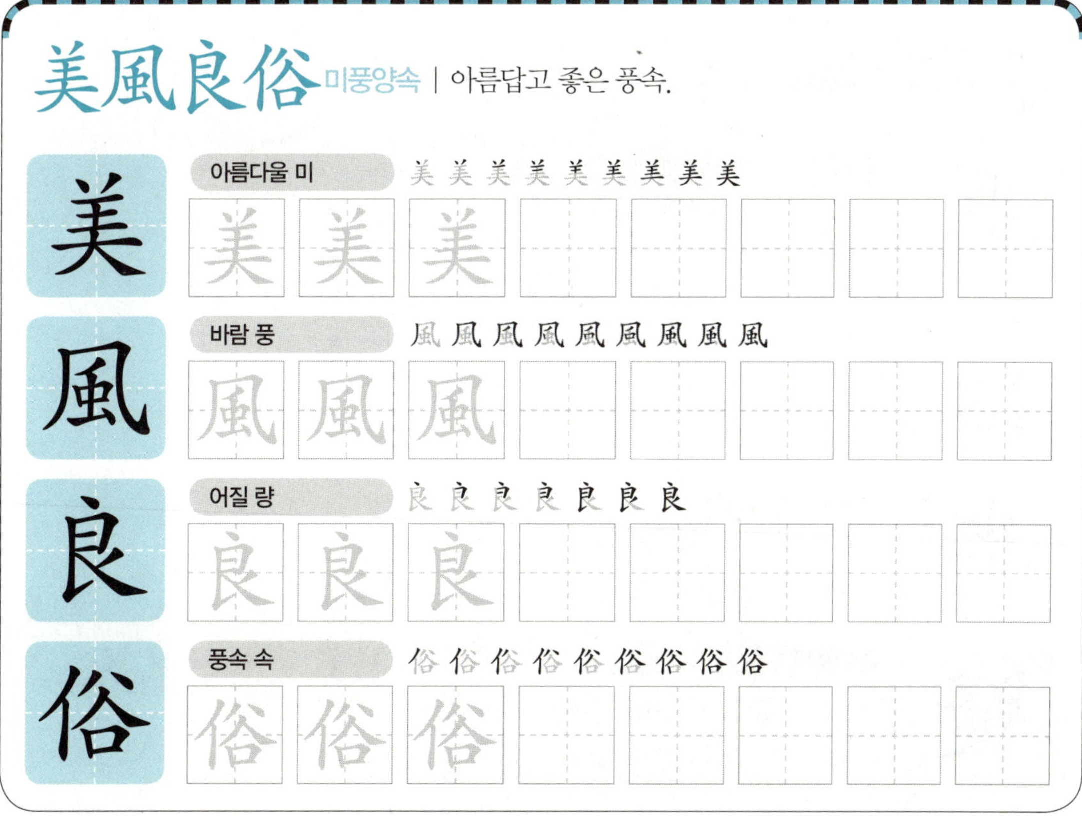

美
風
良
俗

아름다울 미 美 美 美 美 美 美 美 美 美

바람 풍 風 風 風 風 風 風 風 風 風

어질 량 良 良 良 良 良 良 良

풍속 속 俗 俗 俗 俗 俗 俗 俗 俗 俗

拍掌大笑 박장대소 | 손바닥을 치며 극성스럽게 크게 웃는 웃음.

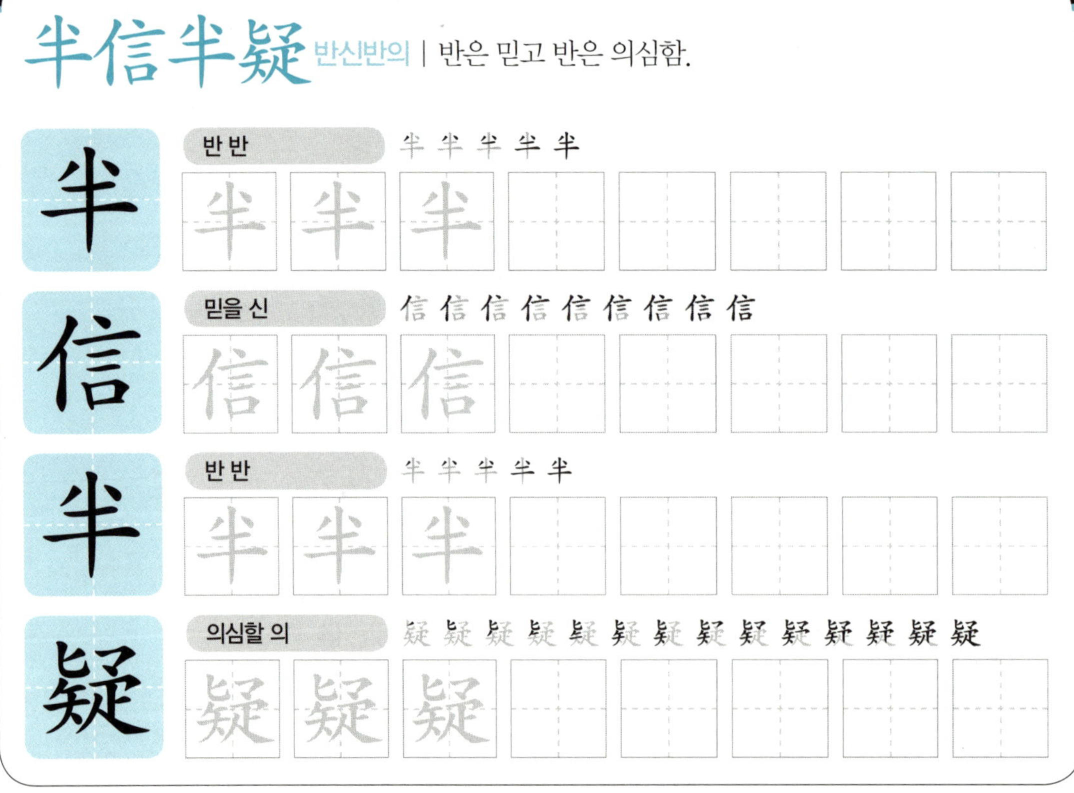

손뼉칠 박	拍 拍 拍 拍 拍 拍 拍 拍
손바닥 장	掌 掌 掌 掌 掌 掌 掌 掌 掌 掌 掌 掌
큰 대	大 大 大
웃음 소	笑 笑 笑 笑 笑 笑 笑 笑 笑 笑

半信半疑 반신반의 | 반은 믿고 반은 의심함.

반 반	半 半 半 半 半
믿을 신	信 信 信 信 信 信 信 信 信
반 반	半 半 半 半 半
의심할 의	疑 疑 疑 疑 疑 疑 疑 疑 疑 疑 疑 疑 疑 疑

拔本塞源 발본색원 | 폐단의 뿌리를 뽑고, 근원을 막아 버림.

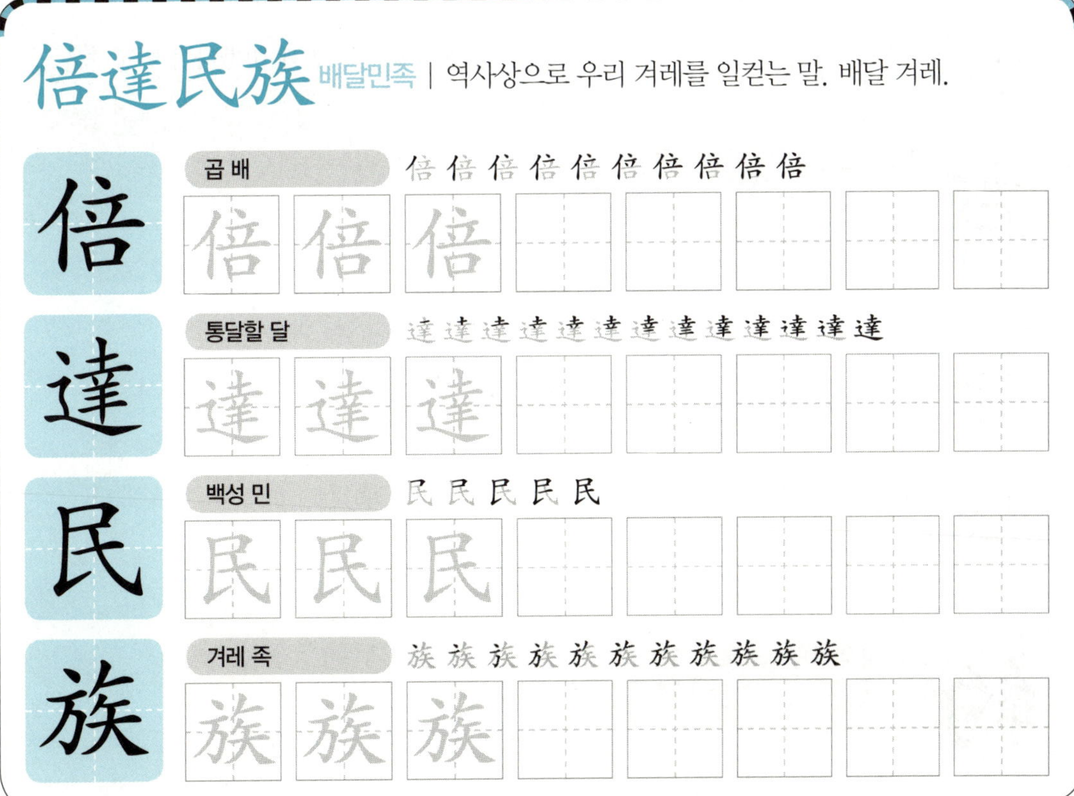

뽑을 발	拔 拔 拔 拔 拔 拔 拔 拔
근본 본	本 本 本 本 本
막을 색	塞 塞 塞 塞 塞 塞 塞 塞 塞 塞 塞 塞 塞
근원 원	源 源 源 源 源 源 源 源 源 源 源 源 源

倍達民族 배달민족 | 역사상으로 우리 겨레를 일컫는 말. 배달 겨레.

곱 배	倍 倍 倍 倍 倍 倍 倍 倍 倍 倍
통달할 달	達 達 達 達 達 達 達 達 達 達 達 達 達
백성 민	民 民 民 民 民
겨레 족	族 族 族 族 族 族 族 族 族 族 族

白骨難忘 백골난망 | 죽어서 백골이 되어도 은혜를 잊을 수 없다는 뜻으로, 남의 은혜에 깊이 감사하는 말.

白

흰 백

骨

뼈 골

難

어려울 난

忘

잊을 망

百年佳約 백년가약 | 남녀가 부부가 되어 평생을 함께 하겠다는 아름다운 언약(言約).

百

일백 백

年

해 년

佳

아름다울 가

約

맺을 약

百年大計 백년대계 | 먼 훗날까지 고려한 큰 계획.

百年河清 백년하청 | 중국의 황하(黃河)가 항상 흐리어 맑을 때가 없다는데서 나온 고사로, 아무리 오래되어도 이루어지기 어려움을 일컫는 말.

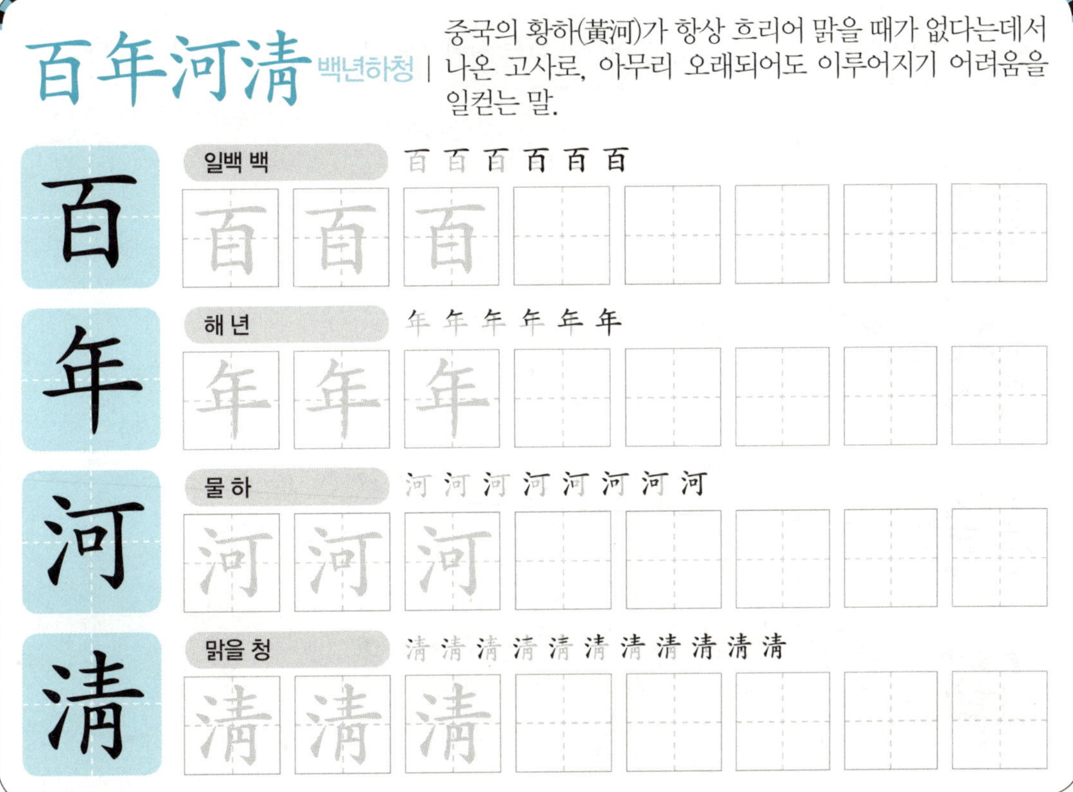

百年偕老 백년해로 | 부부가 되어 화락하게 일생을 함께 늙음.

	일백 백	百 百 百 百 百 百
百	百 百 百	

	해 년	年 年 年 年 年 年
年	年 年 年	

	함께 해	偕 偕 偕 偕 偕 偕 偕 偕 偕 偕
偕	偕 偕 偕	

	늙을 로	老 老 老 老 老 老
老	老 老 老	

白衣從軍 백의종군 | 벼슬이 없는 사람으로 군인도 아니면서 군대를 따라 전쟁을 나감.

	흰 백	白 白 白 白 白
白	白 白 白	

	옷 의	衣 衣 衣 衣 衣 衣
衣	衣 衣 衣	

	좇을 종	從 從 從 從 從 從 從 從 從 從
從	從 從 從	

	군사 군	軍 軍 軍 軍 軍 軍 軍 軍 軍
軍	軍 軍 軍	

百折不屈 백절불굴 | 백번을 꺾여도 굽히지 않음. 곧 많은 고난을 극복하여 이겨 나감.

일백 백	百 百 百 百 百 百
꺾을 절	折 折 折 折 折 折 折
아닐 불·부	不 不 不 不
굽을 굴	屈 屈 屈 屈 屈 屈 屈 屈

百尺竿頭 백척간두 | 백 자(尺)나 되는 높은 장대 끝에 섰다는 뜻으로, 대단히 위태로운 상황에 빠짐을 비유함.

일백 백	百 百 百 百 百 百
자 척	尺 尺 尺 尺
장대 간	竿 竿 竿 竿 竿 竿 竿 竿 竿
머리 두	頭 頭 頭 頭 頭 頭 頭 頭 頭 頭 頭 頭 頭 頭 頭 頭

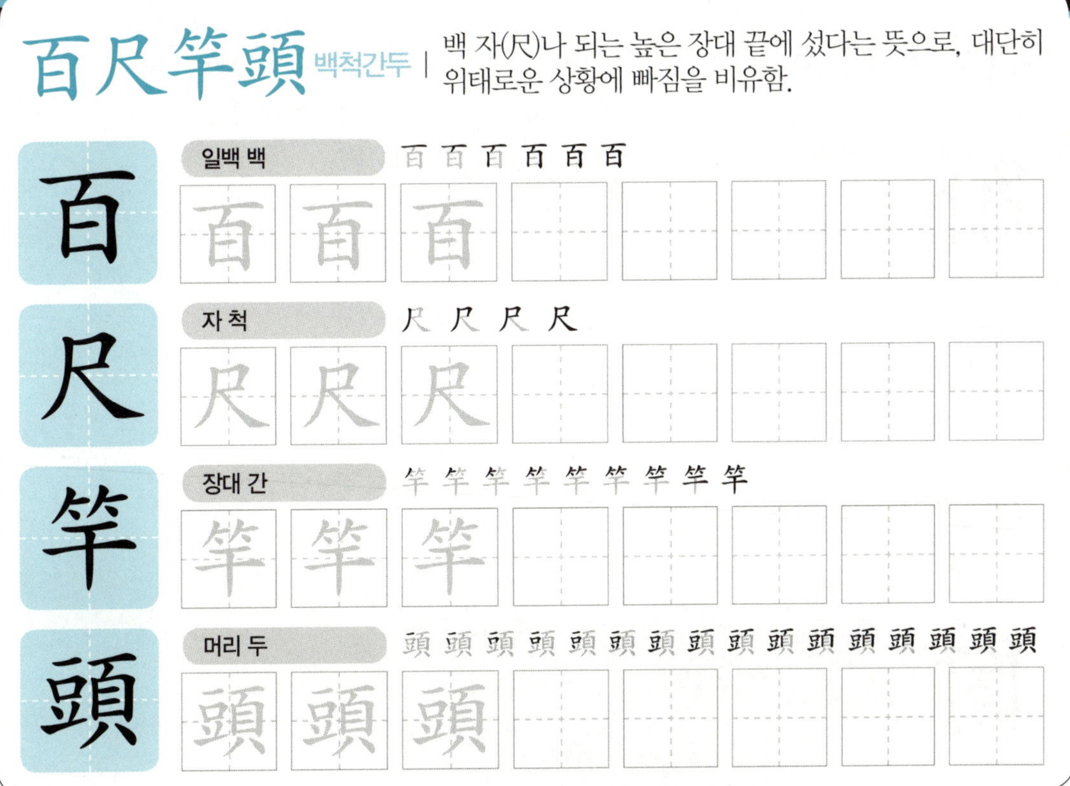

父傳子傳 부전자전 | 대대로 아버지가 아들에게 전함.

아버지 부	父 父 父 父
전할 전	傳 傳 傳 傳 傳 傳 傳 傳 傳 傳
아들 자	子 子 子
전할 전	傳 傳 傳 傳 傳 傳 傳 傳 傳 傳

附和雷同 부화뇌동 | 자기 생각이나 주장 없이 남이 하는 대로 따라 행동함.

붙을 부	附 附 附 附 附 附 附 附
화할 화	和 和 和 和 和 和 和 和
우레 뢰	雷 雷 雷 雷 雷 雷 雷 雷 雷 雷 雷 雷 雷
한가지 동	同 同 同 同 同 同

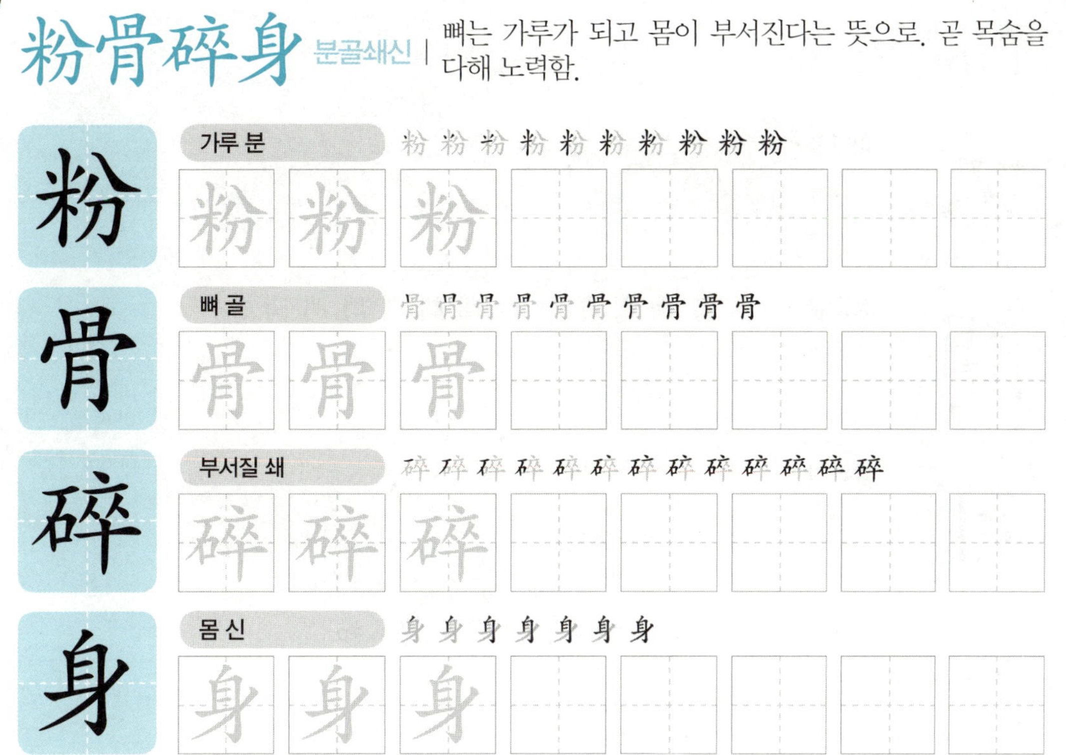

粉骨碎身 분골쇄신 | 뼈는 가루가 되고 몸이 부서진다는 뜻으로, 곧 목숨을 다해 노력함.
가루 분
뼈 골
부서질 쇄
몸 신

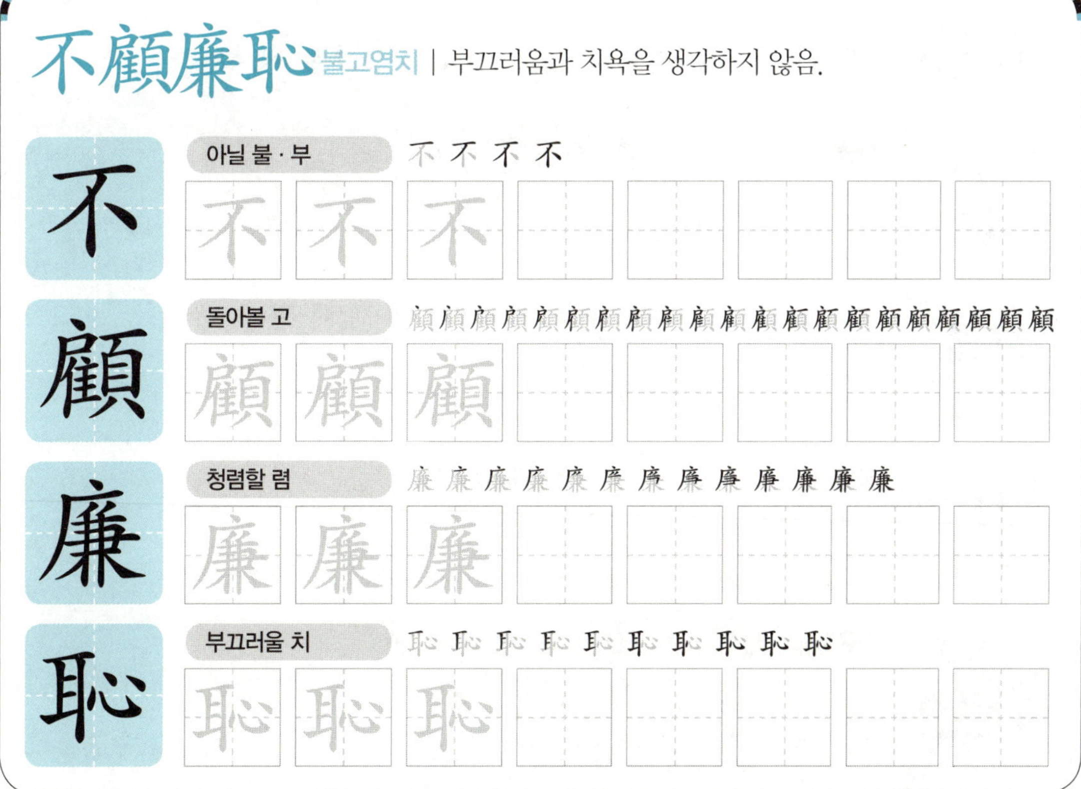

不顧廉恥 불고염치 | 부끄러움과 치욕을 생각하지 않음.
아닐 불·부
돌아볼 고
청렴할 렴
부끄러울 치

不問可知 불문가지 | 묻지 않아도 능히 알 수 있음.

아닐 불·부	不 不 不 不
물을 문	問 問 問 問 問 問 問 問 問 問
옳을 가	可 可 可 可 可
알 지	知 知 知 知 知 知 知 知

不問曲直 불문곡직 | 일의 옳고 그름을 묻지 않고 함부로 행동함.

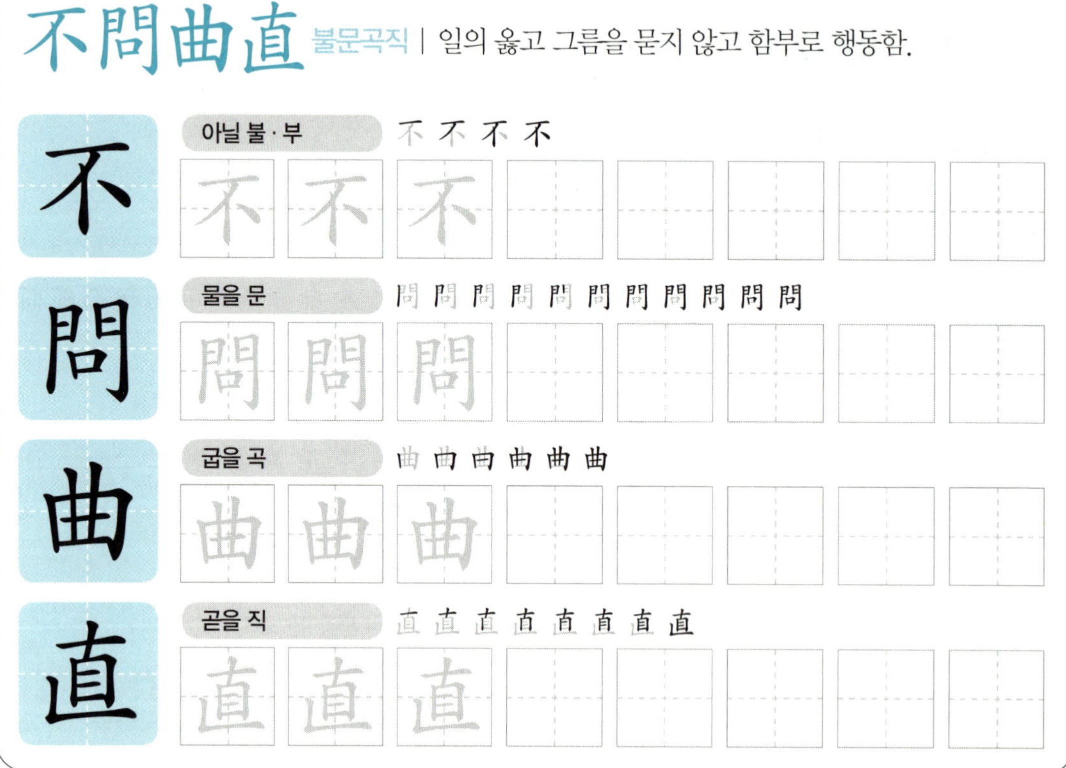

아닐 불·부	不 不 不 不
물을 문	問 問 問 問 問 問 問 問 問 問
굽을 곡	曲 曲 曲 曲 曲 曲
곧을 직	直 直 直 直 直 直 直 直

飛禽走獸 비금주수 | 날짐승과 길짐승.

날 비	飛	飛	飛					

새 금	禽	禽	禽					

달릴 주	走	走	走					

짐승 수	獸	獸	獸					

非禮勿視 비례물시 | 예의에 어긋나는 일은 보지도 말라는 말.

아닐 비	非	非	非					

예도 례	禮	禮	禮					

말 물	勿	勿	勿					

볼 시	視	視	視					

非一非再 비일비재 | 같은 일이 한두 번이 아님.

四顧無親 사고무친 | 사방을 둘러보아도 친한 사람이 한 사람도 없음. 곧 의지할 만한 사람이 전혀 없음.

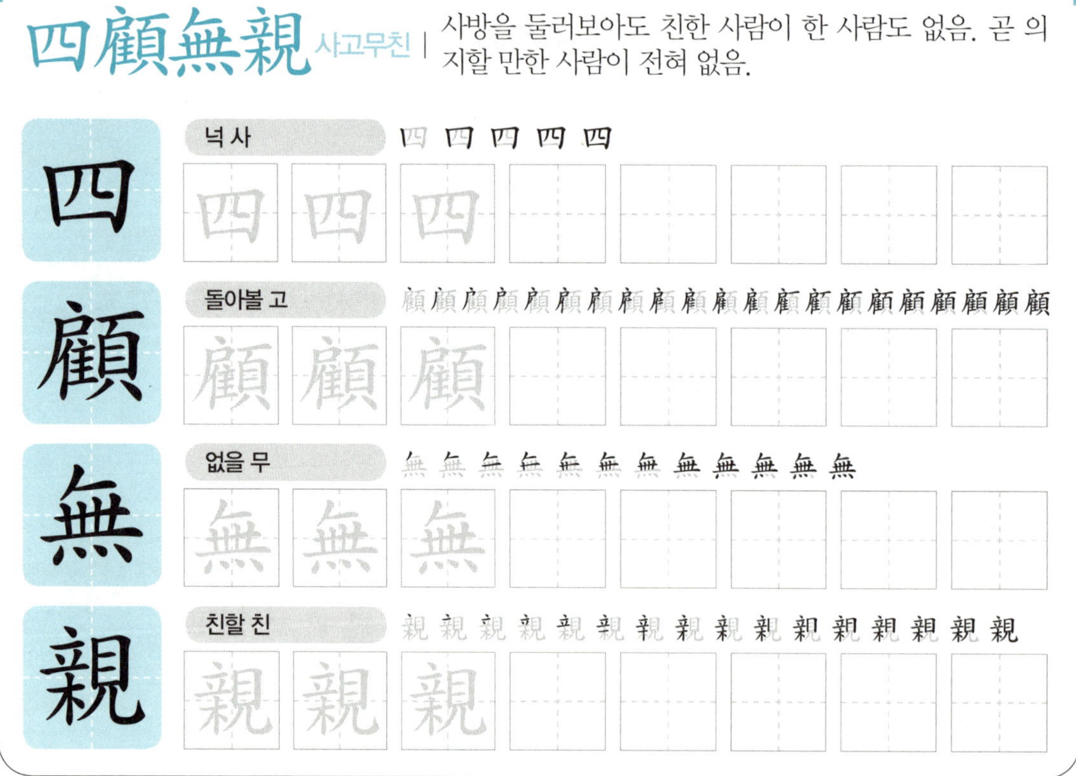

四面楚歌 사면초가 | 사면이 모두 적병(敵兵)으로 포위된 상태를 이르는 말.

넉 사	四 四 四 四 四
낯 면	面面面面面面面面面
초나라 초	楚楚楚楚楚楚楚楚楚楚楚楚楚
노래 가	歌歌歌歌歌歌歌歌歌歌歌歌歌歌

四分五裂 사분오열 | 여러 갈래로 찢어짐. 어지럽게 분열됨.

넉 사	四 四 四 四 四
나눌 분	分 分 分 分
다섯 오	五 五 五 五
찢을 렬	裂裂裂裂裂裂裂裂裂裂裂裂

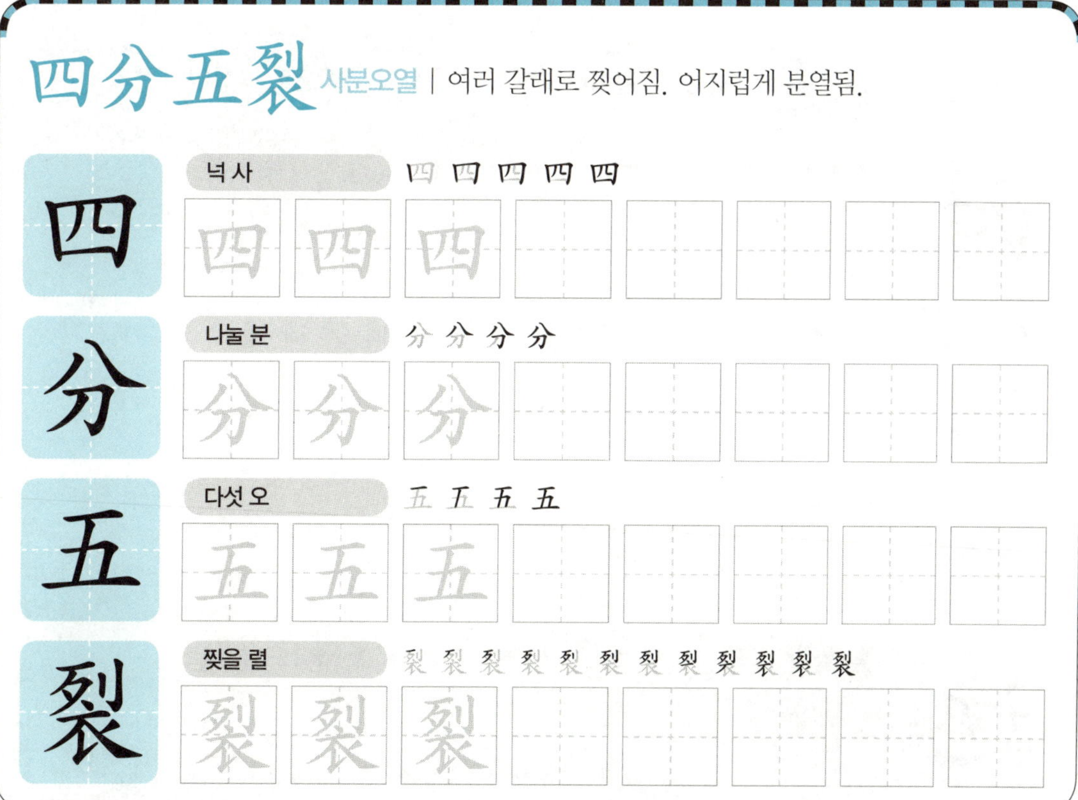

沙上樓閣 사상누각 | 모래 위에 세운 다락집. 곧 기초가 약하여 넘어질 염려가 있거나 오래 유지하지 못할 일, 또는 실현 불가능한 일을 비유하는 말.

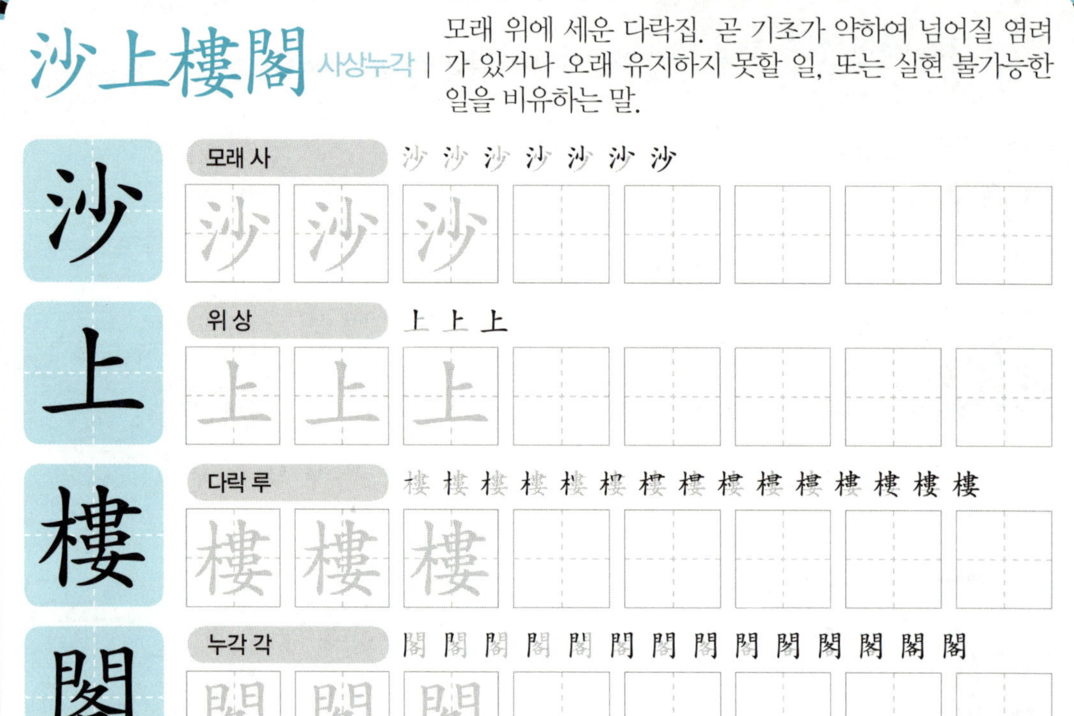

모래 사	沙 沙 沙 沙 沙 沙 沙
위 상	上 上 上
다락 루	樓 樓 樓 樓 樓 樓 樓 樓 樓 樓 樓 樓
누각 각	閣 閣 閣 閣 閣 閣 閣 閣 閣 閣 閣 閣 閣

四通五達 사통오달 | 길이나 교통·통신 등이 사방으로 막힘없이 통함.

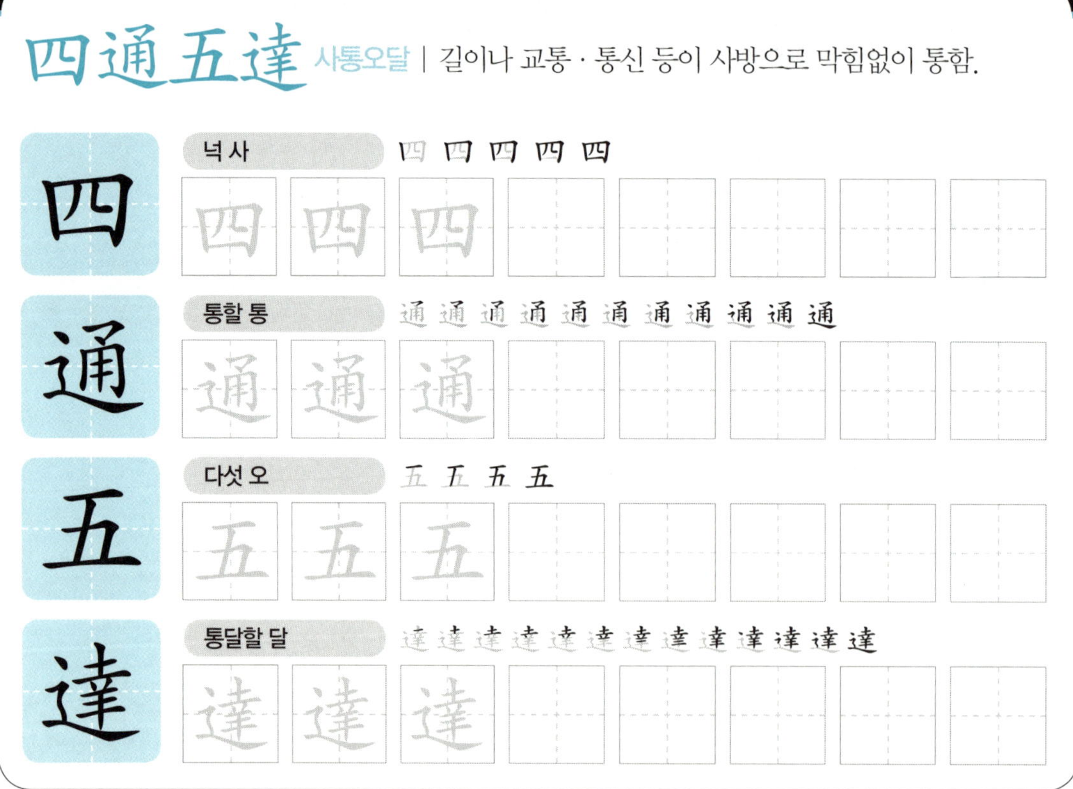

넉 사	四 四 四 四 四
통할 통	通 通 通 通 通 通 通 通 通 通 通
다섯 오	五 五 五 五
통달할 달	達 達 達 達 達 達 達 達 達 達 達 達 達

事必歸正 사필귀정 | 어떤 일이든 결국 올바른 이치대로 돌아감.

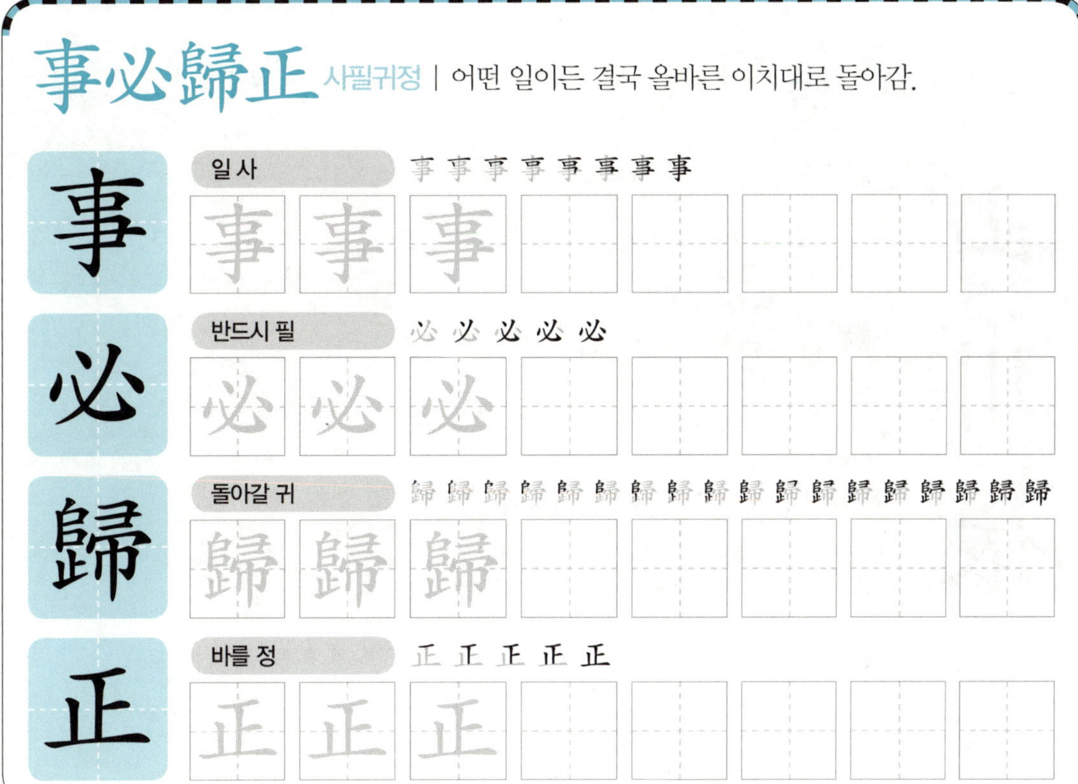

일사	事 事 事 事 事 事 事 事
반드시 필	必 必 必 必 必
돌아갈 귀	歸 歸 歸 歸 歸 歸 歸 歸 歸 歸 歸 歸 歸 歸 歸 歸 歸
바를 정	正 正 正 正 正

山戰水戰 산전수전 | 산과 물에서의 전투를 다 겪음. 곧 온갖 세상 일에 경험이 아주 많음.

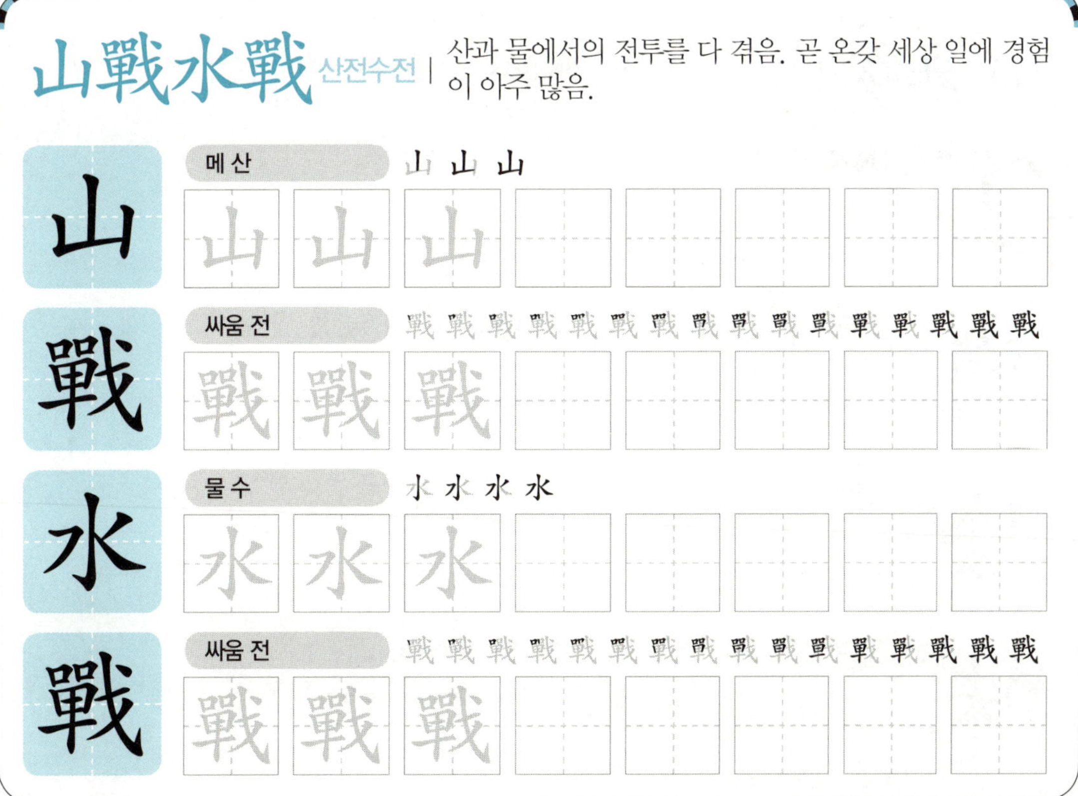

메산	山 山 山
싸움 전	戰 戰 戰 戰 戰 戰 戰 戰 戰 戰 戰 戰 戰 戰 戰 戰
물 수	水 水 水 水
싸움 전	戰 戰 戰 戰 戰 戰 戰 戰 戰 戰 戰 戰 戰 戰 戰 戰

山川依舊 산천의구 | 산과 강은 옛 모양 그대로 변함이 없음.

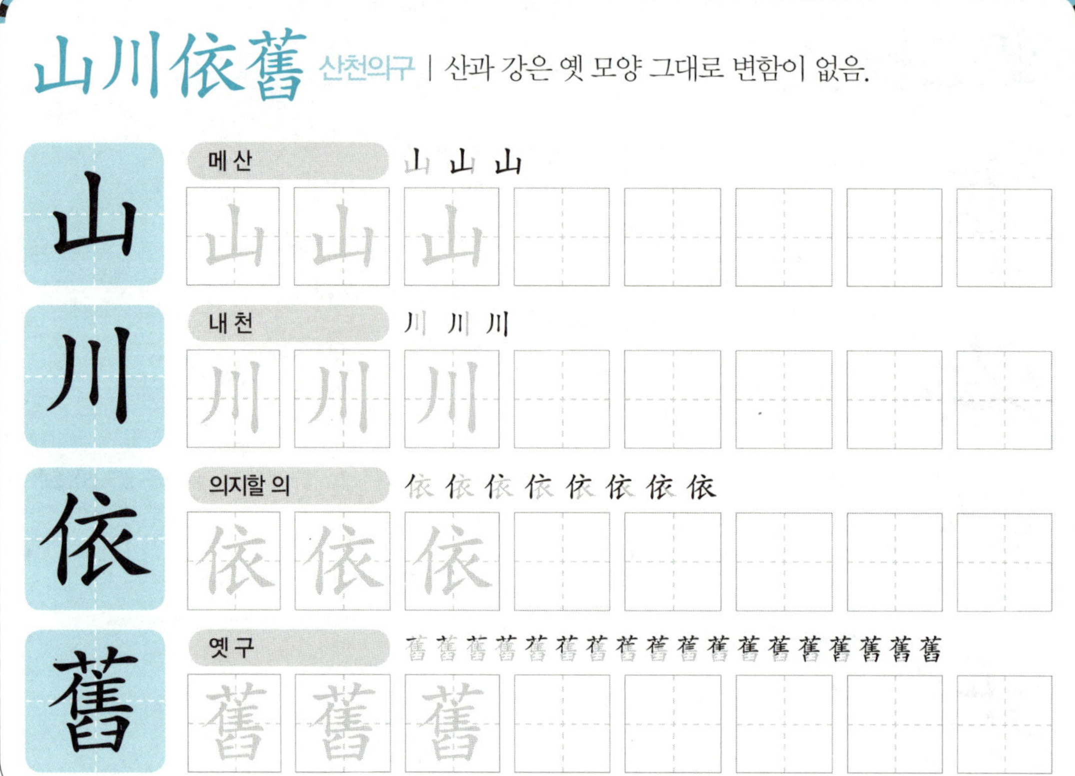

메산	山 山 山
내천	川 川 川
의지할 의	依 依 依 依 依 依 依
옛구	舊 舊 舊 舊 舊 舊 舊 舊 舊 舊 舊 舊 舊 舊 舊 舊 舊

山海珍味 산해진미 | 산과 바다에서 나는 재료로 만든 맛 좋은 음식.

메산	山 山 山
바다 해	海 海 海 海 海 海 海 海 海 海
보배 진	珍 珍 珍 珍 珍 珍 珍 珍 珍
맛미	味 味 味 味 味 味 味 味

殺身成仁 살신성인 | 자신의 목숨을 버려서 인(仁)을 이룸.

죽일 살	殺 殺 殺 殺 殺 殺 殺 殺 殺 殺 殺
몸 신	身 身 身 身 身 身 身
이룰 성	成 成 成 成 成 成 成
어질 인	仁 仁 仁 仁

三綱五倫 삼강오륜 | 삼강(三綱)은 군신, 부자, 부부에 지켜야 세가지 도리. 오륜(五倫)은 부자, 군신, 부부, 장유, 친구 사이의 신의를 이르는 다섯 가지 도리.

석 삼	三 三 三
벼리 강	綱 綱 綱 綱 綱 綱 綱 綱 綱 綱 綱 綱 綱
다섯 오	五 五 五 五
인륜 륜	倫 倫 倫 倫 倫 倫 倫 倫 倫 倫

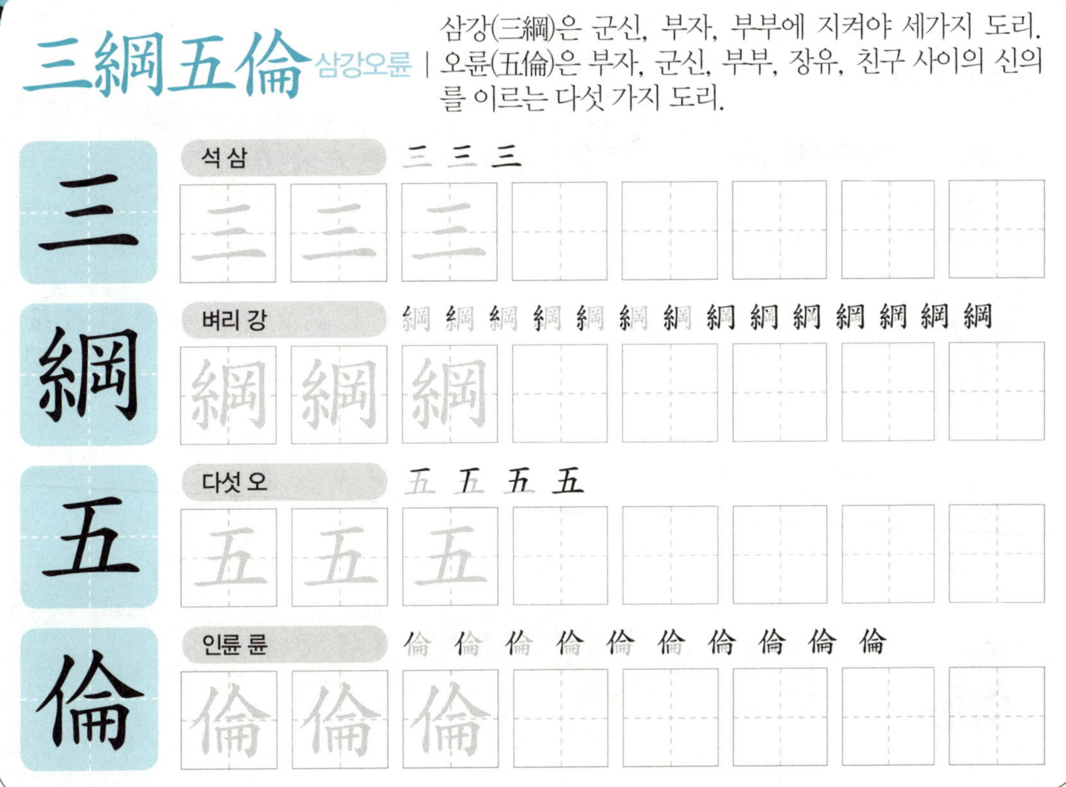

三顧草廬 삼고초려 | 인재를 맞이하기 위하여 자기 몸을 굽히고 참을성 있게 마음을 씀을 비유하는 말.

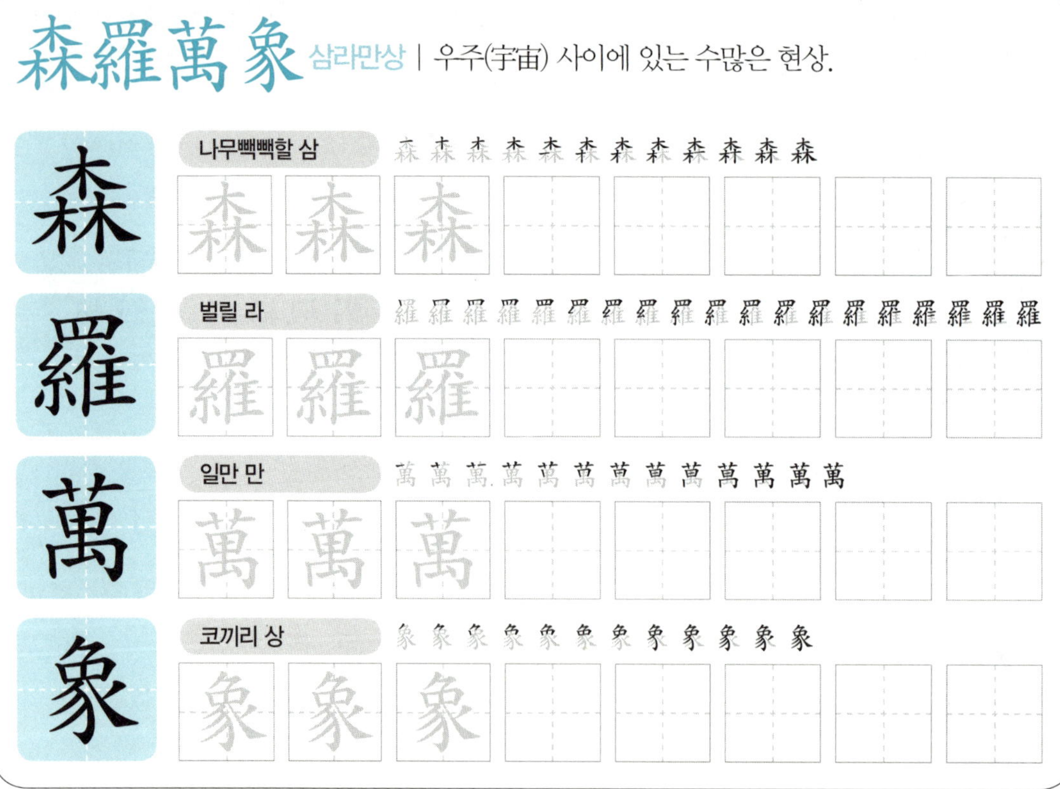

三 석 삼

顧 돌아볼 고

草 풀 초

廬 오두막집 려

森羅萬象 삼라만상 | 우주(宇宙) 사이에 있는 수많은 현상.

森 나무빽빽할 삼

羅 벌릴 라

萬 일만 만

象 코끼리 상

三人成虎 삼인성호 | 세 사람이면 없던 호랑이도 만든다는 뜻으로, 거짓말이라도 여러 사람이 말하면 남이 참말로 믿기 쉬움.

석삼	三 三 三
사람 인	人 人
이룰 성	成 成 成 成 成 成 成
범 호	虎 虎 虎 虎 虎 虎 虎 虎

三尺童子 삼척동자 | 신장이 석자에 불과한 자그마한 어린애. 곧 어린 아이.

석삼	三 三 三
자척	尺 尺 尺 尺
아이 동	童 童 童 童 童 童 童 童 童 童 童 童
아들 자	子 子 子

桑田碧海 상전벽해

뽕나무 밭이 변하여 푸른 바다가 됨. 곧 세상의 모든 일의 덧없이 변화무상함을 비유하는 말.

뽕나무 상	桑	桑	桑					
밭 전	田	田	田					
푸를 벽	碧	碧	碧					
바다 해	海	海	海					

塞翁之馬 새옹지마

인생의 길흉화복은 변화무상하여 예측하기 어렵다는 뜻.

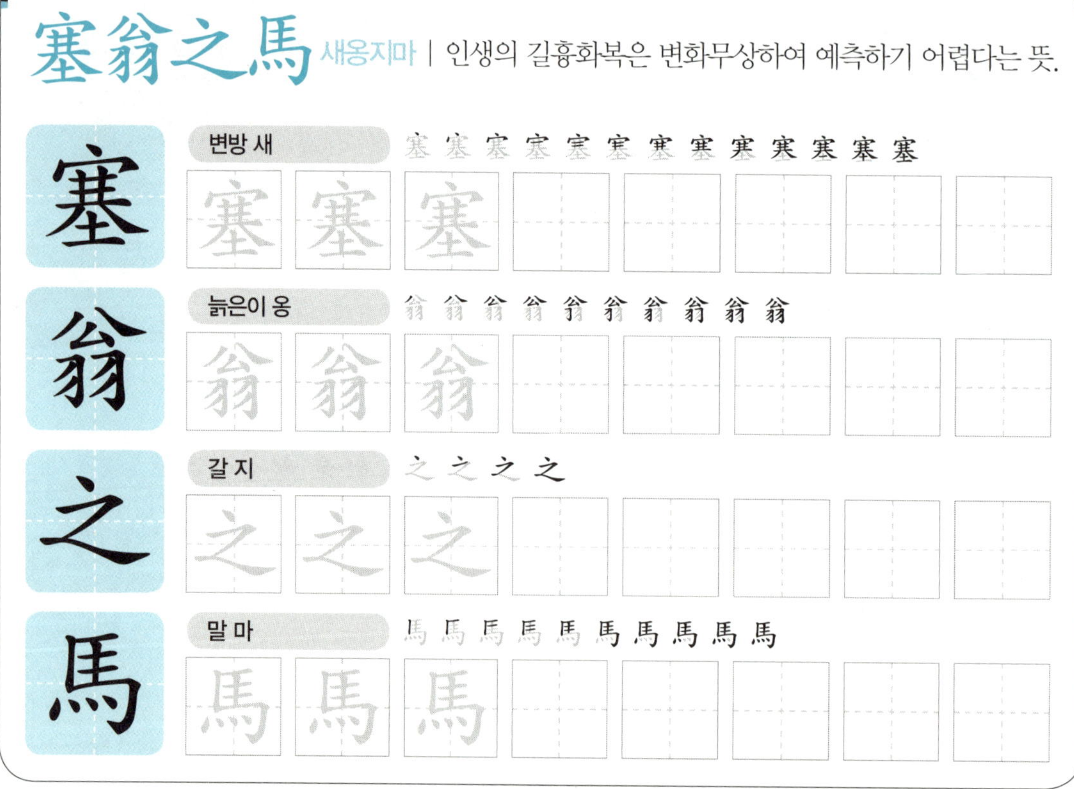

변방 새	塞	塞	塞					
늙은이 옹	翁	翁	翁					
갈 지	之	之	之					
말 마	馬	馬	馬					

生老病死 생로병사

태어나고, 늙고, 병들고, 죽는 일. 곧 인생이 겪어야 할 네가지 고통(苦痛).

날 생	生 生 生 生 生							
늙을 로	老 老 老 老 老 老							
병 병	病 病 病 病 病 病 病 病 病 病							
죽을 사	死 死 死 死 死 死							

生面不知 생면부지

한번도 본 일이 없는 사람. 전혀 알지 못하는 사람.

날 생	生 生 生 生 生							
낯 면	面 面 面 面 面 面 面 面 面							
아닐 불·부	不 不 不 不							
알 지	知 知 知 知 知 知 知 知							

先見之明 선견지명 | 앞일을 미리 예견하여 내다보는 밝은 지혜.

먼저 선	先 先 先 先 先 先
볼 견	見 見 見 見 見 見 見
갈 지	之 之 之 之
밝을 명	明 明 明 明 明 明 明 明

先公後私 선공후사 | 공적인 일을 먼저 하고 사적인 일은 뒤로 미룸.

먼저 선	先 先 先 先 先 先
공평할 공	公 公 公 公
뒤 후	後 後 後 後 後 後 後 後 後
사사 사	私 私 私 私 私 私 私

仙風道骨 선풍도골 | 풍채가 뛰어나고 용모가 수려한 사람.

신선 선	仙 仙 仙 仙 仙
바람 풍	風風風風風風風風風
길 도	道道道道道道道道道道道道道
뼈 골	骨骨骨骨骨骨骨骨骨骨

雪上加霜 설상가상 | 눈 위에 서리란 뜻으로, 불행한 일이 거듭하여 생김.

눈 설	雪雪雪雪雪雪雪雪雪雪雪
윗 상	上 上 上
더할 가	加 加 加 加 加
서리 상	霜霜霜霜霜霜霜霜霜霜霜霜霜霜霜霜

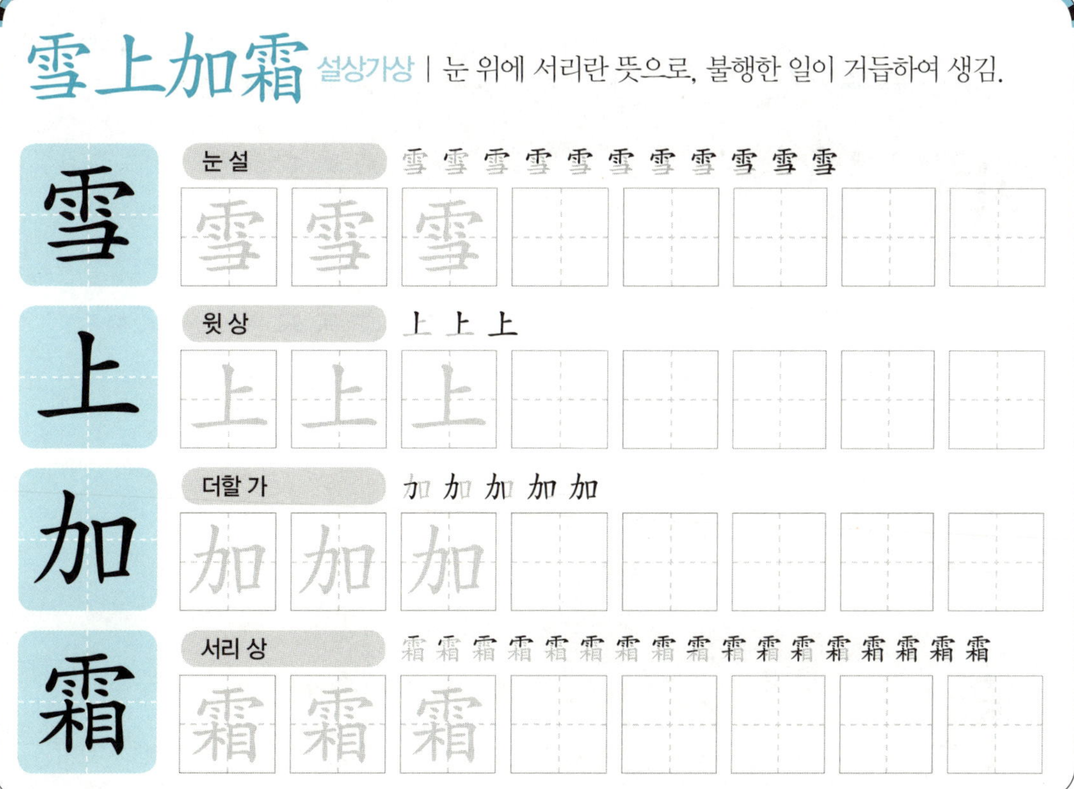

說往說來 설왕설래 | 서로 변론을 주고 받으며 옥신각신함.

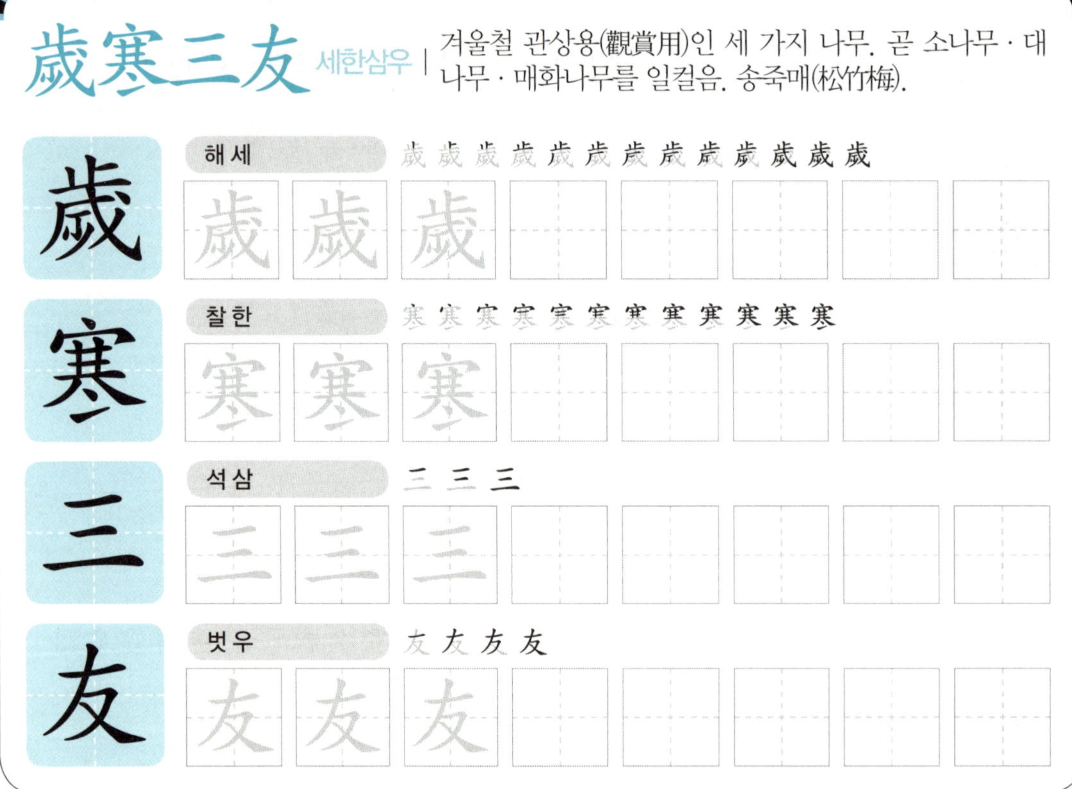

말씀 설	說 說 說 說 說 說 說 說 說 說 說 說 說							
갈 왕	往 往 往 往 往 往 往 往							
말씀 설	說 說 說 說 說 說 說 說 說 說 說 說 說							
올 래	來 來 來 來 來 來 來 來							

歲寒三友 세한삼우 | 겨울철 관상용(觀賞用)인 세 가지 나무. 곧 소나무·대나무·매화나무를 일컬음. 송죽매(松竹梅).

해 세	歲 歲 歲 歲 歲 歲 歲 歲 歲 歲 歲 歲 歲							
찰 한	寒 寒 寒 寒 寒 寒 寒 寒 寒 寒 寒 寒							
석 삼	三 三 三							
벗 우	友 友 友 友							

束手無策 속수무책 | 손을 묶은 듯이 계략과 대책이 없음. 곧 어찌할 도리가 없음.

묶을 속	束 束 束 束 束 束 束
손 수	手 手 手 手
없을 무	無 無 無 無 無 無 無 無 無 無 無 無
꾀 책	策 策 策 策 策 策 策 策 策 策 策 策

送舊迎新 송구영신 | 묵은 해를 보내고 새해를 맞음.

보낼 송	送 送 送 送 送 送 送 送 送 送
옛 구	舊 舊 舊 舊 舊 舊 舊 舊 舊 舊 舊 舊 舊 舊 舊 舊 舊 舊
맞을 영	迎 迎 迎 迎 迎 迎 迎 迎
새 신	新 新 新 新 新 新 新 新 新 新 新 新

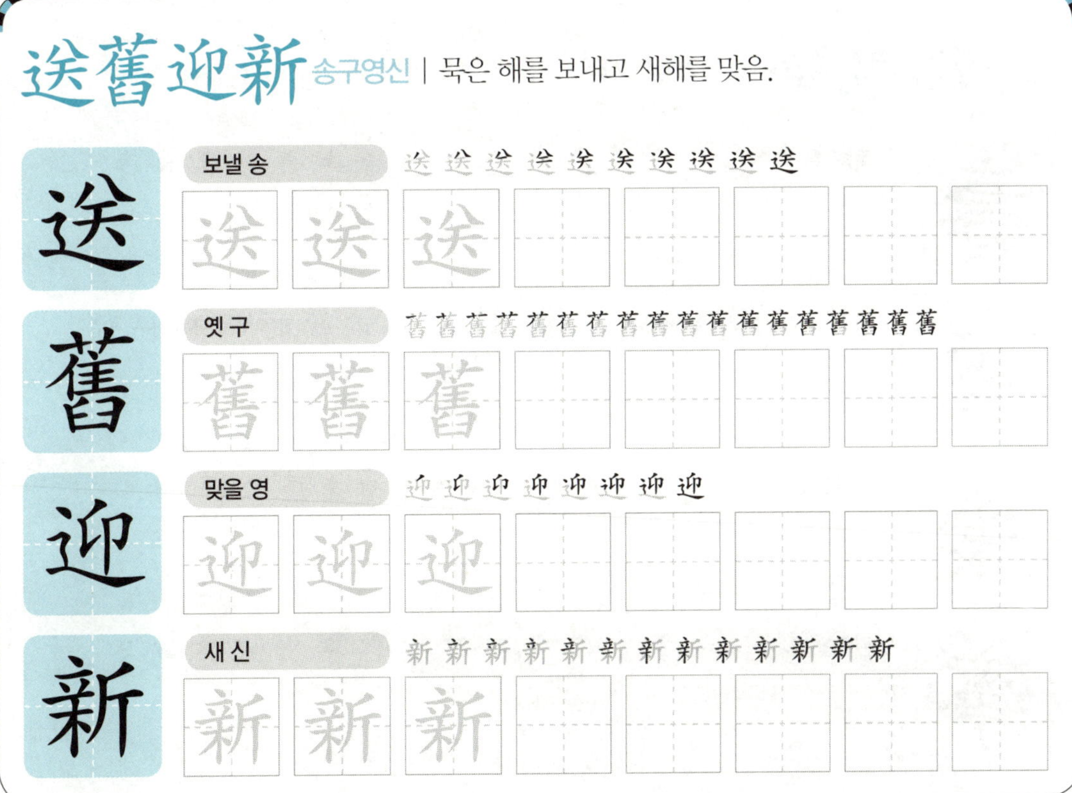

首丘初心 수구초심 | 여우가 죽을 때 머리를 자기가 살던 굴로 향한다는 뜻으로, 고향을 그리워하는 마음을 일컬음.

首		머리 수	首首首首首首首首首
丘		언덕 구	丘丘丘丘丘
初		처음 초	初初初初初初初
心		마음 심	心心心心

壽福康寧 수복강녕 | 오래 살아 복되며, 몸이 건강하여 평안함을 이르는 말.

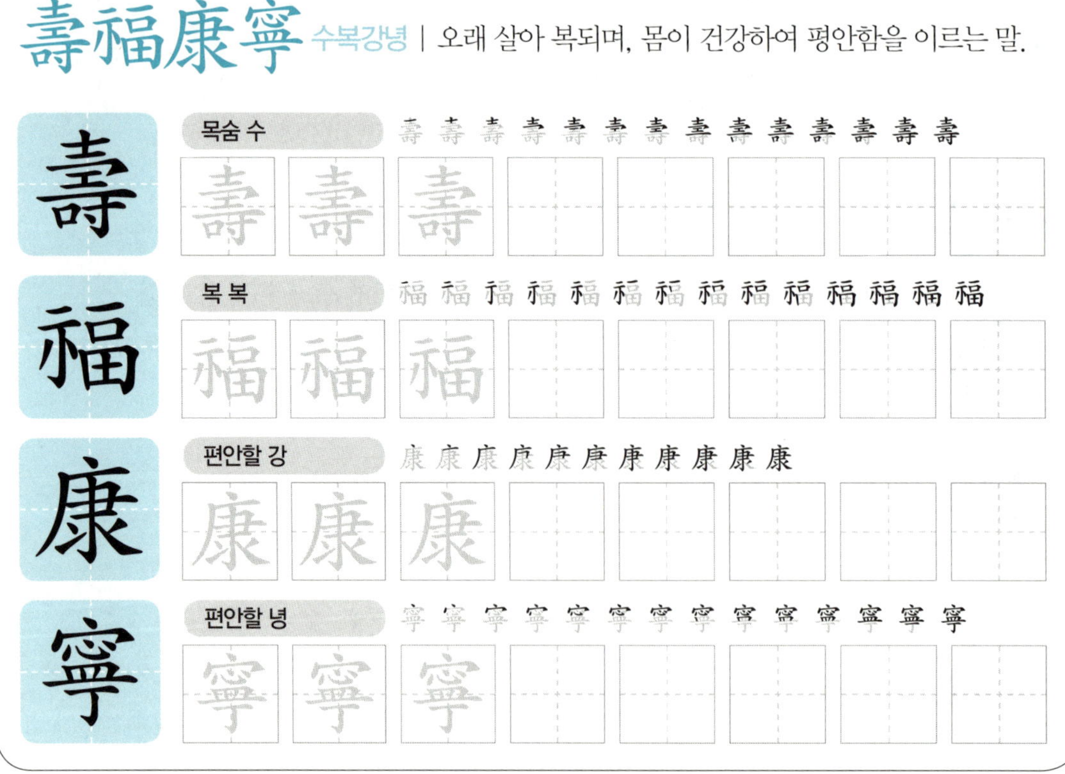

壽		목숨 수	壽壽壽壽壽壽壽壽壽壽壽壽壽壽
福		복 복	福福福福福福福福福福福福福福
康		편안할 강	康康康康康康康康康康康
寧		편안할 녕	寧寧寧寧寧寧寧寧寧寧寧寧寧寧

首鼠兩端 수서양단 |

쥐는 의심이 많아 쥐구멍에서 머리를 내밀고 이리 저리 살핀다는 뜻으로, 머뭇거리며 진퇴 · 거취를 결정짓지 못하고 관망하는 상태를 이름.

首	머리 수	首 首 首 首 首 首 首 首 首
鼠	쥐 서	鼠 鼠 鼠 鼠 鼠 鼠 鼠 鼠 鼠 鼠 鼠 鼠 鼠
兩	두 량	兩 兩 兩 兩 兩 兩 兩 兩
端	끝 단	端 端 端 端 端 端 端 端 端 端 端 端 端

袖手傍觀 수수방관 |

팔짱을 끼고 보고만 있다는 뜻으로, 직접 손을 내밀어 간섭하지 않고 그대로 버려둠을 일컫는 말.

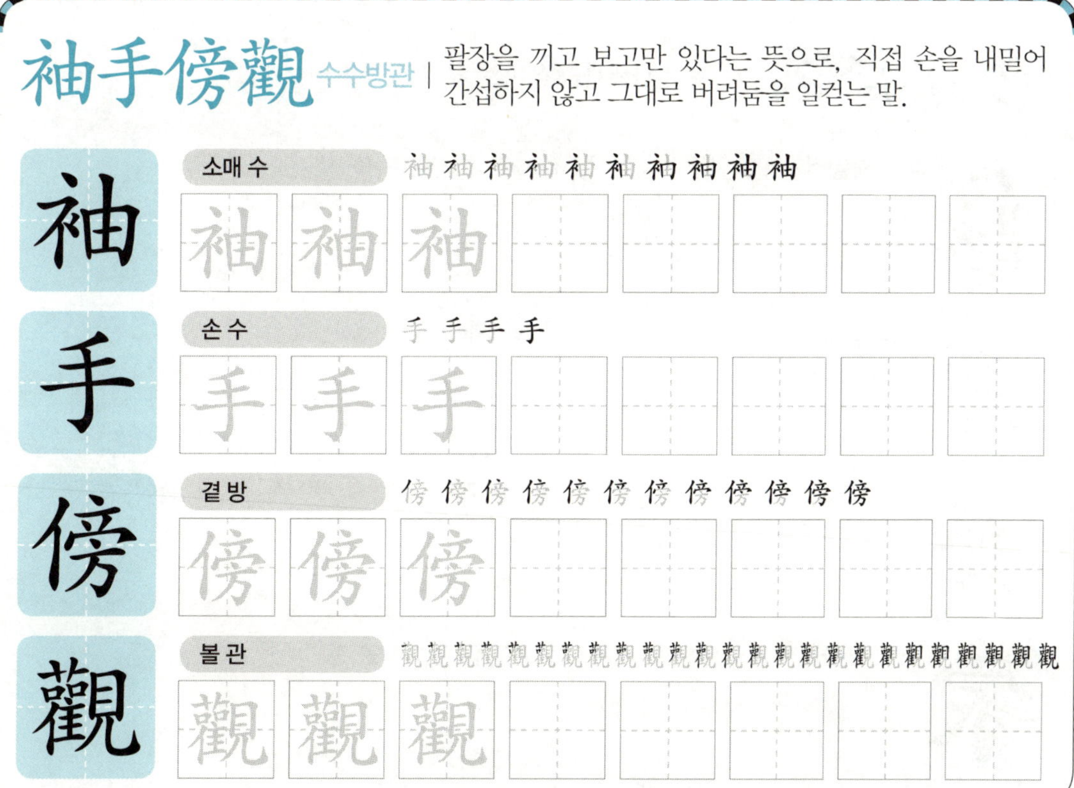

袖	소매 수	袖 袖 袖 袖 袖 袖 袖 袖 袖
手	손 수	手 手 手 手
傍	곁 방	傍 傍 傍 傍 傍 傍 傍 傍 傍 傍 傍
觀	볼 관	觀 觀

水魚之交 수어지교 | 고기와 물의 사이처럼, 떨어질 수 없는 특별한 친분.

| 물 수 | 水 水 水 水 | | | | | | | |

水 水 水

| 물고기 어 | 魚 魚 魚 魚 魚 魚 魚 魚 魚 魚 魚 | | | | | | | |

魚 魚 魚

| 갈 지 | 之 之 之 之 | | | | | | | |

之 之 之

| 사귈 교 | 交 交 交 交 交 交 | | | | | | | |

交 交 交

修身齊家 수신제가 | 행실을 올바로 닦고 집안을 바로 잡음.

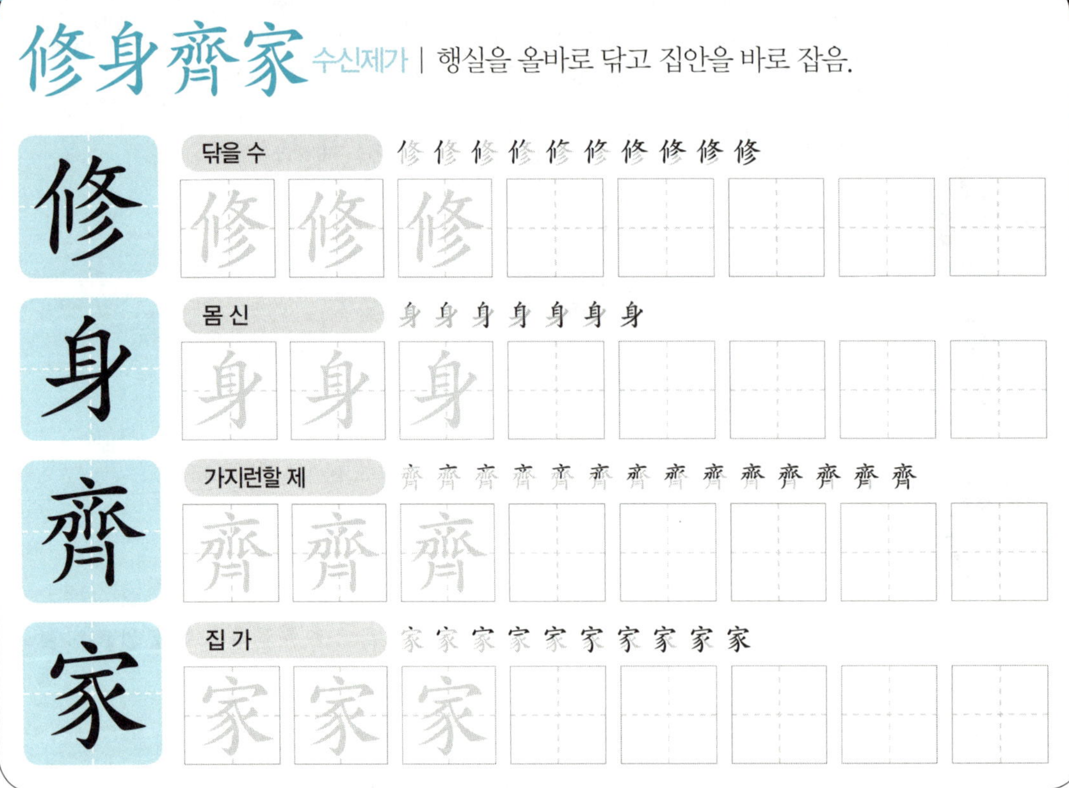

| 닦을 수 | 修 修 修 修 修 修 修 修 修 | | | | | | | |

修 修 修

| 몸 신 | 身 身 身 身 身 身 身 | | | | | | | |

身 身 身

| 가지런할 제 | 齊 齊 齊 齊 齊 齊 齊 齊 齊 齊 齊 齊 齊 | | | | | | | |

齊 齊 齊

| 집 가 | 家 家 家 家 家 家 家 家 家 家 | | | | | | | |

家 家 家

脣亡齒寒 순망치한 | 입술이 없으면 이가 시리다는 뜻. 곧 서로 이웃한 사람 중에서 한 사람이 망하면 다른 한 사람에게도 영향이 큼을 말함.

始終如一 시종여일 | 처음과 끝이 한결같이 변함이 없음.

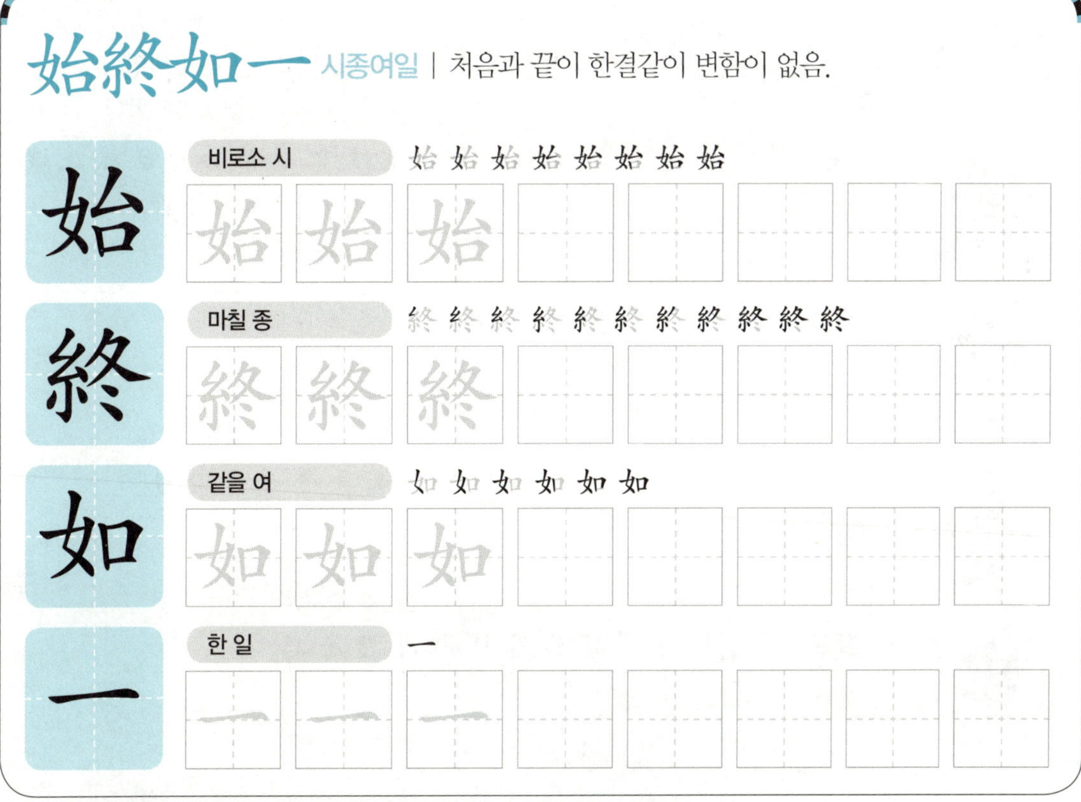

食少事煩 식소사번 | 먹을 것은 적고 할 일은 많음.

밥 식	食
적을 소	少
일 사	事
번거로울 번	煩

識字憂患 식자우환 | 글자를 알았던 것이 도리어 근심의 근원이 되었다는 뜻.

알 식	識
글자 자	字
근심 우	憂
근심 환	患

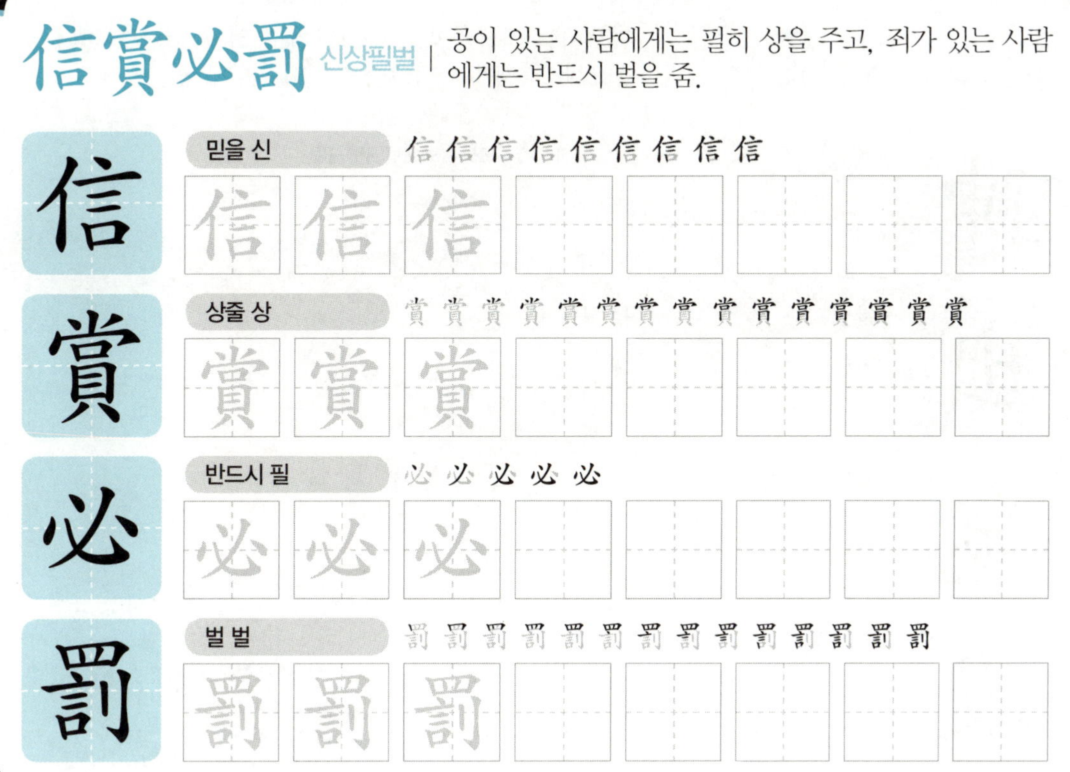

信賞必罰 신상필벌 | 공이 있는 사람에게는 필히 상을 주고, 죄가 있는 사람에게는 반드시 벌을 줌.

믿을 신	信信信信信信信信信
상줄 상	賞賞賞賞賞賞賞賞賞賞賞賞賞賞賞
반드시 필	必必必必必
벌 벌	罰罰罰罰罰罰罰罰罰罰罰罰罰罰

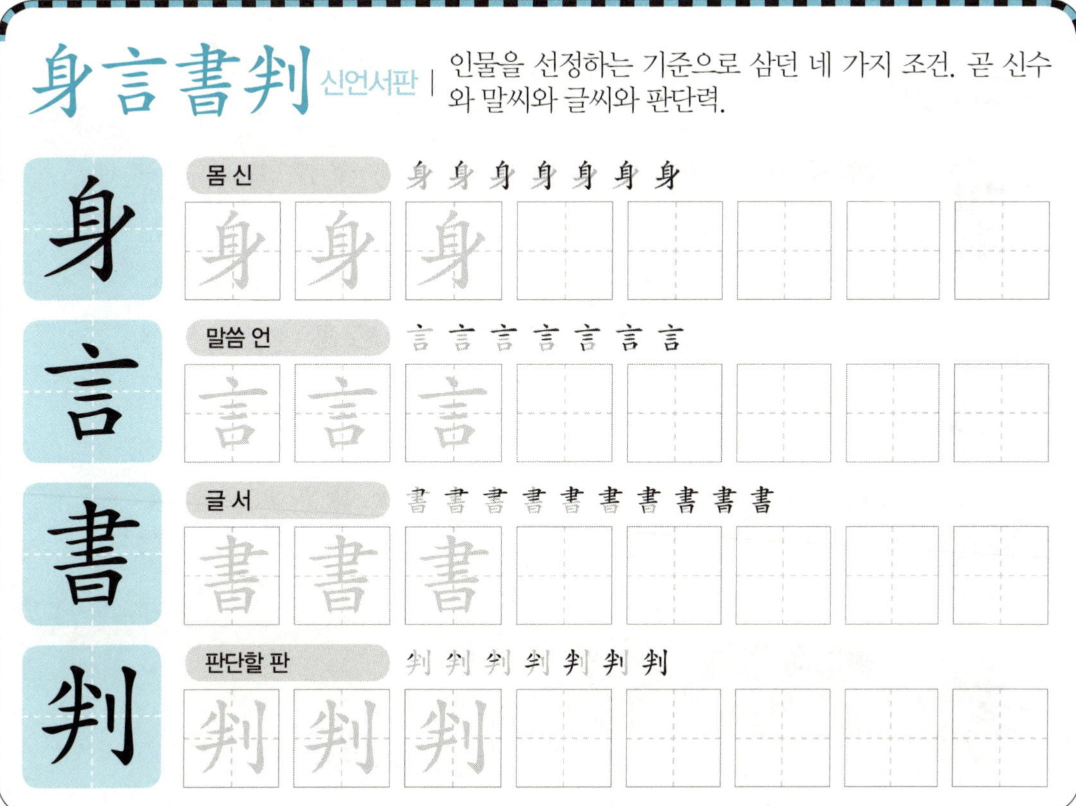

身言書判 신언서판 | 인물을 선정하는 기준으로 삼던 네 가지 조건. 곧 신수와 말씨와 글씨와 판단력.

몸 신	身身身身身身身
말씀 언	言言言言言言言
글 서	書書書書書書書書書書
판단할 판	判判判判判判判

神出鬼沒 신출귀몰 | 귀신처럼 자유자재로 나타나기도 하고 숨기도 한다는 뜻으로, 날쌔게 나타났다 숨었다 하는 모양.

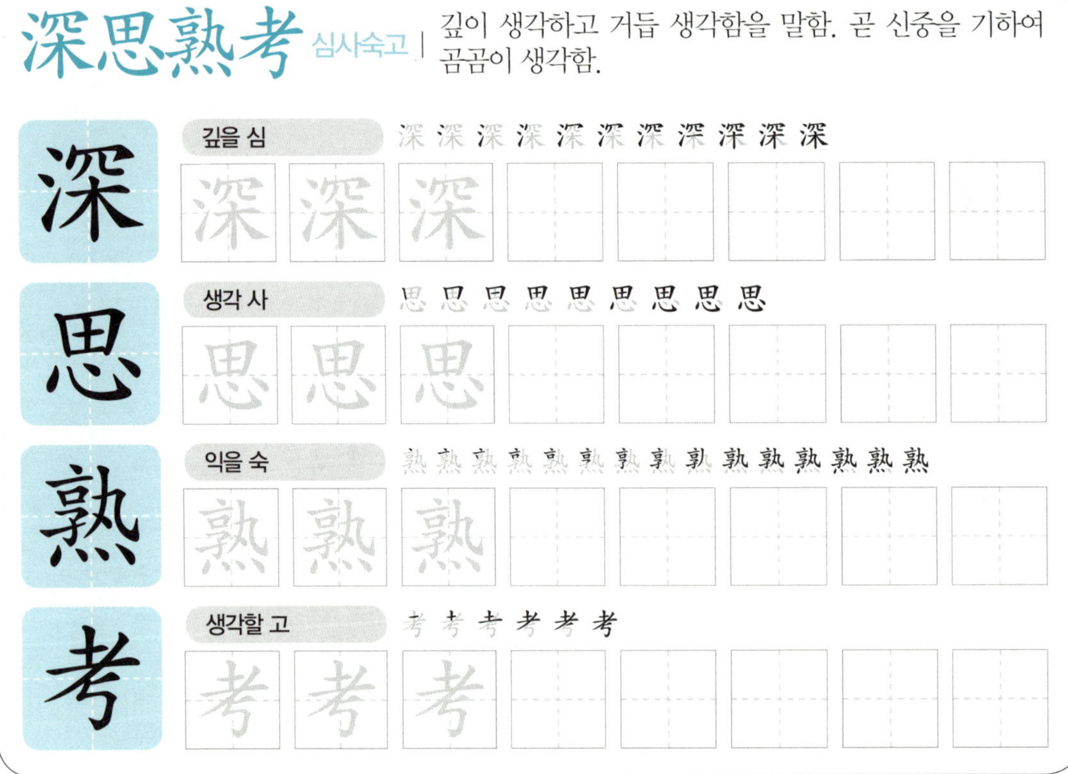

神
出
鬼
沒

귀신 신 神神神神神神神神神神
神 神 神

날 출 出出出出出
出 出 出

귀신 귀 鬼鬼鬼鬼鬼鬼鬼鬼鬼鬼
鬼 鬼 鬼

빠질 몰 沒沒沒沒沒沒沒
沒 沒 沒

深思熟考 심사숙고 | 깊이 생각하고 거듭 생각함을 말함. 곧 신중을 기하여 곰곰이 생각함.

深
思
熟
考

깊을 심 深深深深深深深深深深深
深 深 深

생각 사 思思思思思思思思思
思 思 思

익을 숙 熟熟熟熟熟熟熟熟熟熟熟熟熟熟
熟 熟 熟

생각할 고 考考考考考考
考 考 考

十年知己 십년지기 | 오래전부터 사귀어 온 친구.

十常八九 십상팔구 | 열이면 여덟이나 아홉은 그러함. = 十中八九(십중팔구)

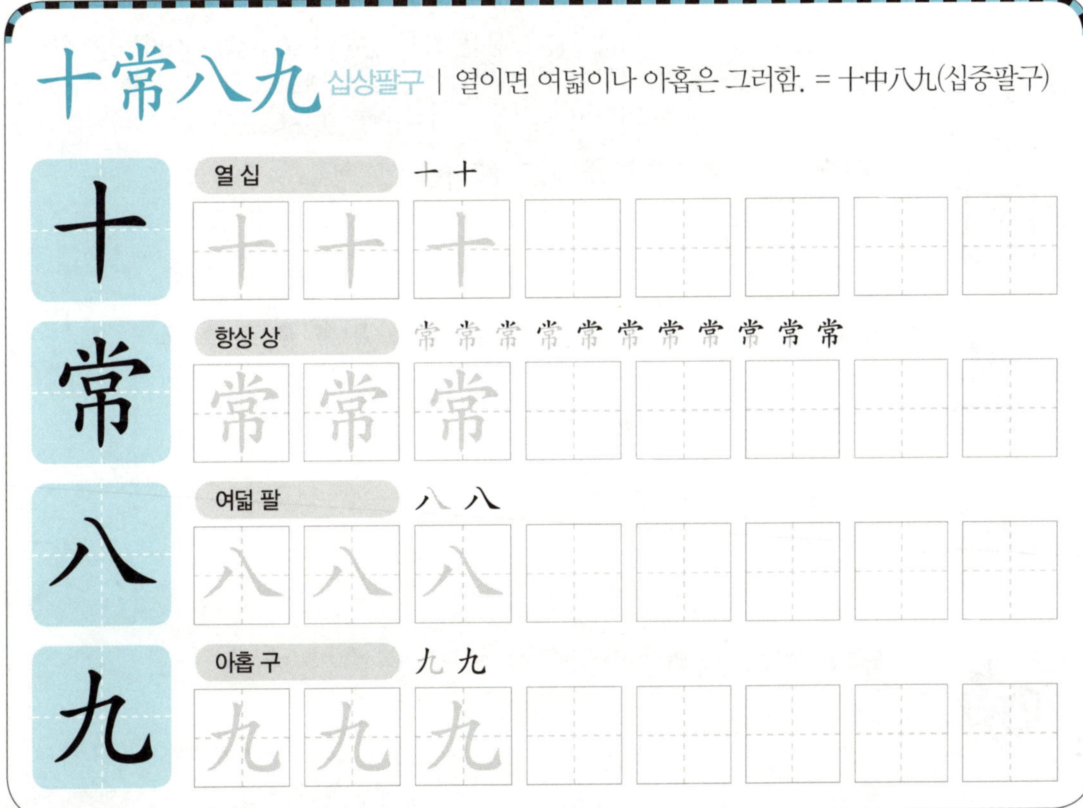

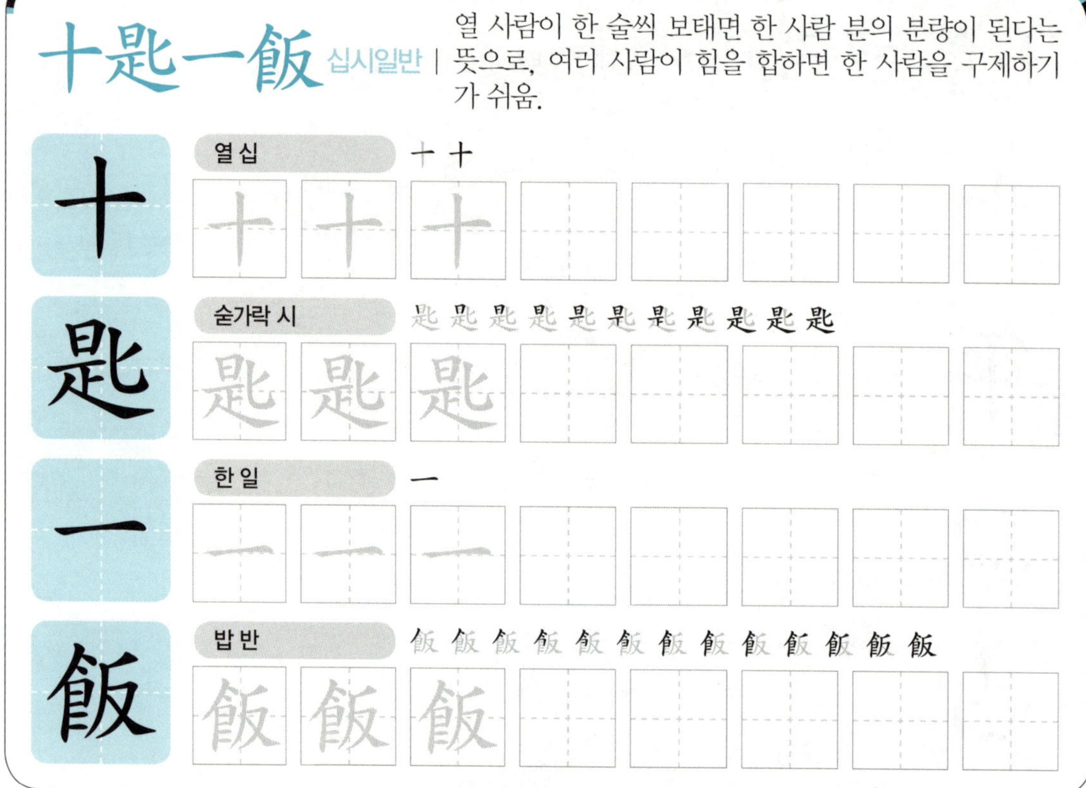

十匙一飯 십시일반 | 열 사람이 한 술씩 보태면 한 사람 분의 분량이 된다는 뜻으로, 여러 사람이 힘을 합하면 한 사람을 구제하기가 쉬움.

열 십	十 十
숟가락 시	匙 匙 匙 匙 匙 匙 匙 匙 匙 匙 匙
한 일	一
밥 반	飯 飯 飯 飯 飯 飯 飯 飯 飯 飯 飯 飯

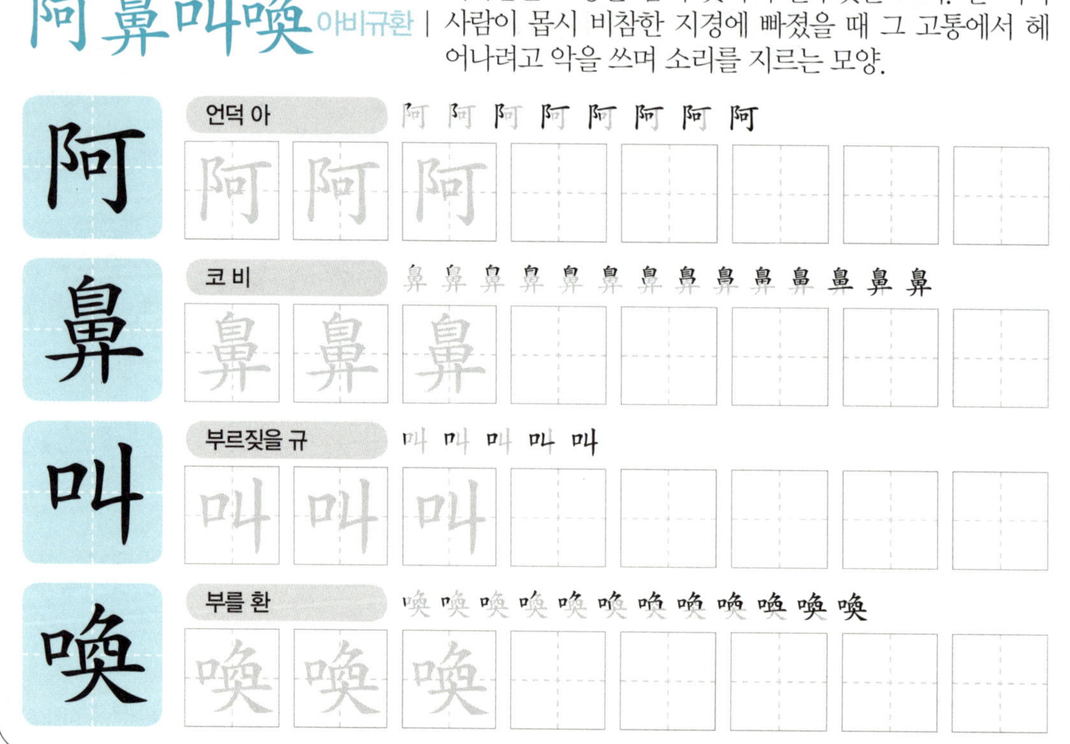

阿鼻叫喚 아비규환 | 지옥같은 고통을 참지 못하여 울부짖는 소리. 곧 여러 사람이 몹시 비참한 지경에 빠졌을 때 그 고통에서 헤어나려고 악을 쓰며 소리를 지르는 모양.

언덕 아	阿 阿 阿 阿 阿 阿 阿 阿
코 비	鼻 鼻 鼻 鼻 鼻 鼻 鼻 鼻 鼻 鼻 鼻 鼻 鼻 鼻
부르짖을 규	叫 叫 叫 叫 叫
부를 환	喚 喚 喚 喚 喚 喚 喚 喚 喚 喚 喚 喚

我田引水 아전인수 | 자기 논에 물대기란 뜻으로, 자기에게 유리한 대로만 함.

나 아	我 我 我 我 我 我 我
밭 전	田 田 田 田 田
끌 인	引 引 引 引
물 수	水 水 水 水

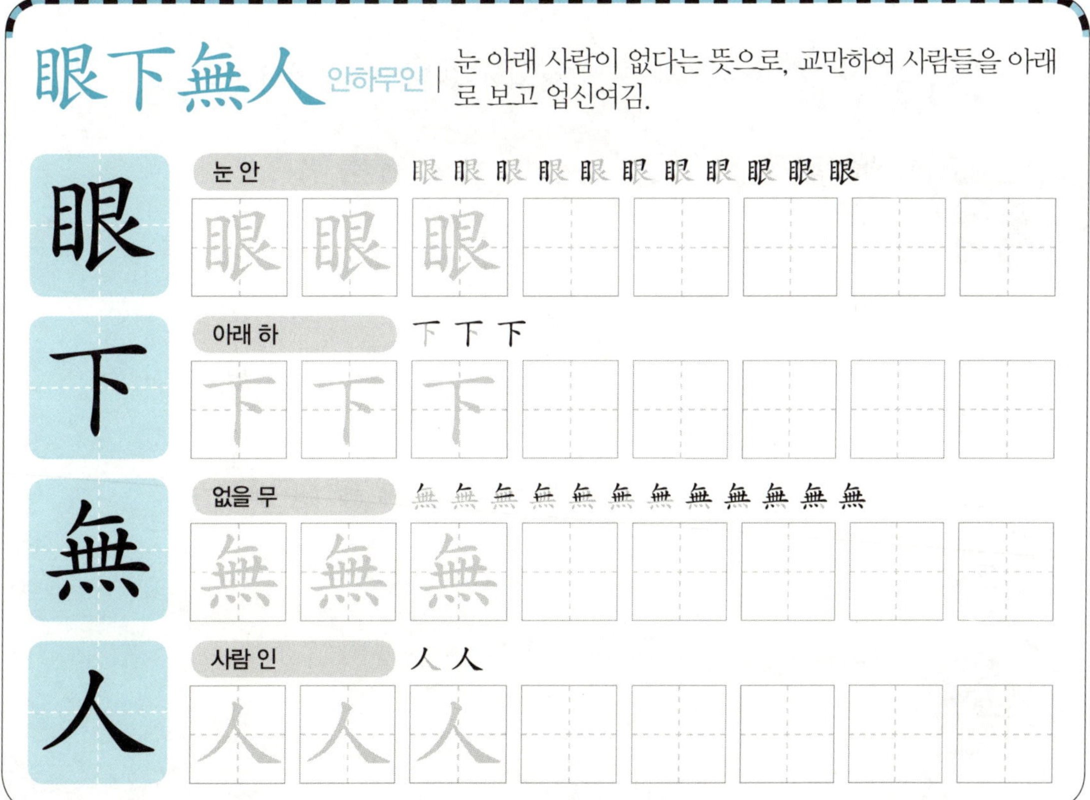

眼下無人 안하무인 | 눈 아래 사람이 없다는 뜻으로, 교만하여 사람들을 아래로 보고 업신여김.

눈 안	眼 眼 眼 眼 眼 眼 眼 眼 眼 眼 眼
아래 하	下 下 下
없을 무	無 無 無 無 無 無 無 無 無 無 無 無
사람 인	人 人

藥房甘草 약방감초 | ① 무슨 일에나 끼어듦.
② 무슨 일에나 반드시 끼어야 할 사물.

弱肉强食 약육강식 | 약한 쪽이 강한 쪽에게 먹히는 자연 현상.

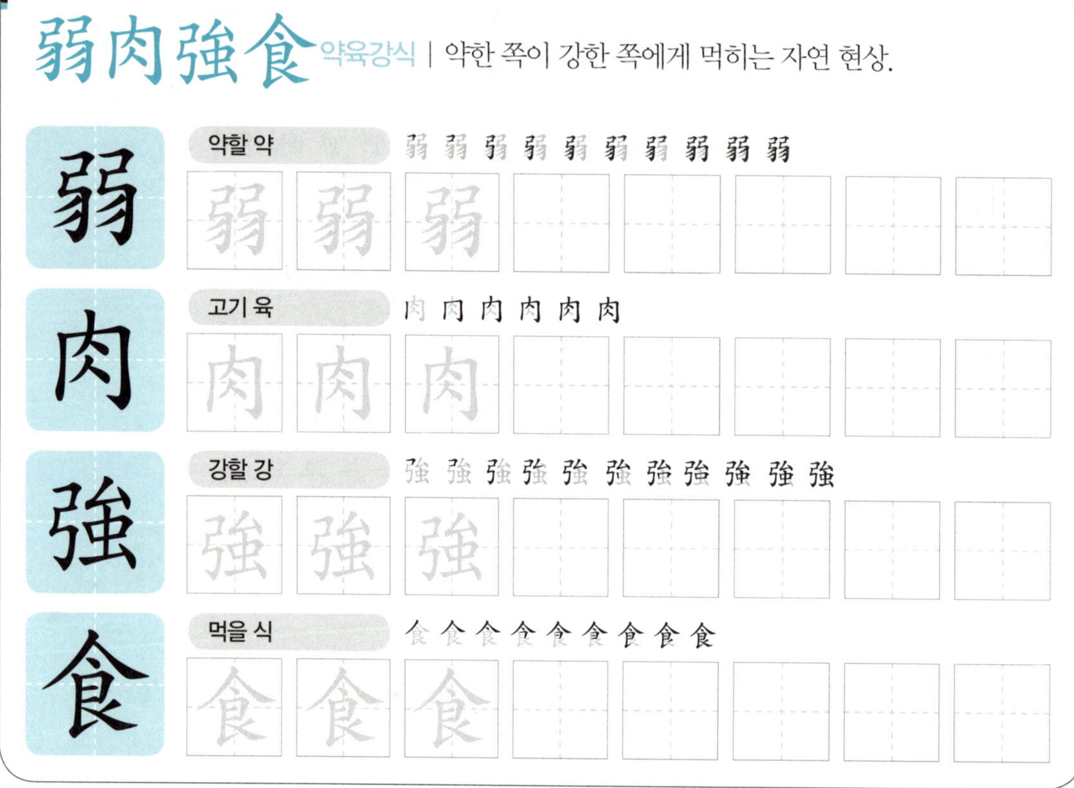

羊頭狗肉 양두구육

양의 대가리를 내어놓고 개고기를 팖. 곧 겉으로는 훌륭하게 내세우나 속은 음흉한 생각을 품고 있다는 뜻.

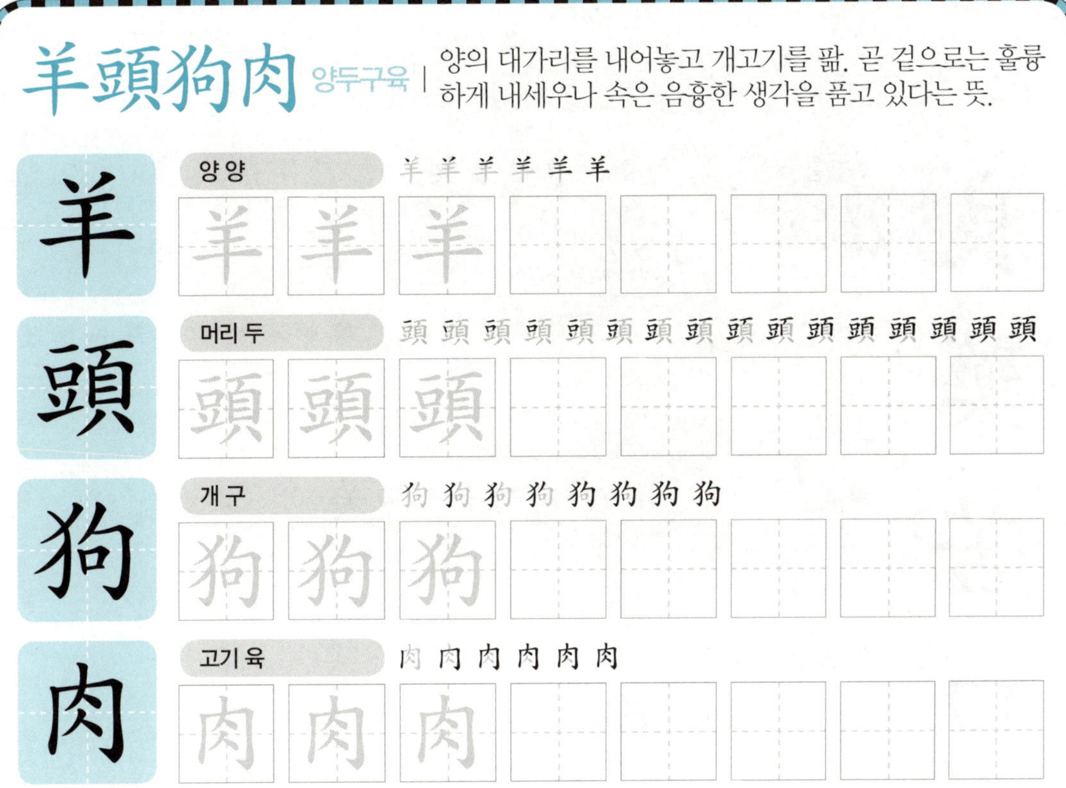

양 양	羊羊羊羊羊羊
머리 두	頭頭頭頭頭頭頭頭頭頭頭頭頭頭頭頭
개 구	狗狗狗狗狗狗狗狗
고기 육	肉肉肉肉肉肉

梁上君子 양상군자

대들보 위에 있는 군자(君子)라는 뜻으로, 도둑을 미화하여 점잖게 부르는 말.

들보 량	梁梁梁梁梁梁梁梁梁梁梁
윗 상	上上上
임금 군	君君君君君君君
아들 자	子子子

良藥苦口 양약고구 | 효험이 좋은 약은 입에 쓰다는 말로, 충직한 말은 듣기는 싫으나 받아들이면 자신에게 이롭다는 뜻.

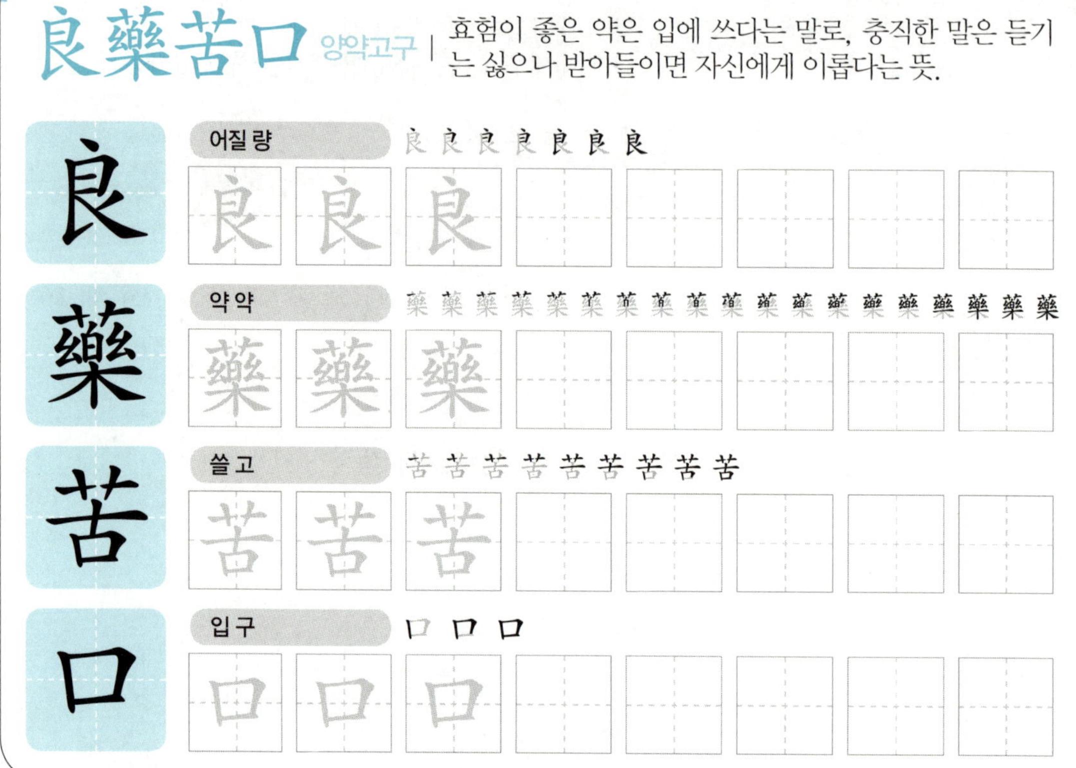

良	어질량
藥	약약
苦	쓸고
口	입구

養虎遺患 양호유환 | 호랑이를 길러 근심을 남긴다는 뜻으로, 스스로 화를 자초함.

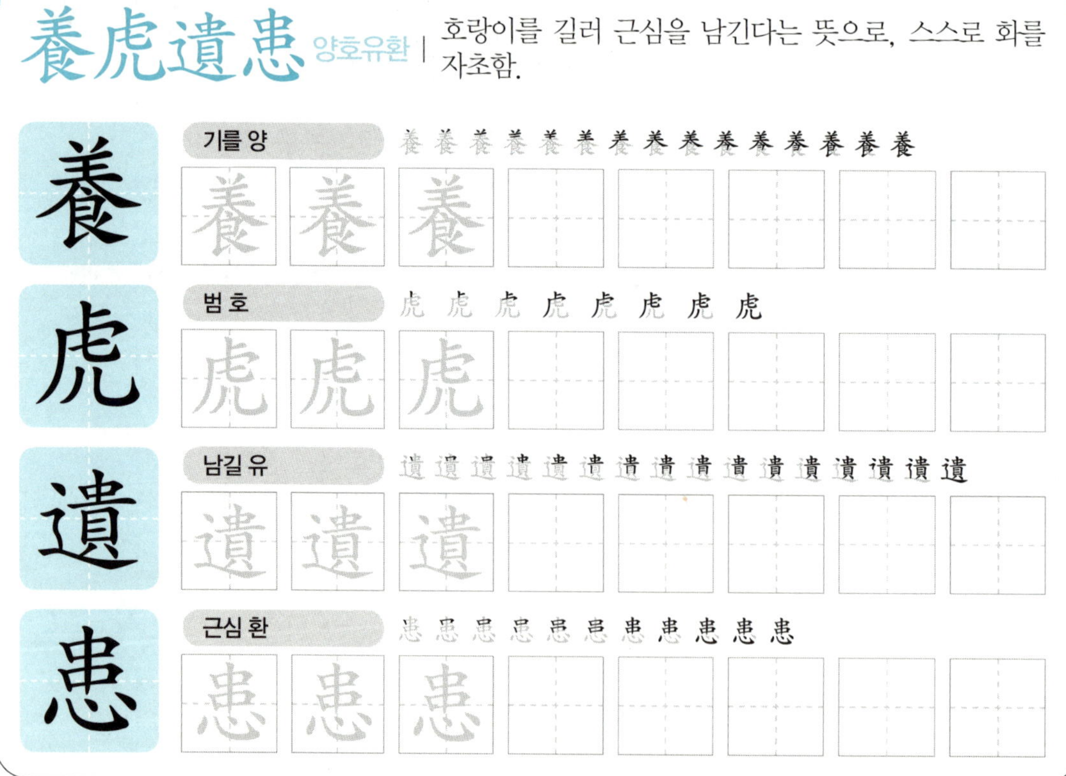

養	기를 양
虎	범호
遺	남길 유
患	근심 환

魚頭鬼面 어두귀면 | 고기 대가리에 귀신 상판대기라는 말로, 괴상 망칙하게 생긴 얼굴을 이르는 말.

魚 | 물고기 어
頭 | 머리 두
鬼 | 귀신 귀
面 | 낯 면

魚頭肉尾 어두육미 | 생선은 머리, 짐승은 꼬리 부분이 맛이 좋다는 말.

魚 | 물고기 어
頭 | 머리 두
肉 | 고기 육
尾 | 꼬리 미

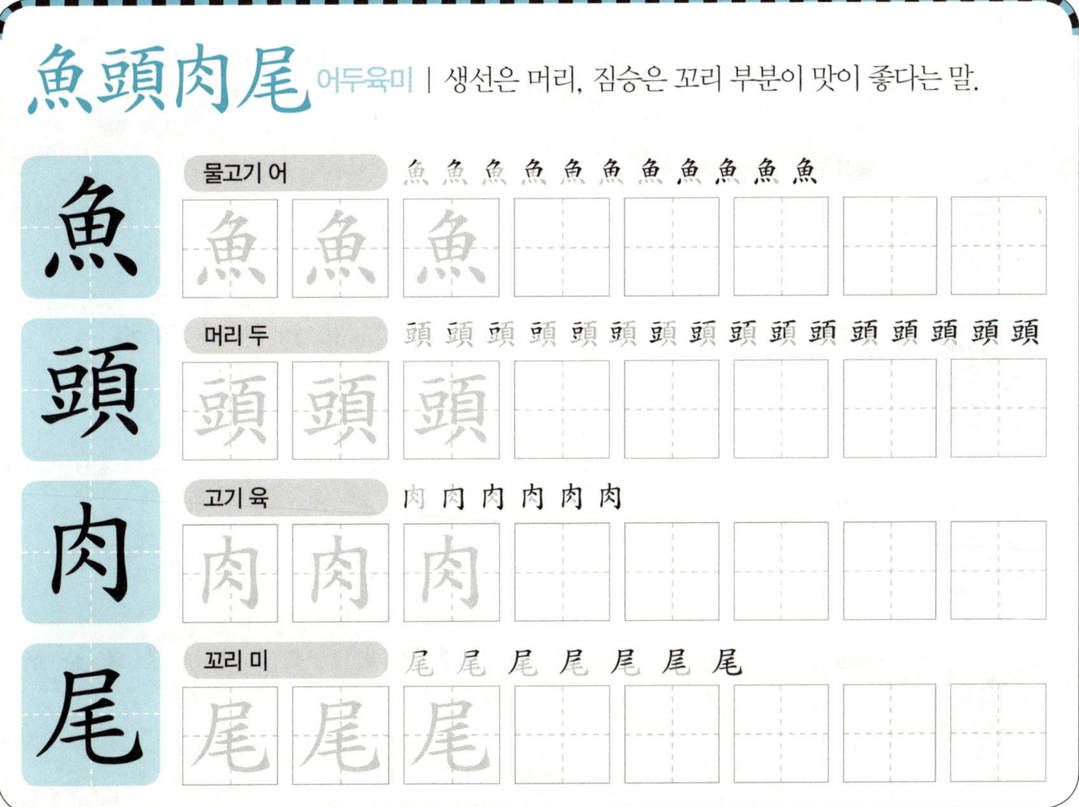

漁夫之利 어부지리 |

도요새와 무명조개가 다투는 틈을 타서 둘 다 잡은 어부처럼, 당사자 간 싸우는 틈을 타 제삼자가 애쓰지 않고 가로챔을 이르는 말.

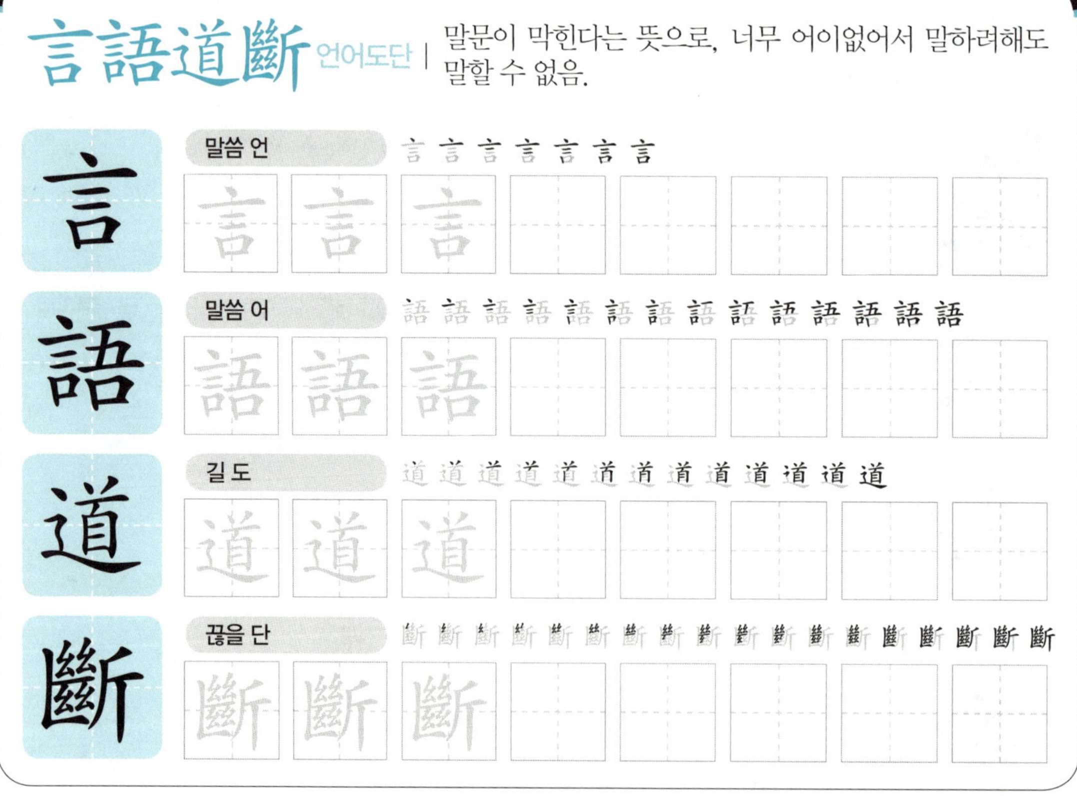

漁	고기잡을 어	漁漁漁漁漁漁漁漁漁漁漁漁漁漁
夫	지아비 부	夫 夫 夫 夫
之	갈 지	之 之 之 之
利	이로울 리	利 利 利 利 利 利 利

言語道斷 언어도단 |

말문이 막힌다는 뜻으로, 너무 어이없어서 말하려해도 말할 수 없음.

言	말씀 언	言言言言言言言
語	말씀 어	語語語語語語語語語語語語語
道	길 도	道道道道道道道道道道道道道
斷	끊을 단	斷斷斷斷斷斷斷斷斷斷斷斷斷斷斷斷斷

言中有骨 언중유골 |

말 속에 뼈가 있다는 뜻으로, 예사로운 말 같으나 그 속에 단단한 속뜻이 들어 있음.

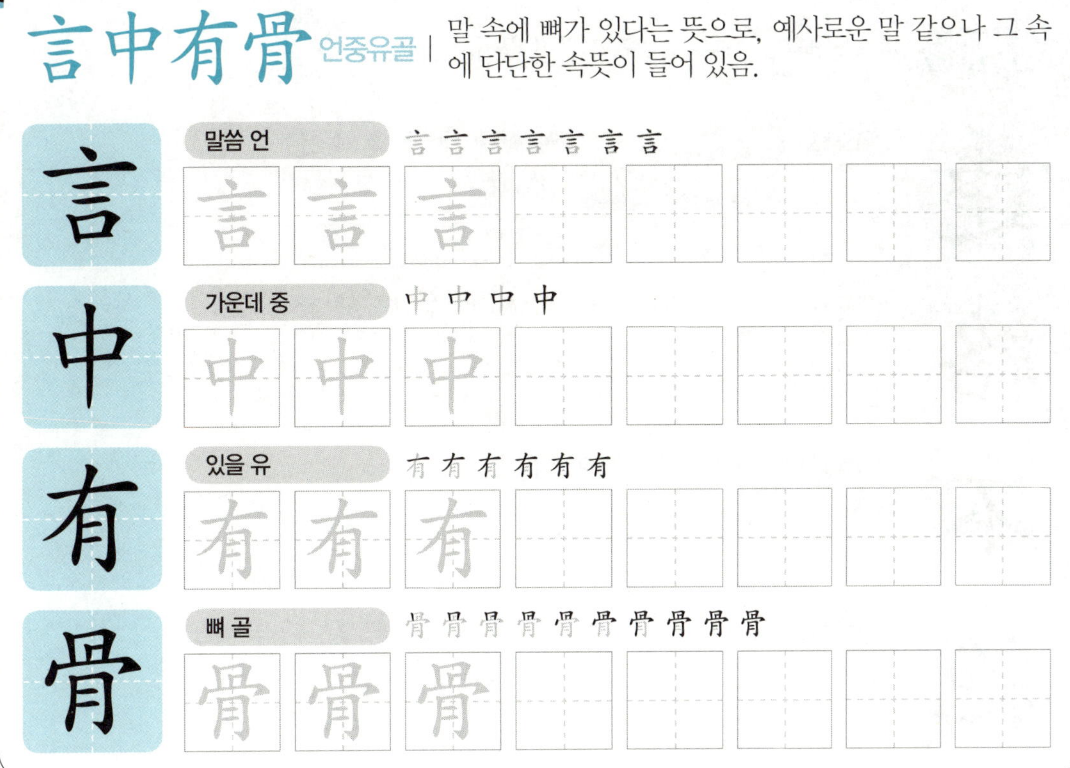

與民同樂 여민동락 |

임금이 백성과 더불어 즐거움을 함께 함.
= 與民偕樂(여민해락)

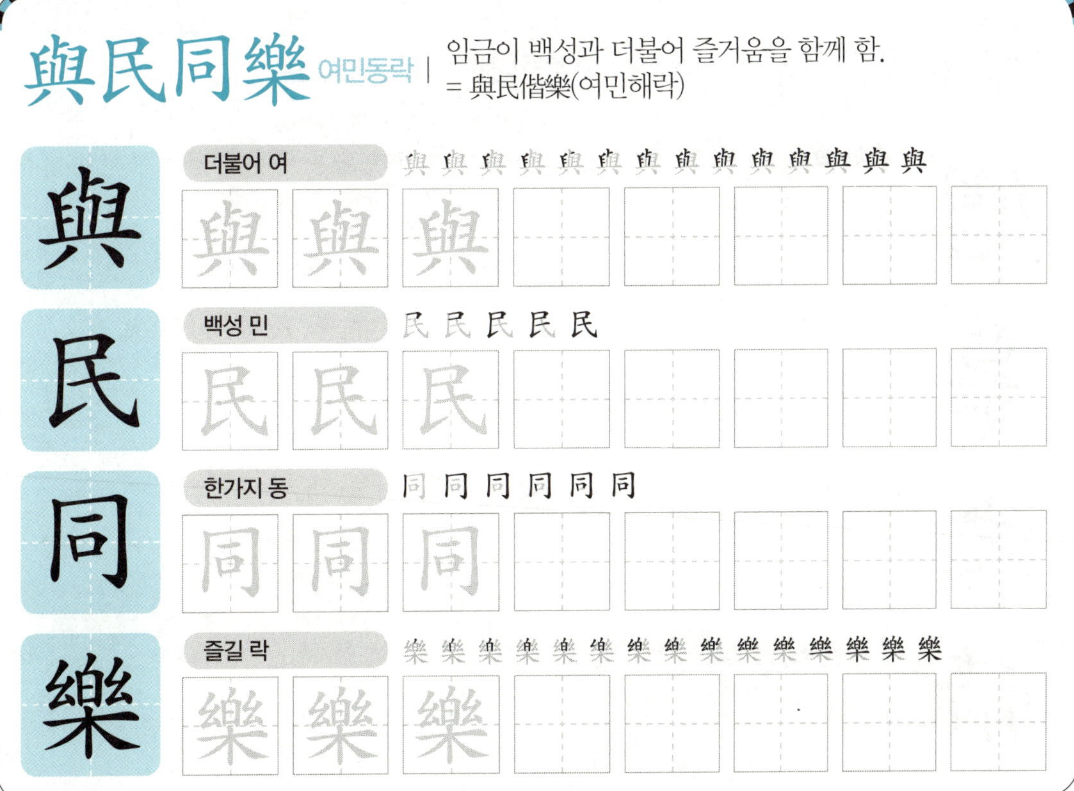

連絡不絶 연락부절 | 오고 감이 끊이지 않음.

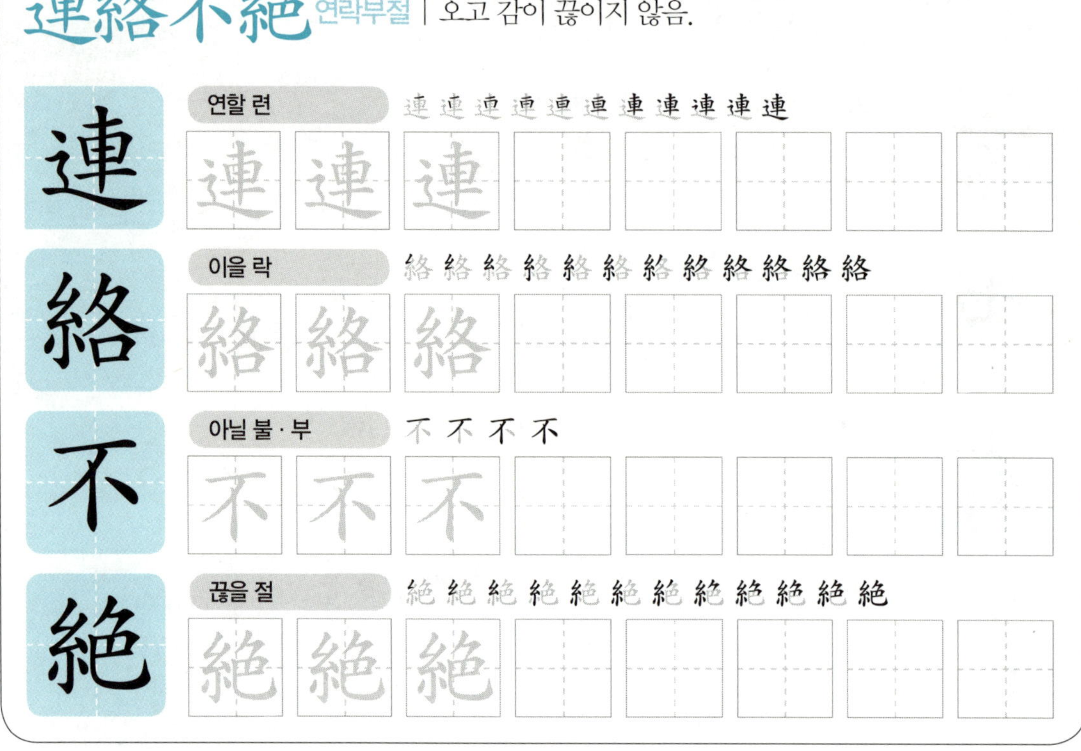

연할 련	連 連 連 連 連 連 連 連 連 連
이을 락	絡 絡 絡 絡 絡 絡 絡 絡 絡 絡 絡 絡
아닐 불·부	不 不 不 不
끊을 절	絶 絶 絶 絶 絶 絶 絶 絶 絶 絶 絶

戀慕之情 연모지정 | 그리워하고 사랑하는 연모의 정.

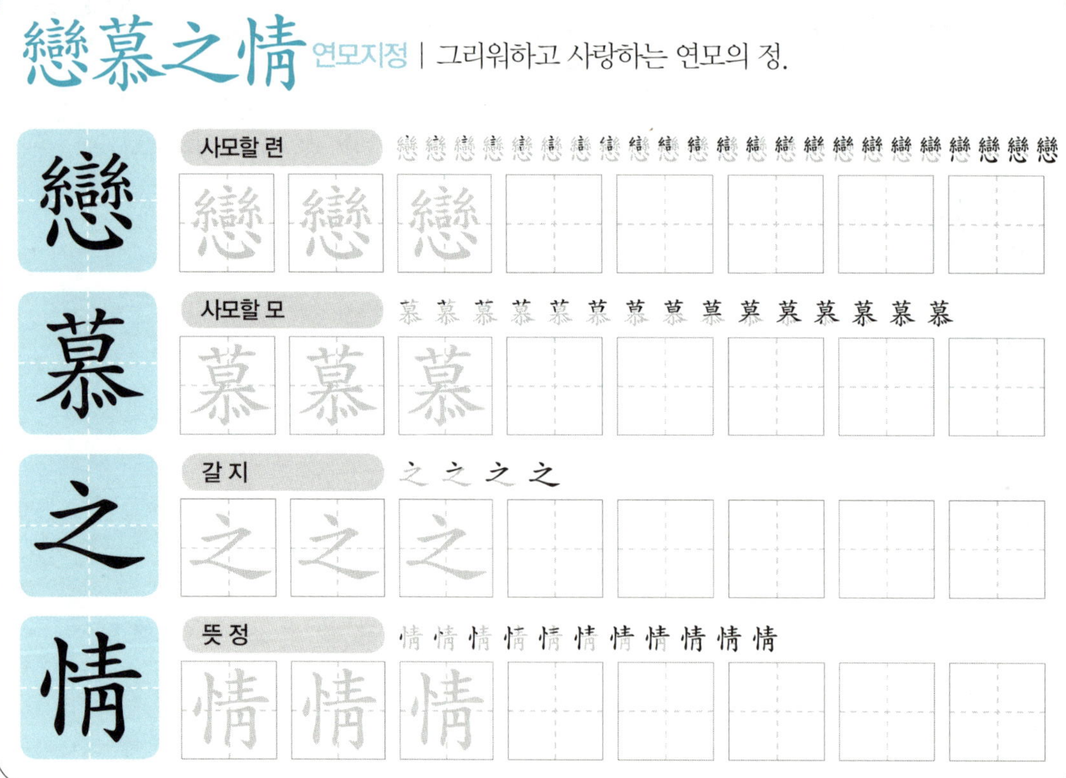

사모할 련	戀 戀 戀 戀 戀 戀 戀 戀 戀 戀 戀 戀 戀 戀 戀 戀 戀 戀 戀 戀
사모할 모	慕 慕 慕 慕 慕 慕 慕 慕 慕 慕 慕 慕 慕 慕 慕
갈 지	之 之 之 之
뜻 정	情 情 情 情 情 情 情 情 情 情

緣木求魚 연목구어 | 나무 위에서 고기를 구한다는 뜻으로, 안될 일을 무리하게 하려고 함.

인연 연	緣 緣 緣 緣 緣 緣 緣 緣 緣 緣 緣 緣 緣
나무 목	木 木 木 木
구할 구	求 求 求 求 求 求 求
물고기 어	魚 魚 魚 魚 魚 魚 魚 魚 魚 魚 魚

連戰連勝 연전연승 | 싸울 때마다 계속하여 이김.

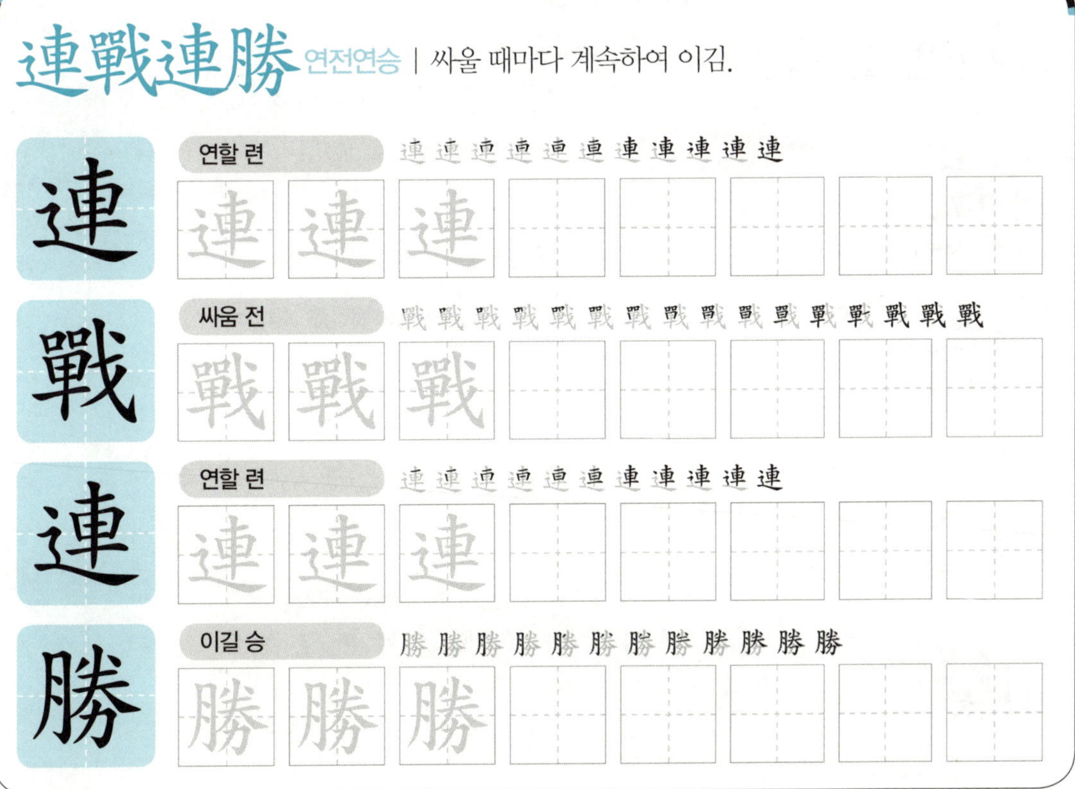

연할 련	連 連 連 連 連 連 連 連 連 連
싸움 전	戰 戰 戰 戰 戰 戰 戰 戰 戰 戰 戰 戰 戰 戰 戰 戰
연할 련	連 連 連 連 連 連 連 連 連 連
이길 승	勝 勝 勝 勝 勝 勝 勝 勝 勝 勝 勝 勝

榮枯盛衰 영고성쇠 | 번영하여 융성함과 말라서 쇠잔해짐.
= 興亡盛衰(흥망성쇠)

榮枯盛衰

영화로울 영	榮 榮 榮 榮 榮 榮 榮 榮 榮 榮 榮 榮 榮 榮
마를 고	枯 枯 枯 枯 枯 枯 枯 枯 枯
성할 성	盛 盛 盛 盛 盛 盛 盛 盛 盛 盛 盛
쇠잔할 쇠	衰 衰 衰 衰 衰 衰 衰 衰 衰 衰

英雄豪傑 영웅호걸 | 영웅과 호걸.

英雄豪傑

꽃부리 영	英 英 英 英 英 英 英 英 英
수컷 웅	雄 雄 雄 雄 雄 雄 雄 雄 雄 雄 雄 雄
호걸 호	豪 豪 豪 豪 豪 豪 豪 豪 豪 豪 豪 豪 豪 豪
뛰어날 걸	傑 傑 傑 傑 傑 傑 傑 傑 傑 傑 傑

五里霧中 오리무중 | 짙은 안개 속에서 길을 찾기 어려움과 같이, 어떤 일에 대하여 알 길이 없음.

다섯 오	五五五五
마을 리	里里里里里里里
안개 무	霧霧霧霧霧霧霧霧霧霧霧霧霧霧霧霧霧霧
가운데 중	中中中中

烏飛一色 오비일색 | 날고 있는 까마귀가 모두 같은 색깔이라는 뜻으로, 모두 같은 종류 또는 피차 똑같음.

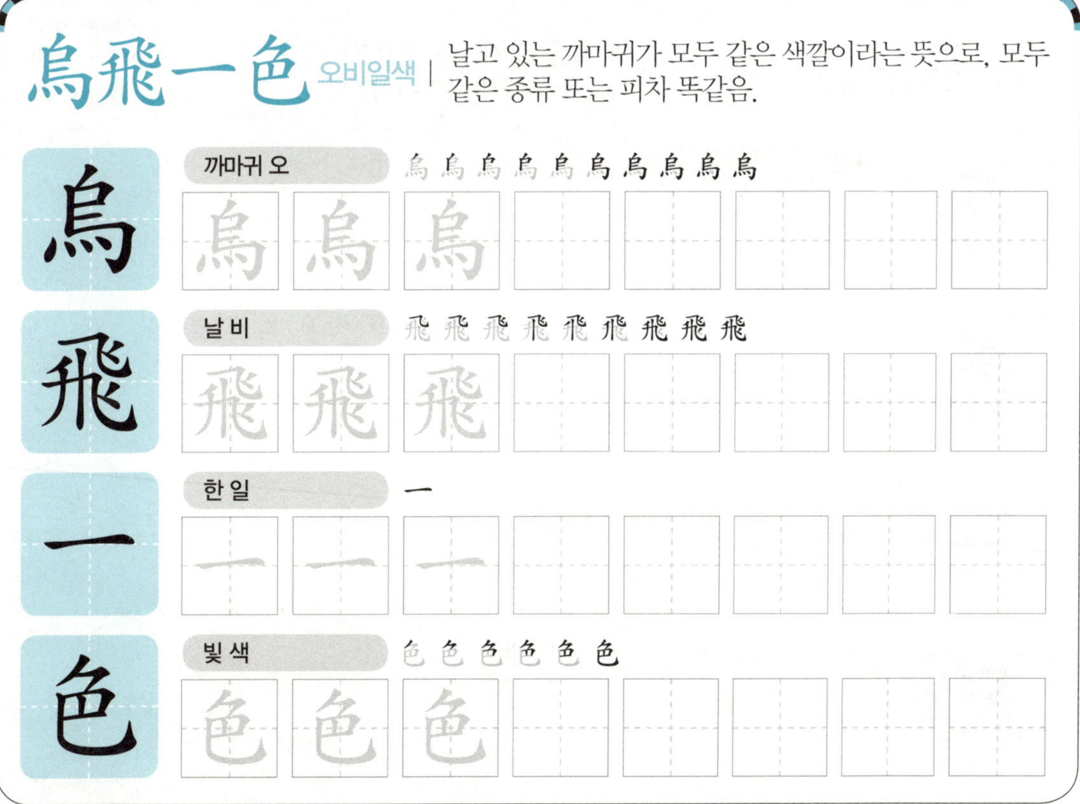

까마귀 오	烏烏烏烏烏烏烏烏烏烏
날 비	飛飛飛飛飛飛飛飛飛
한 일	一
빛 색	色色色色色色

寤寐不忘 오매불망 | 자나 깨나 잊지 못함.

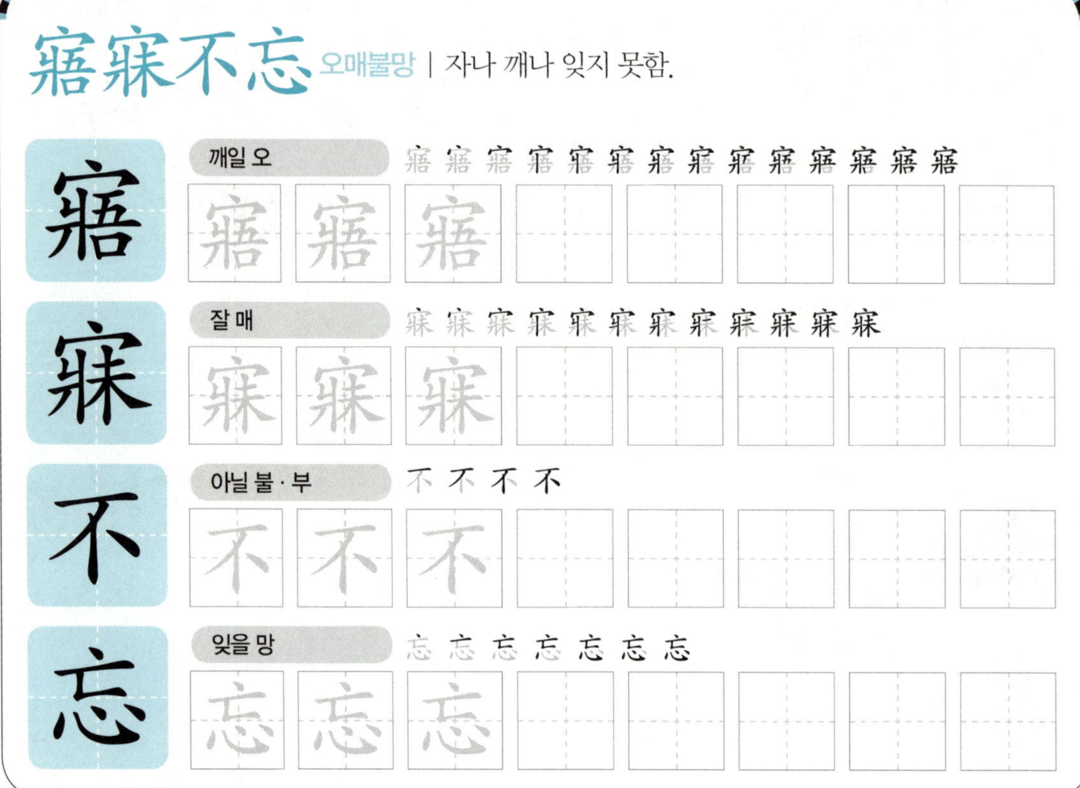

吾鼻三尺 오비삼척 | 내 코가 석 자라는 뜻으로, 자기의 곤궁이 심하여 남의 사정을 돌아볼 겨를이 없음.

烏飛梨落 오비이락

까마귀 날자 배 떨어진다는 뜻으로, 우연한 일에 남으로부터 혐의를 받게 됨.

까마귀 오	烏 烏 烏 烏 烏 烏 烏 烏 烏 烏
날 비	飛 飛 飛 飛 飛 飛 飛 飛 飛
배 리	梨 梨 梨 梨 梨 梨 梨 梨 梨 梨 梨
떨어질 락	落 落 落 落 落 落 落 落 落 落 落 落 落

吳越同舟 오월동주

서로 적의를 품은 사람들이 한자리에 있게 된 경우나 서로 협력하여야 하는 상황을 비유적으로 이르는 말.

나라이름 오	吳 吳 吳 吳 吳 吳 吳
넘을 월	越 越 越 越 越 越 越 越 越 越 越
한가지 동	同 同 同 同 同 同
배 주	舟 舟 舟 舟 舟 舟

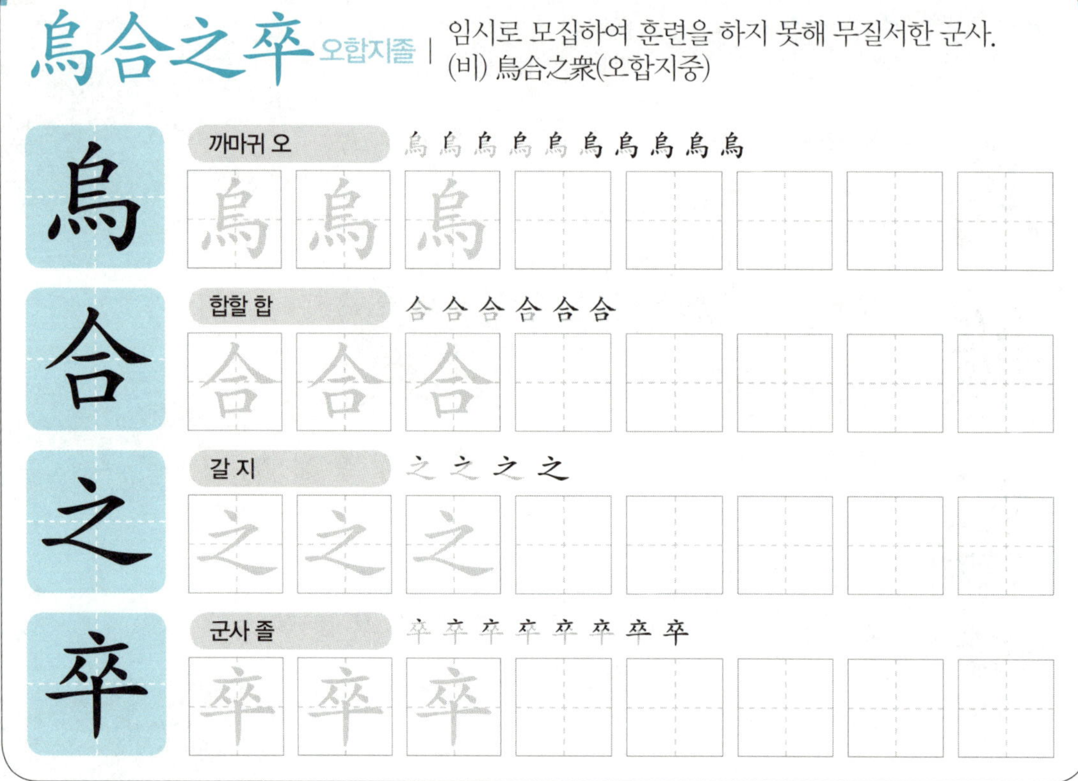

烏合之卒 오합지졸 | 임시로 모집하여 훈련을 하지 못해 무질서한 군사. (비) 烏合之衆(오합지중)

까마귀 오 — 烏 烏 烏 烏 烏 烏 烏 烏 烏 烏

합할 합 — 合 合 合 合 合 合

갈 지 — 之 之 之 之

군사 졸 — 卒 卒 卒 卒 卒 卒 卒 卒

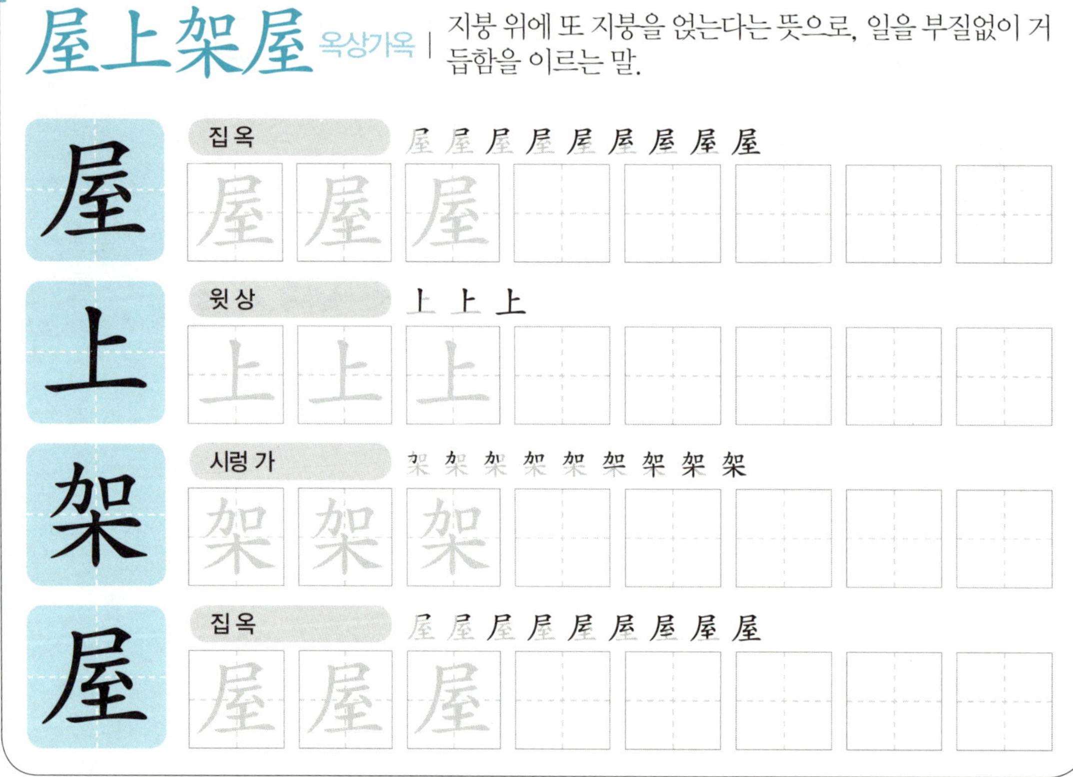

屋上架屋 옥상가옥 | 지붕 위에 또 지붕을 얹는다는 뜻으로, 일을 부질없이 거듭함을 이르는 말.

집 옥 — 屋 屋 屋 屋 屋 屋 屋 屋 屋

윗 상 — 上 上 上

시렁 가 — 架 架 架 架 架 架 架 架 架

집 옥 — 屋 屋 屋 屋 屋 屋 屋 屋 屋

玉石俱焚 옥석구분 | 옥과 돌이 함께 탄다는 뜻으로, 나쁜 사람이나 좋은 사람이나 다 같이 재앙을 당함을 비유해서 하는 말.

玉	구슬 옥	玉 玉 玉 玉 玉
石	돌 석	石 石 石 石 石
俱	함께 구	俱 俱 俱 俱 俱 俱 俱 俱 俱
焚	불사를 분	焚 焚 焚 焚 焚 焚 焚 焚 焚 焚 焚 焚

溫故知新 온고지신 | 옛 것을 익히고 그것으로 미루어 새 것을 앎.

溫	따뜻할 온	溫 溫 溫 溫 溫 溫 溫 溫 溫 溫 溫 溫 溫
故	연고 고	故 故 故 故 故 故 故 故 故
知	알 지	知 知 知 知 知 知 知 知
新	새 신	新 新 新 新 新 新 新 新 新 新 新 新

臥薪嘗膽 와신상담 | 섶에 누워 쓸개의 맛을 본다는 뜻으로, 원수를 갚으려고 고통과 어려움을 참고 견딤을 비유함.

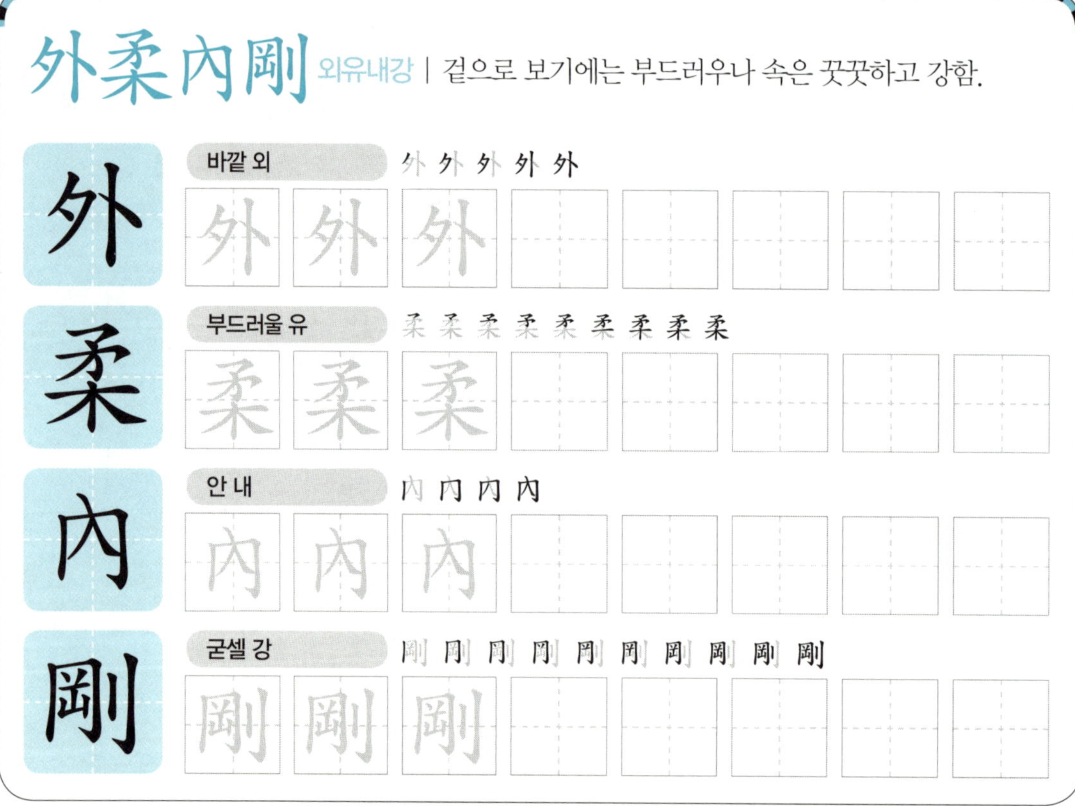

臥	누울 와	臥 臥 臥 臥 臥 臥 臥 臥
薪	섶나무 신	薪 薪 薪 薪 薪 薪 薪 薪 薪 薪 薪 薪 薪 薪 薪 薪
嘗	맛볼 상	嘗 嘗 嘗 嘗 嘗 嘗 嘗 嘗 嘗 嘗 嘗 嘗 嘗 嘗
膽	쓸개 담	膽 膽 膽 膽 膽 膽 膽 膽 膽 膽 膽 膽 膽 膽

外柔內剛 외유내강 | 겉으로 보기에는 부드러우나 속은 꿋꿋하고 강함.

外	바깥 외	外 外 外 外 外
柔	부드러울 유	柔 柔 柔 柔 柔 柔 柔 柔 柔
內	안 내	內 內 內 內
剛	굳셀 강	剛 剛 剛 剛 剛 剛 剛 剛 剛 剛

燎原之火 요원지화 | 거세게 타는 벌판의 불길이라는 뜻으로, 미처 방비할 사이 없이 퍼지는 세력을 이르는 말.

햇불 요	
언덕 원	
갈 지	
불 화	

欲速不達 욕속부달 | 일을 너무 성급히 하려고 하면 도리어 이루지 못함.

하고자할 욕	
빠를 속	
아닐 불·부	
통달할 달	

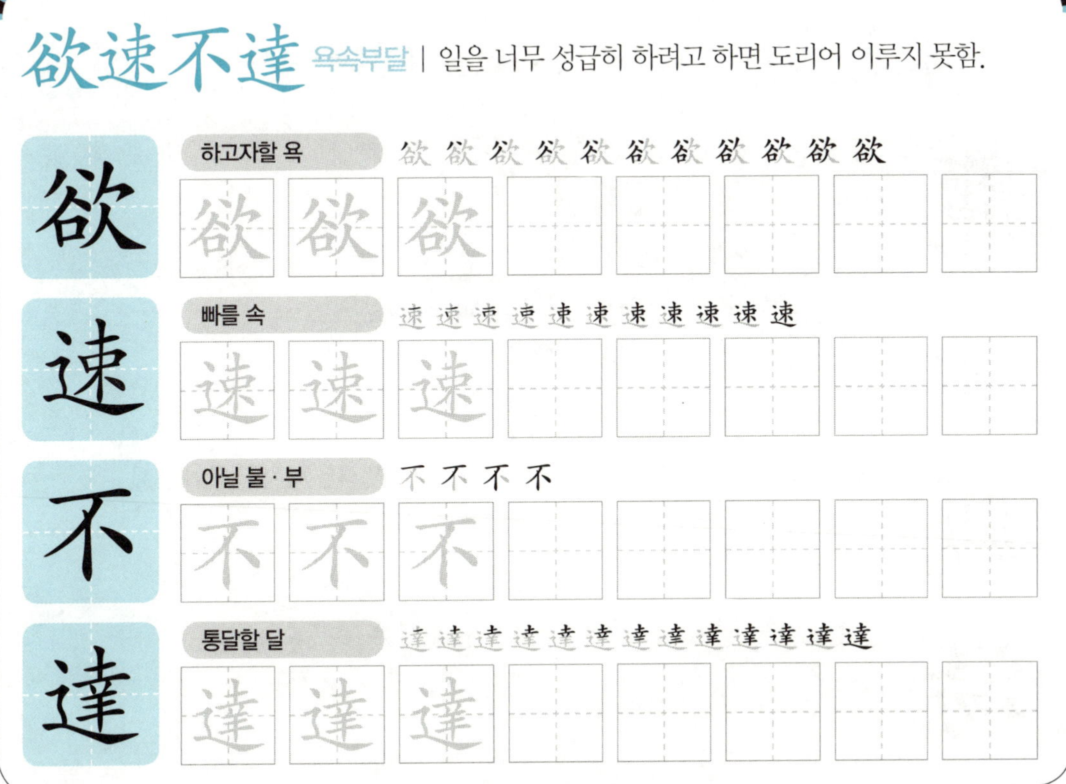

龍頭蛇尾 용두사미 | 용의 머리와 뱀의 꼬리라는 뜻으로, 처음은 그럴듯하다가 끝이 흐지부지함.

용 룡	龍	龍	龍					
머리 두	頭	頭	頭					
뱀 사	蛇	蛇	蛇					
꼬리 미	尾	尾	尾					

龍味鳳湯 용미봉탕 | 맛이 매우 좋은 음식을 가리키는 말.

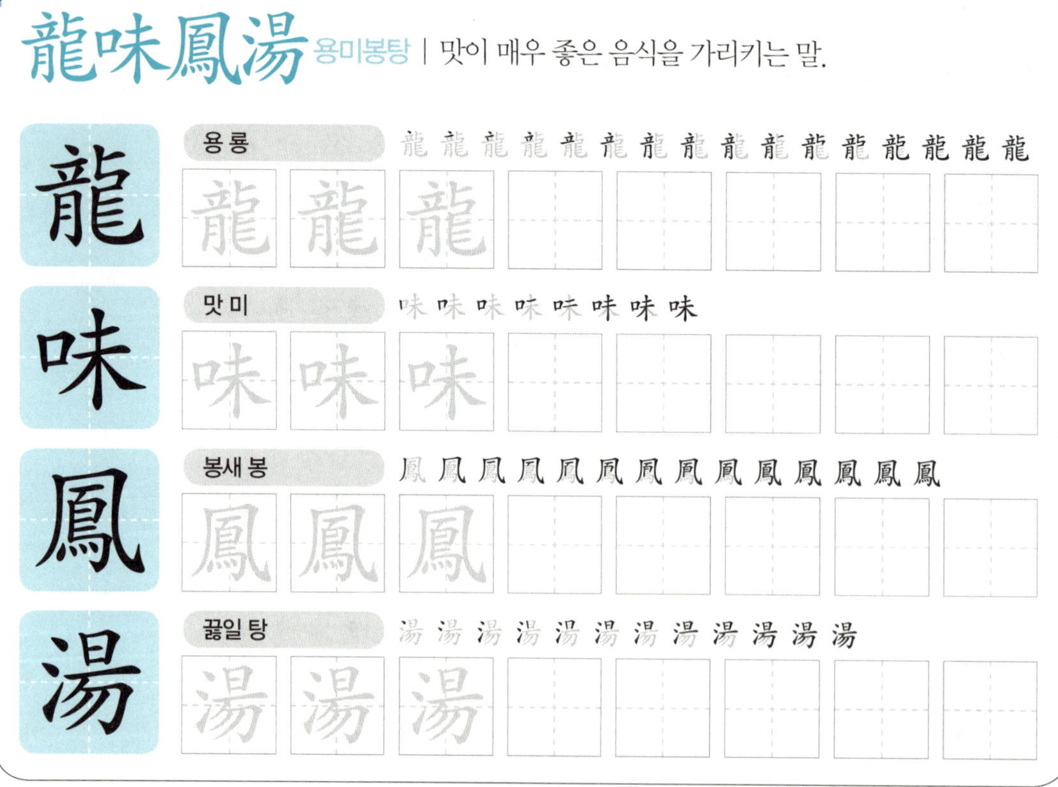

용 룡	龍	龍	龍					
맛 미	味	味	味					
봉새 봉	鳳	鳳	鳳					
끓일 탕	湯	湯	湯					

優柔不斷 우유부단 | 망설이기만 하고 결단력이 부족하여 끝을 맺지 못함.

넉넉할 우	優
부드러울 유	柔
아닐 불·부	不
끊을 단	斷

牛耳讀經 우이독경 | 쇠귀에 경 읽기란 뜻으로, 가르치고 일러주어도 알아듣지 못함을 비유하는 말.

소 우	牛
귀 이	耳
읽을 독	讀
경서 경	經

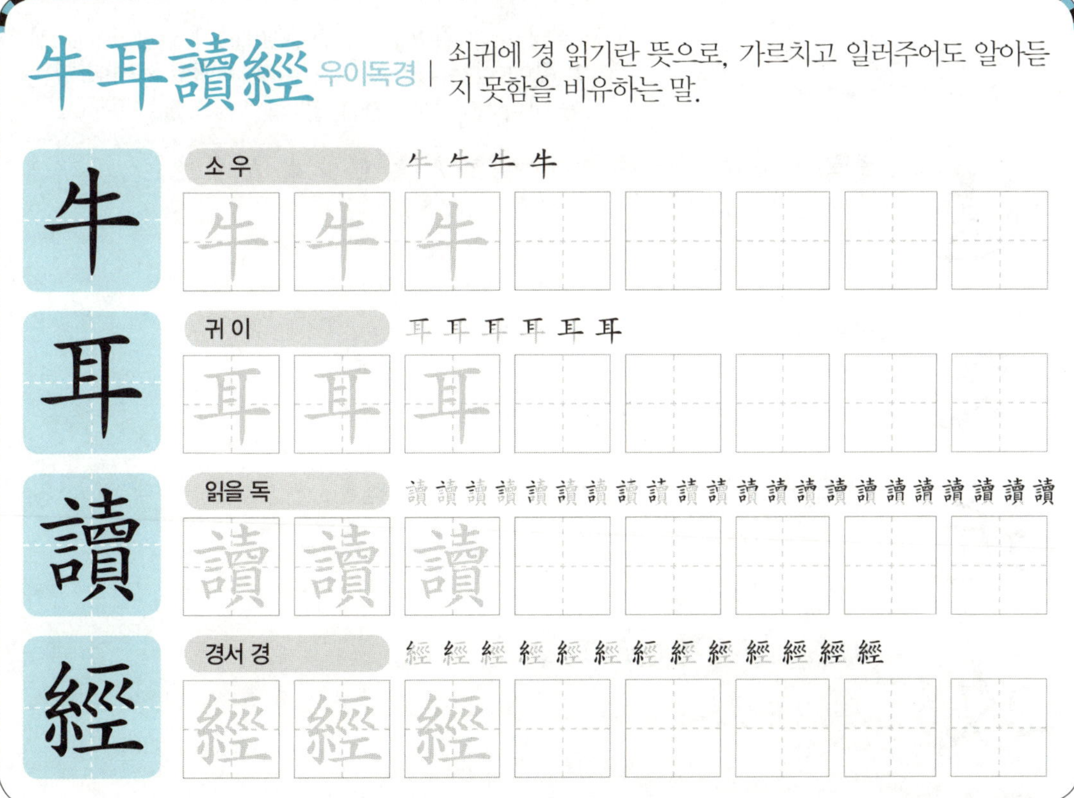

雨後竹筍 우후죽순 | 비 온 뒤에 솟는 죽순이라는 뜻으로, 어떤 일이 일시에 많이 일어남을 비유.

遠交近攻 원교근공 | 중국 전국 시대 위(魏)나라 범수(范雎)가 주장한 외교정책. 먼 곳에 있는 나라와 우호 관계를 맺고 가까이 있는 나라를 하나씩 쳐들어 가는 일.

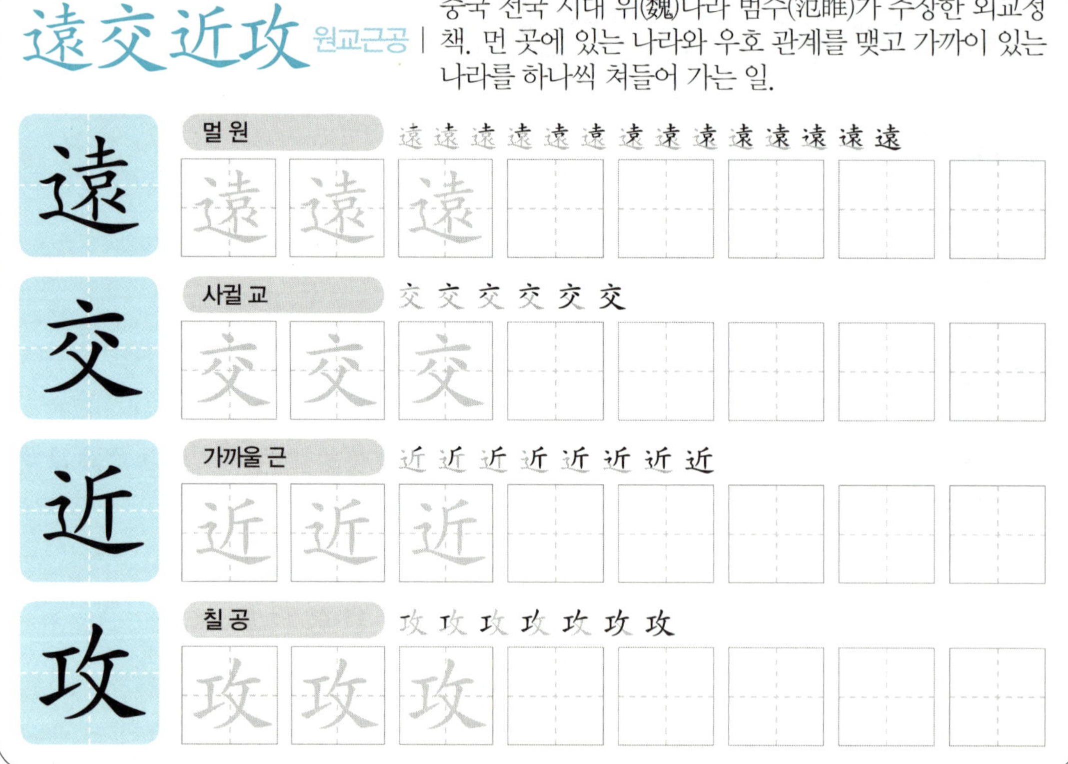

危機一髮 위기일발 | 조금이라도 방심할 수 없는 위급한 순간.

위태할 위		
베틀 기		
한 일		
터럭 발		

有口無言 유구무언 | 입은 있으나 말이 없다는 뜻으로, 변명할 말이 없거나 변명을 못함을 이름.

있을 유		
입 구		
없을 무		
말씀 언		

有名無實 유명무실 | 이름뿐이고 그 실속은 없음.

있을 유	有 有 有 有 有 有							
이름 명	名 名 名 名 名 名							
없을 무	無 無 無 無 無 無 無 無 無 無 無 無							
열매 실	實 實 實 實 實 實 實 實 實 實 實 實 實 實							

類類相從 유유상종 | 같은 것끼리 서로 왕래하며 사귐.

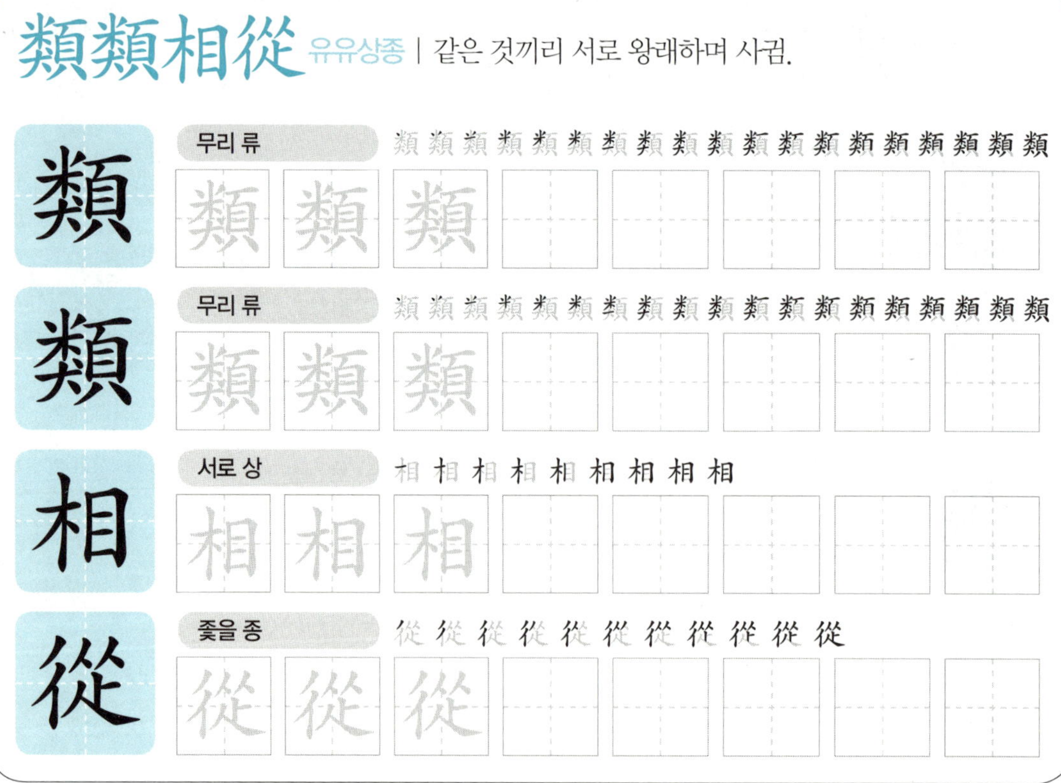

무리 류	類 類 類 類 類 類 類 類 類 類 類 類 類 類 類 類 類 類							
무리 류	類 類 類 類 類 類 類 類 類 類 類 類 類 類 類 類 類 類							
서로 상	相 相 相 相 相 相 相 相 相							
좇을 종	從 從 從 從 從 從 從 從 從 從 從							

隱忍自重 은인자중 | 마음 속으로 괴로움을 참으며 몸가짐을 조심함.

숨을 은	隱隱隱隱隱隱隱隱隱隱隱隱隱隱隱隱
참을 인	忍忍忍忍忍忍忍
스스로 자	自自自自自自
무거울 중	重重重重重重重重重

陰德陽報 음덕양보 | 남모르게 덕을 쌓은 사람은 뒤에 남이 알게 보답을 받는다는 뜻.

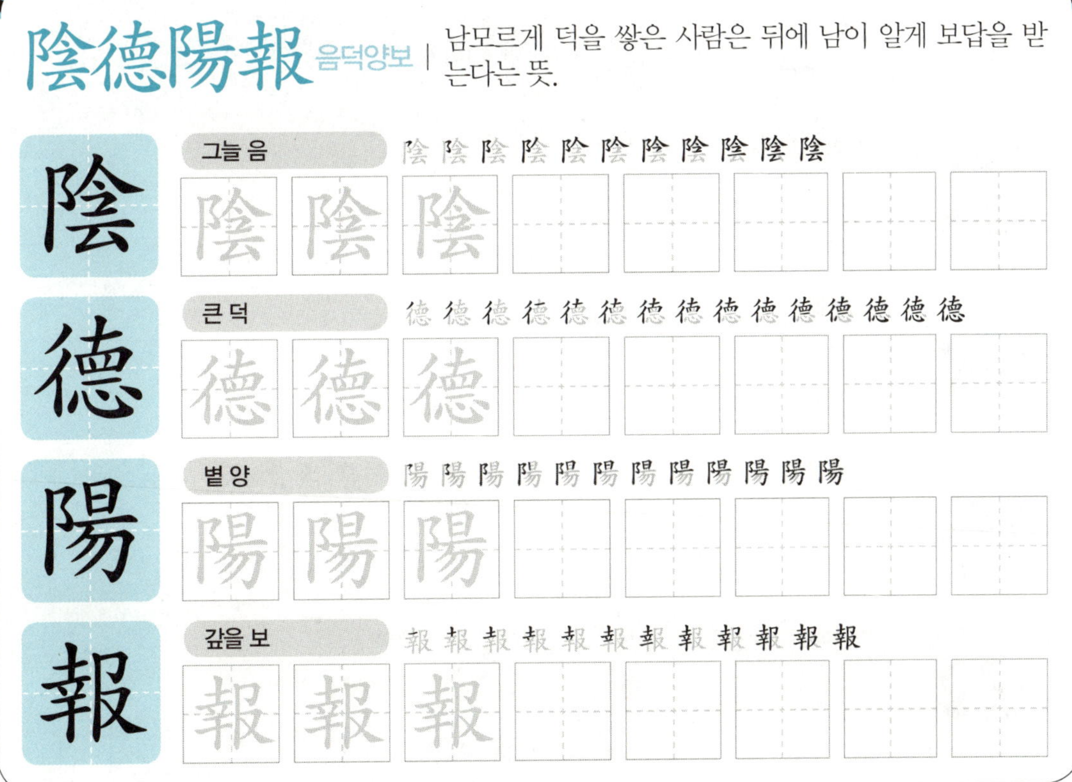

그늘 음	陰陰陰陰陰陰陰陰陰陰陰
큰 덕	德德德德德德德德德德德德德
볕 양	陽陽陽陽陽陽陽陽陽陽陽陽
갚을 보	報報報報報報報報報報報報

吟風弄月 음풍농월 | 맑은 바람과 밝은 달을 벗삼아 시를 읊으며 즐겁게 지내는 것.

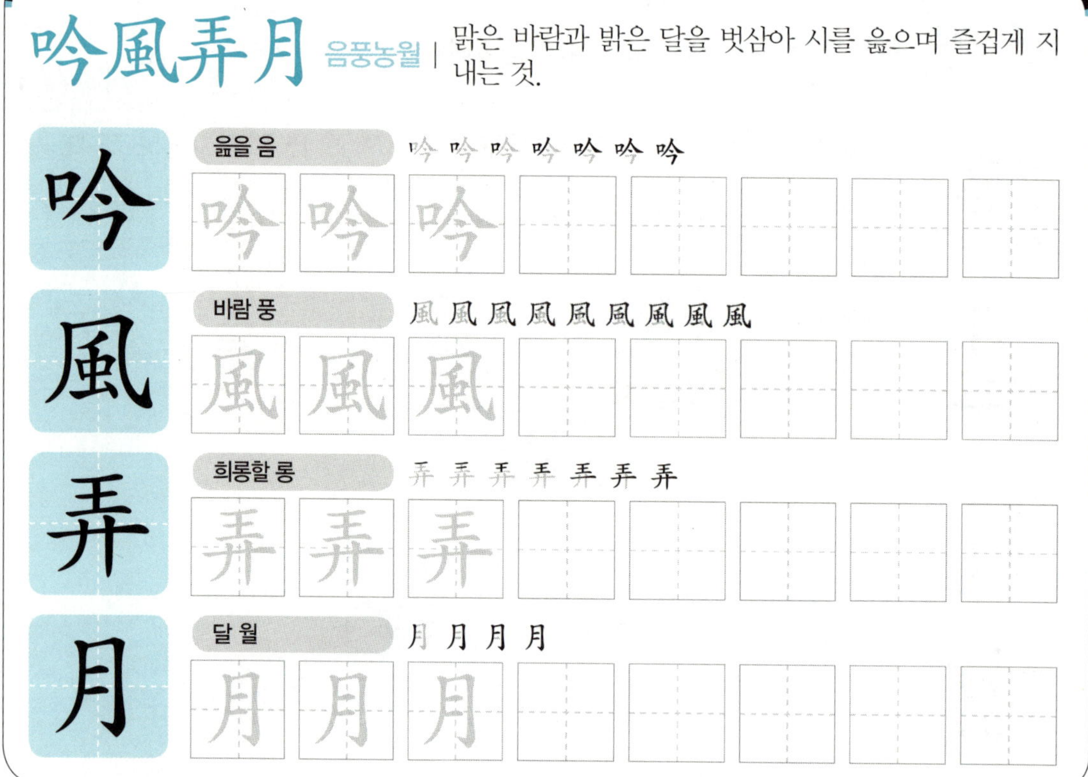

以心傳心 이심전심 | 말이나 글에 의하지 않고, 마음과 마음으로 전달됨.

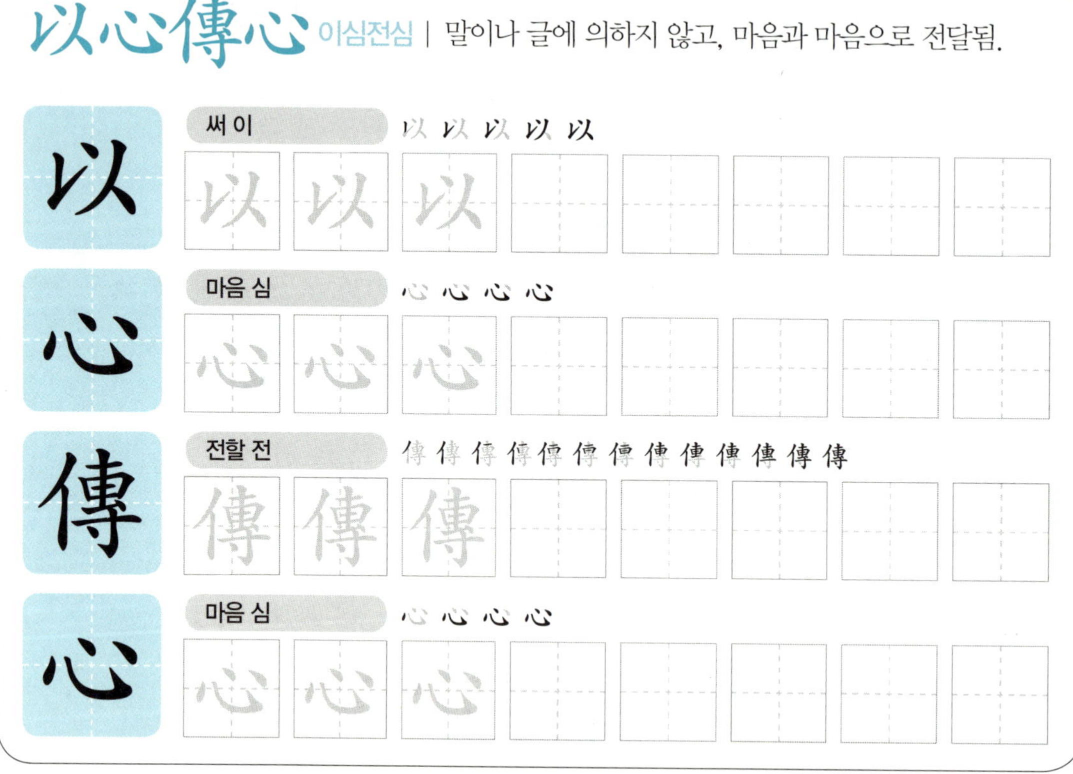

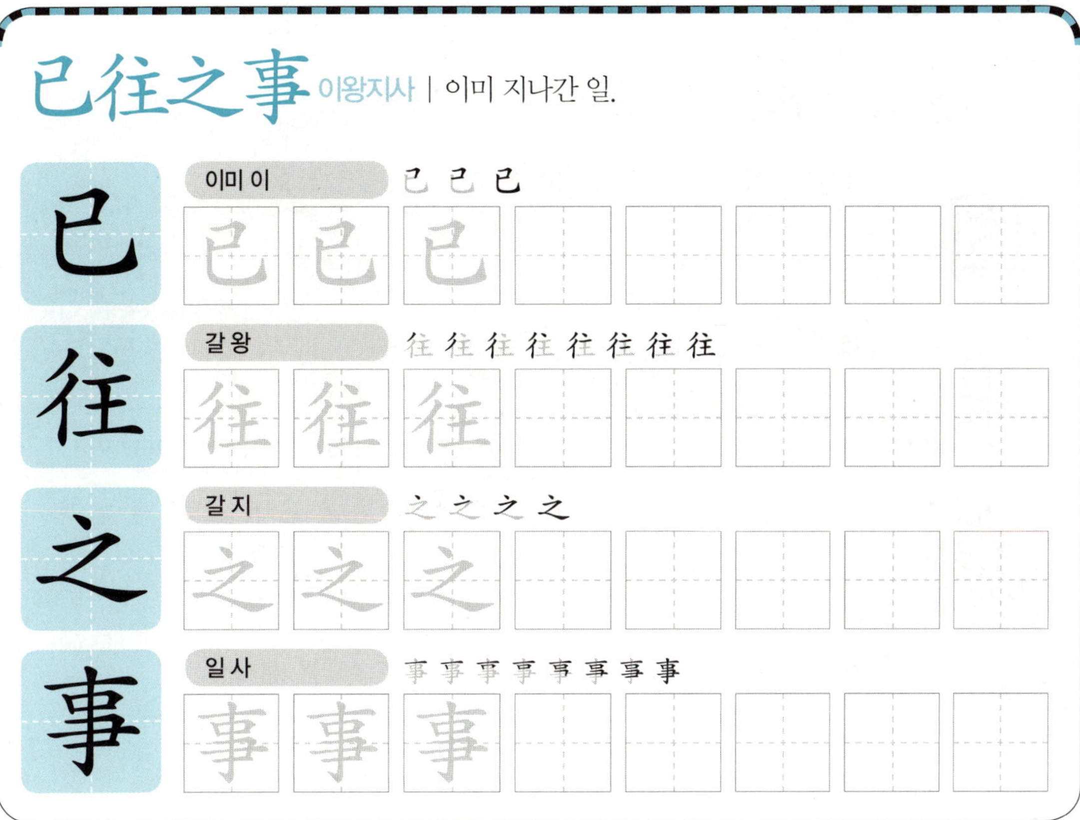

已往之事 이왕지사 | 이미 지나간 일.

| 이미 이 | 己 己 已 | | | | | | | |

| 갈 왕 | 往 往 往 往 往 往 往 往 | | | | | | | |

| 갈 지 | 之 之 之 之 | | | | | | | |

| 일 사 | 事 事 事 事 事 事 事 事 | | | | | | | |

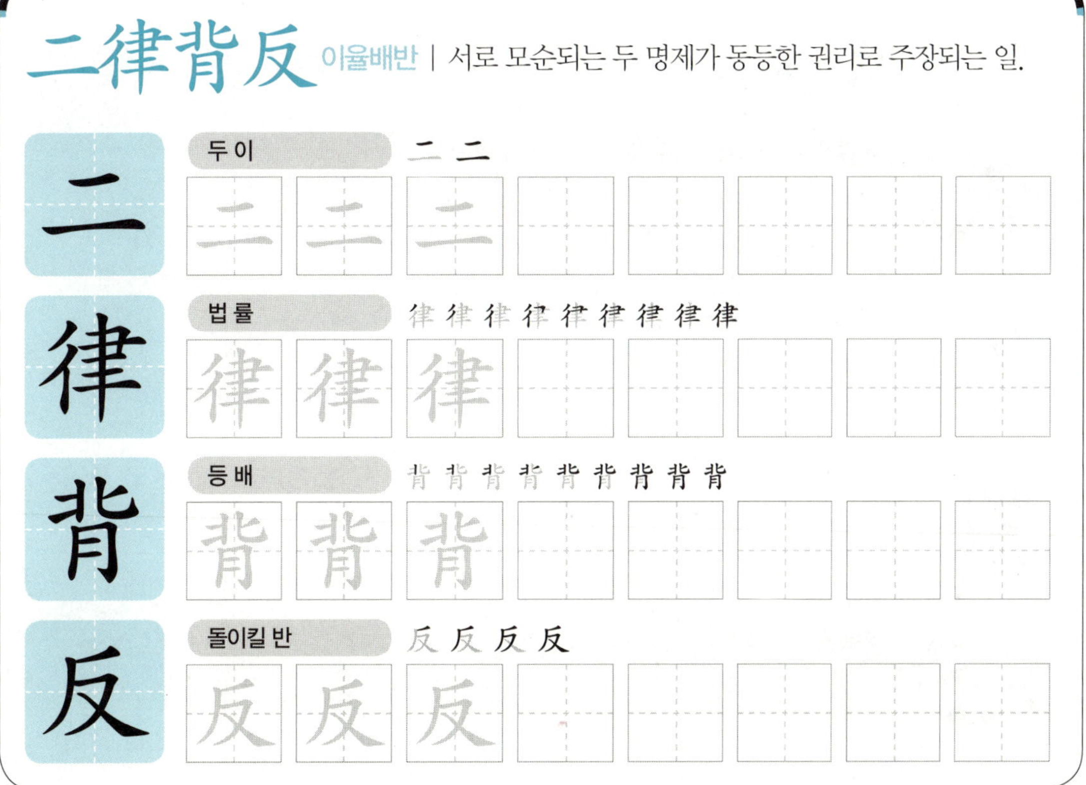

二律背反 이율배반 | 서로 모순되는 두 명제가 동등한 권리로 주장되는 일.

| 두 이 | 二 二 | | | | | | | |

| 법 률 | 律 律 律 律 律 律 律 律 | | | | | | | |

| 등 배 | 背 背 背 背 背 背 背 背 | | | | | | | |

| 돌이킬 반 | 反 反 反 反 | | | | | | | |

因果應報 인과응보 | 원인(原因)과 결과(結果)는 서로 물고 물린다는 뜻.

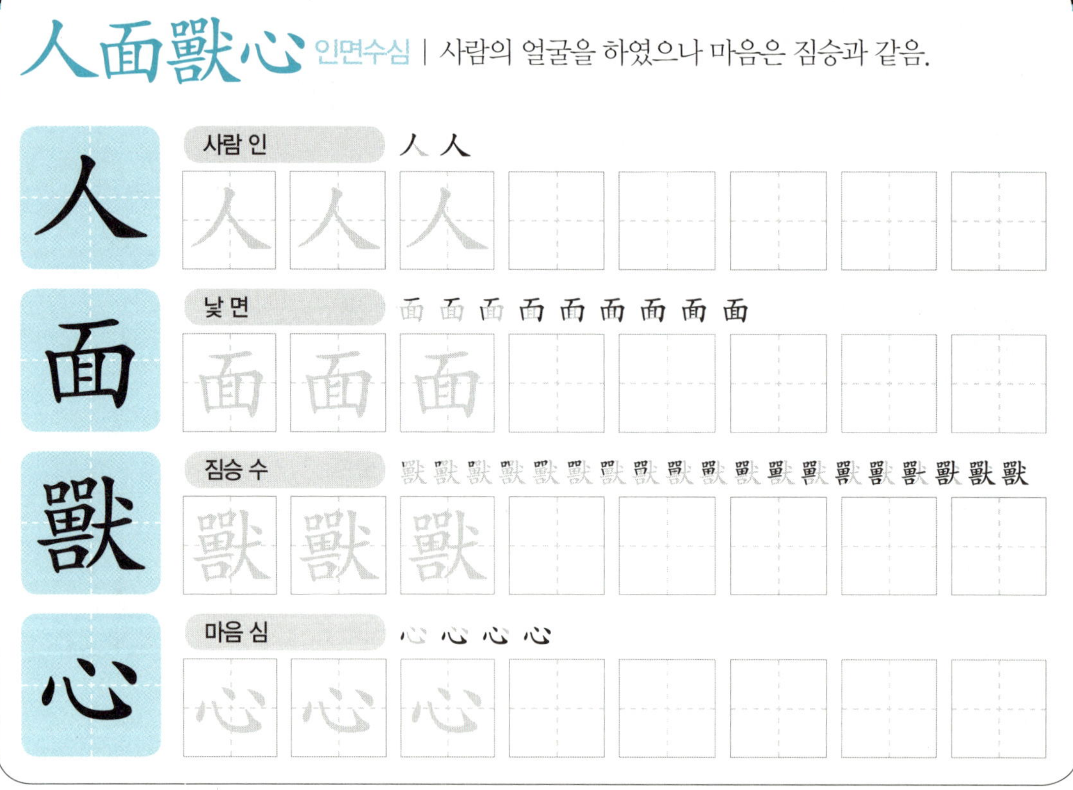

因	인할 인	因 因 因 冈 冈 因
果	과실 과	果 果 果 果 果 果 果 果
應	응할 응	應 應 應 應 應 應 應 應 應 應 應 應 應 應 應
報	갚을 보	報 報 報 報 報 報 報 報 報 報 報 報

人面獸心 인면수심 | 사람의 얼굴을 하였으나 마음은 짐승과 같음.

人	사람 인	人 人
面	낯 면	面 面 面 面 面 面 面 面
獸	짐승 수	獸 獸 獸 獸 獸 獸 獸 獸 獸 獸 獸 獸 獸 獸 獸 獸 獸 獸
心	마음 심	心 心 心 心

人山人海 인산인해

人山人海 인산인해 | 사람이 산을 이루고 바다를 이루었다는 뜻으로, 사람이 많이 모여 있는 모양.
사람 인 人 人
메 산 山 山 山
사람 인 人 人
바다 해 海 海 海 海 海 海 海 海 海 海

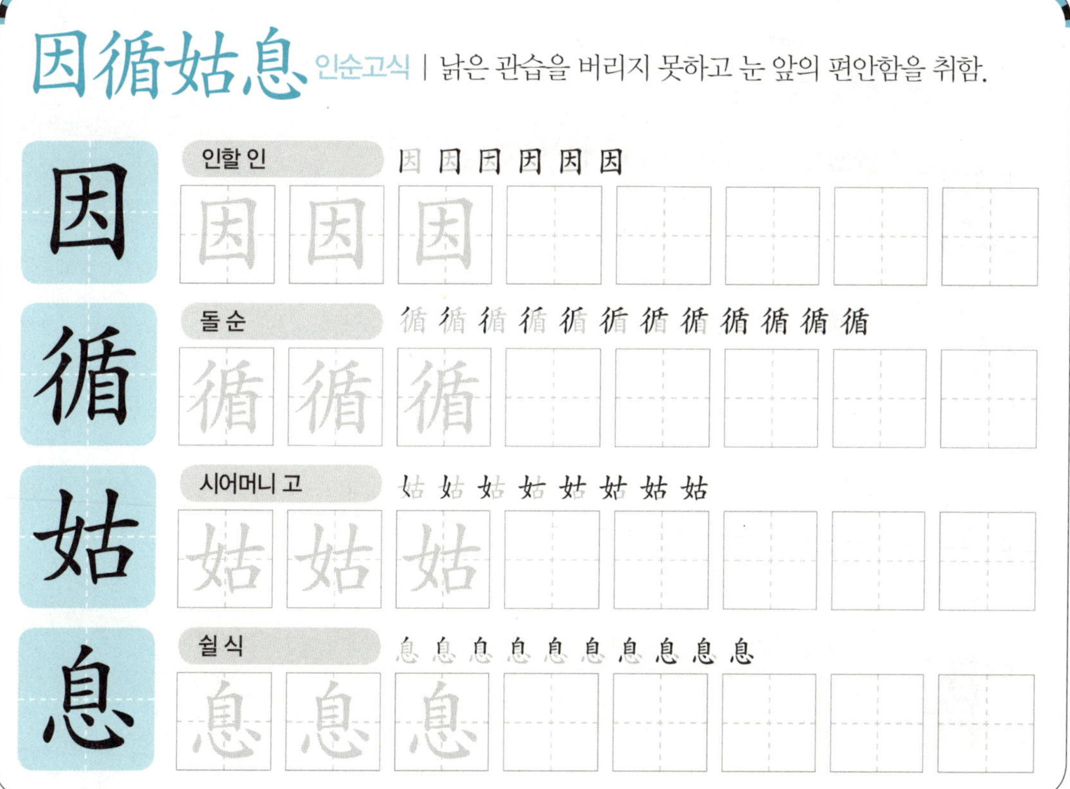
因循姑息 인순고식 | 낡은 관습을 버리지 못하고 눈 앞의 편안함을 취함.
인할 인 因 因 因 因 因 因
돌 순 循 循 循 循 循 循 循 循 循 循
시어머니 고 姑 姑 姑 姑 姑 姑 姑 姑
쉴 식 息 息 息 息 息 息 息 息 息

仁義禮智 인의예지 | 사람이 갖추어야 할 사단(四端). 곧 어질고(仁), 의롭고(義), 예의를 지킬 줄 알며(禮), 지혜(智)가 있는 것.

어질 인	仁 仁 仁 仁
옳을 의	義 義 義 義 義 義 義 義 義 義 義 義
예도 례	禮 禮 禮 禮 禮 禮 禮 禮 禮 禮 禮 禮 禮 禮 禮 禮
지혜 지	智 智 智 智 智 智 智 智 智 智 智 智

因人成事 인인성사 | 남의 힘으로 일이나 뜻을 이룸.

인할 인	因 因 因 因 因 因
사람 인	人 人
이룰 성	成 成 成 成 成 成 成
일 사	事 事 事 事 事 事 事 事

仁者無敵 인자무적 | 어진 사람에게는 적이 없음.

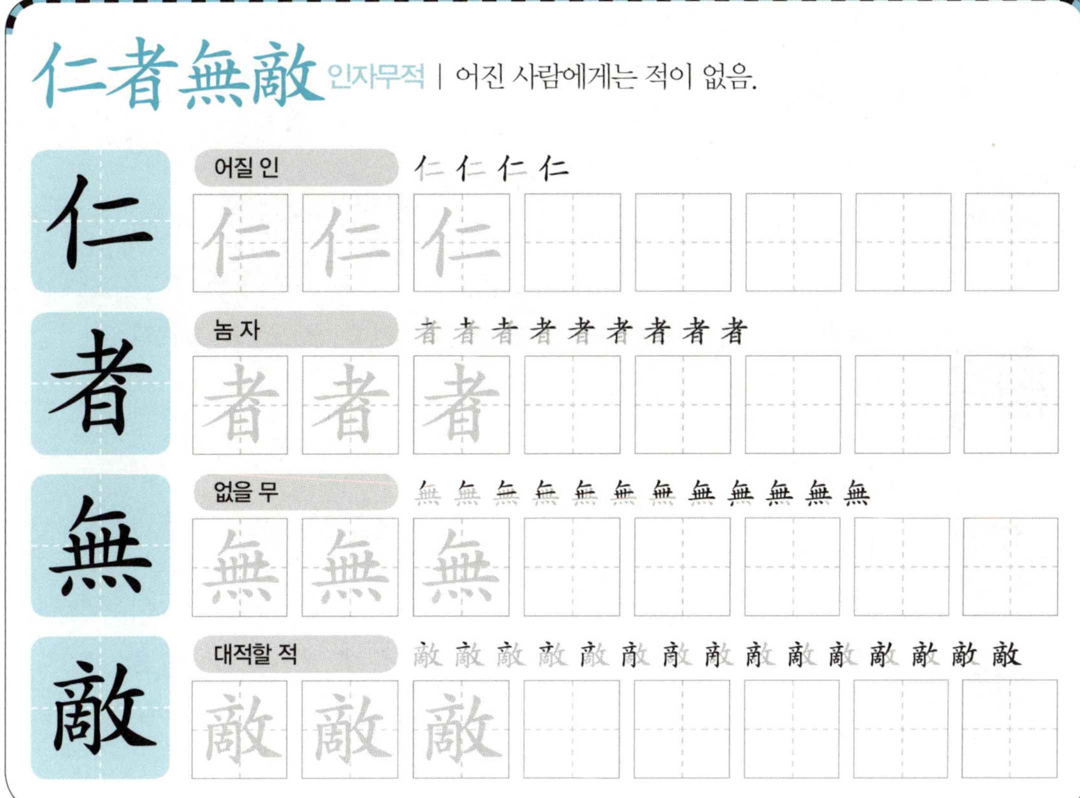

어질 인	仁 仁 仁 仁
놈 자	者 者 者 者 者 者 者 者
없을 무	無 無 無 無 無 無 無 無 無 無 無 無
대적할 적	敵 敵 敵 敵 敵 敵 敵 敵 敵 敵 敵 敵 敵 敵

一舉兩得 일거양득 | 한 가지 일로 두 가지의 이득을 봄.

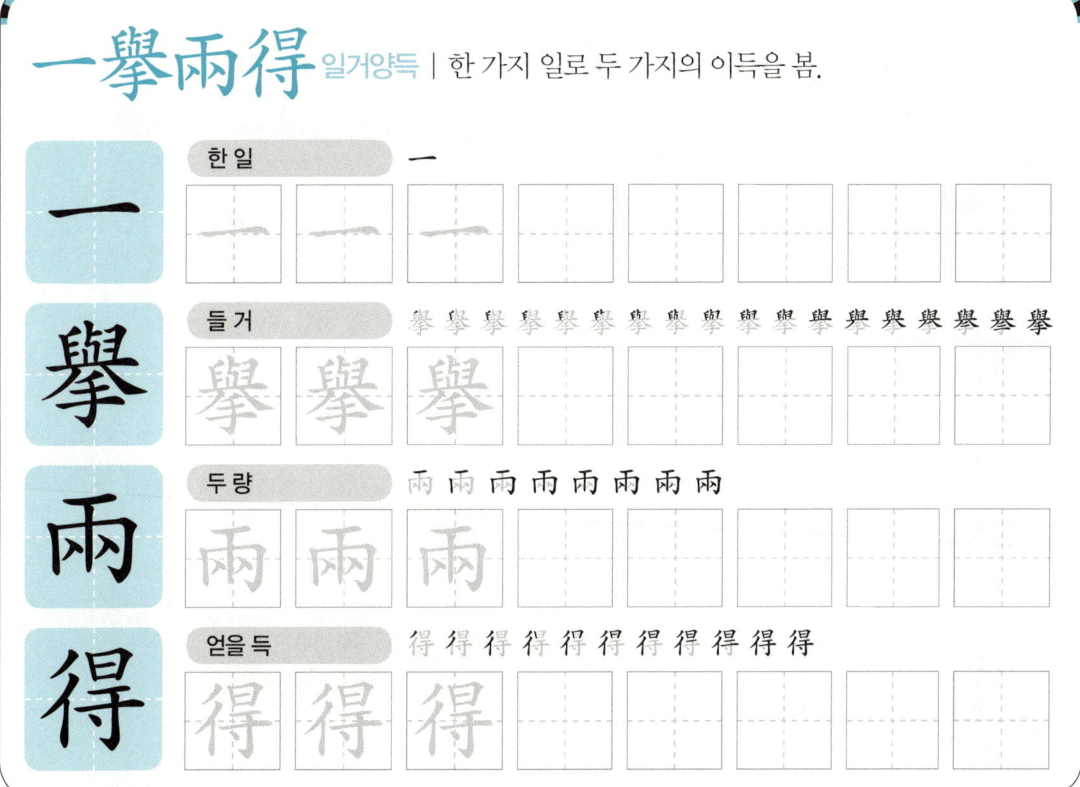

한 일	一
들 거	舉 舉 舉 舉 舉 舉 舉 舉 舉 舉 舉 舉 與 與 與 舉 舉 舉
두 량	兩 兩 兩 兩 兩 兩 兩 兩
얻을 득	得 得 得 得 得 得 得 得 得 得

一網打盡 일망타진 | 한 그물에 모두 다 모아 잡음. 곧 한꺼번에 모조리 체포함.

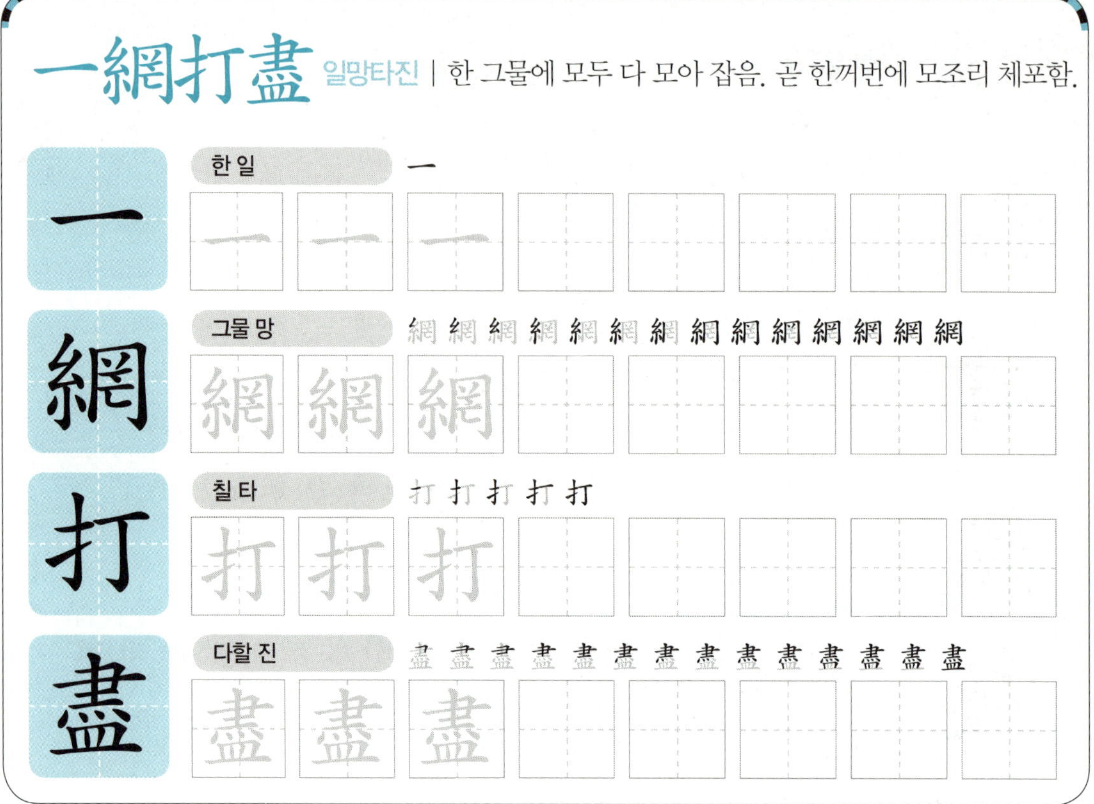

一脈相通 일맥상통 | 솜씨, 성격, 처지, 상태 등이 서로 통함.

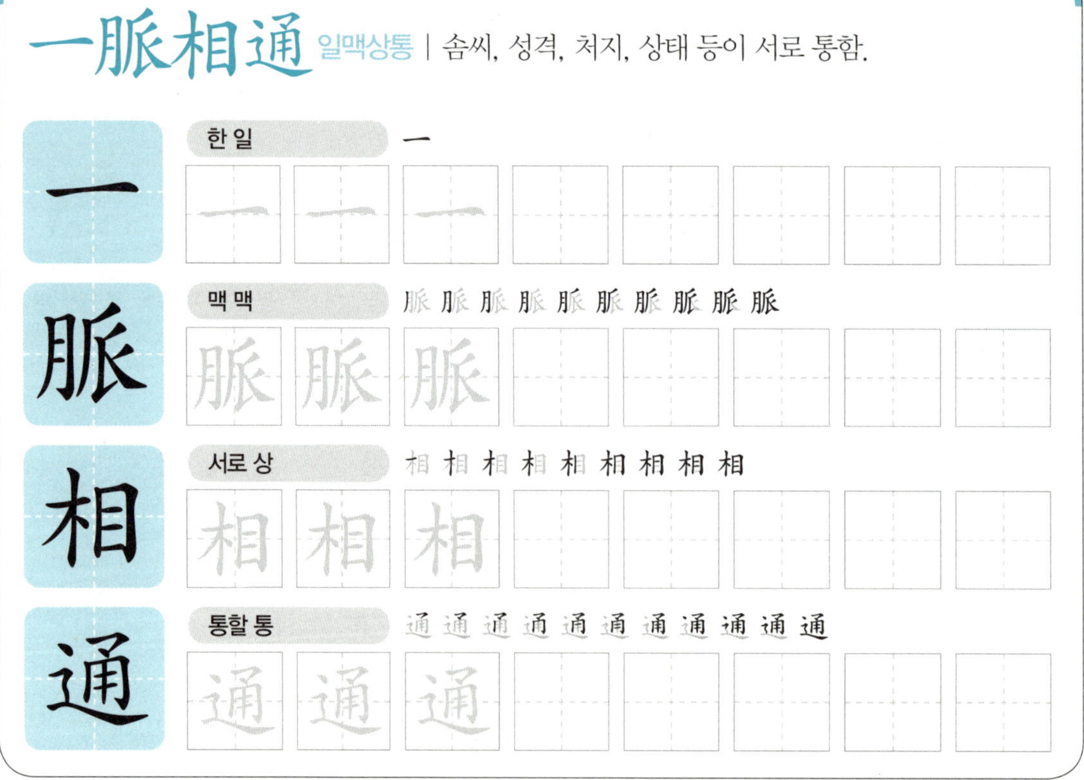

一目瞭然 일목요연 | 선뜻 보아도 똑똑하게 알 수 있음.

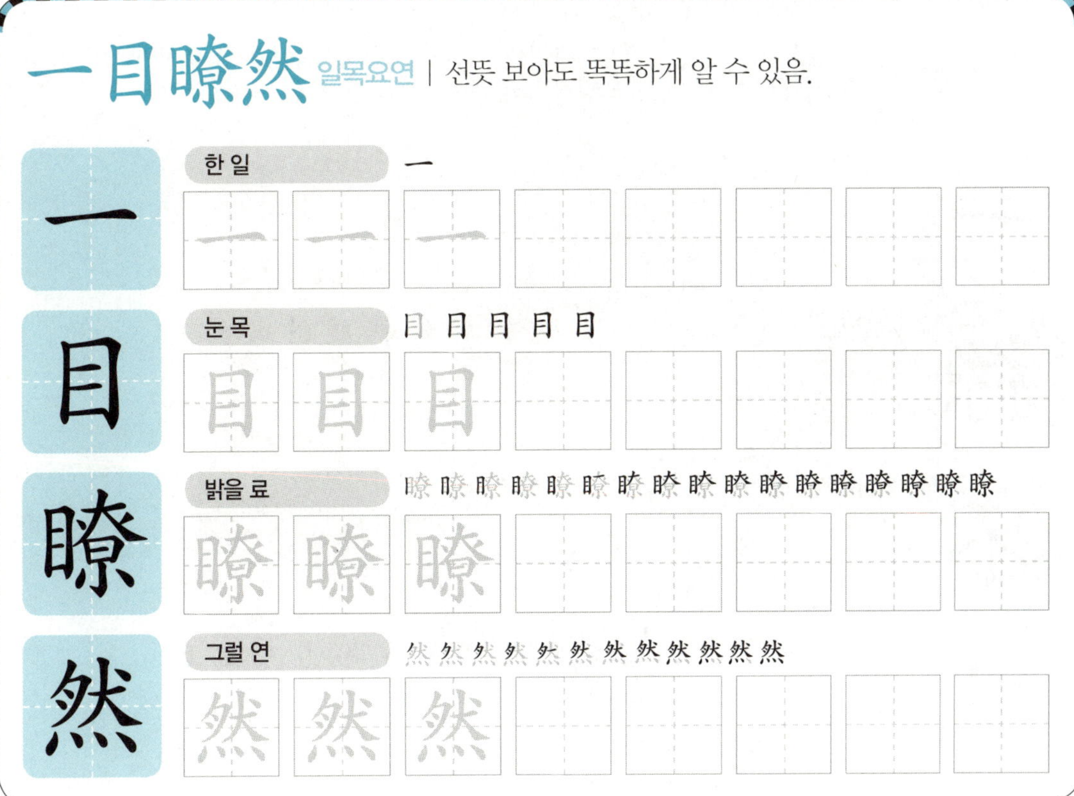

日薄西山 일박서산 | 해가 서산에 가까워진다는 뜻으로, 늙어서 죽음이 가까워짐을 비유.

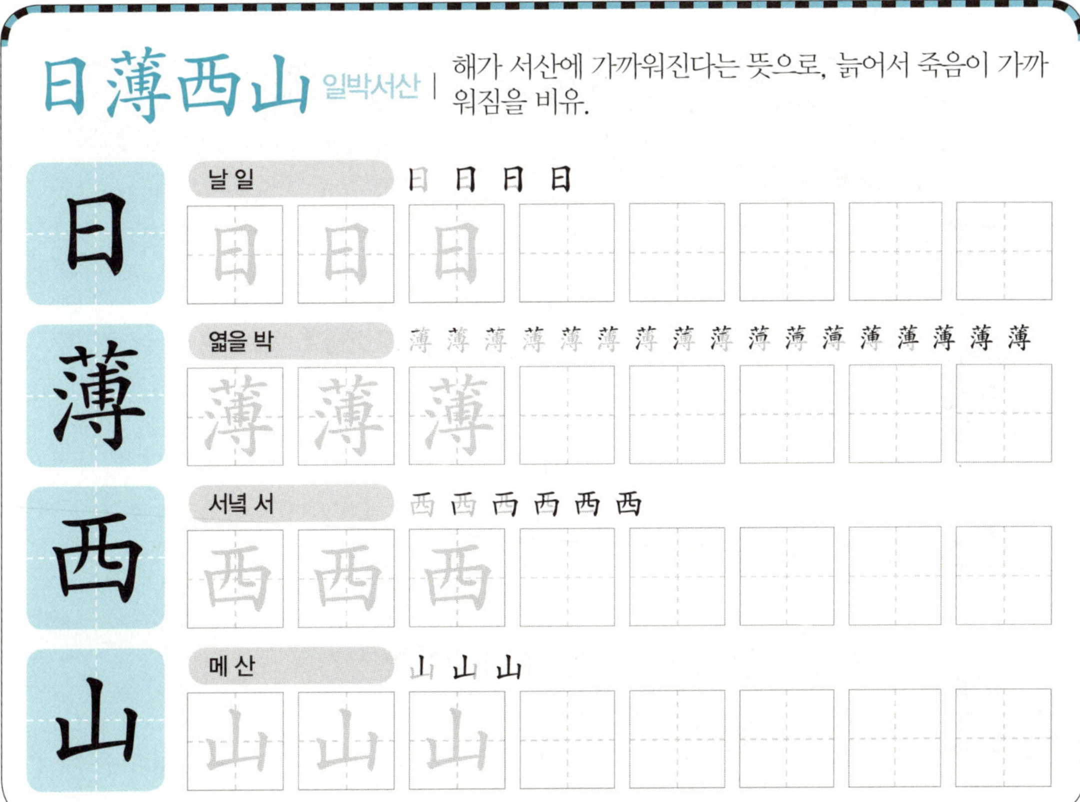

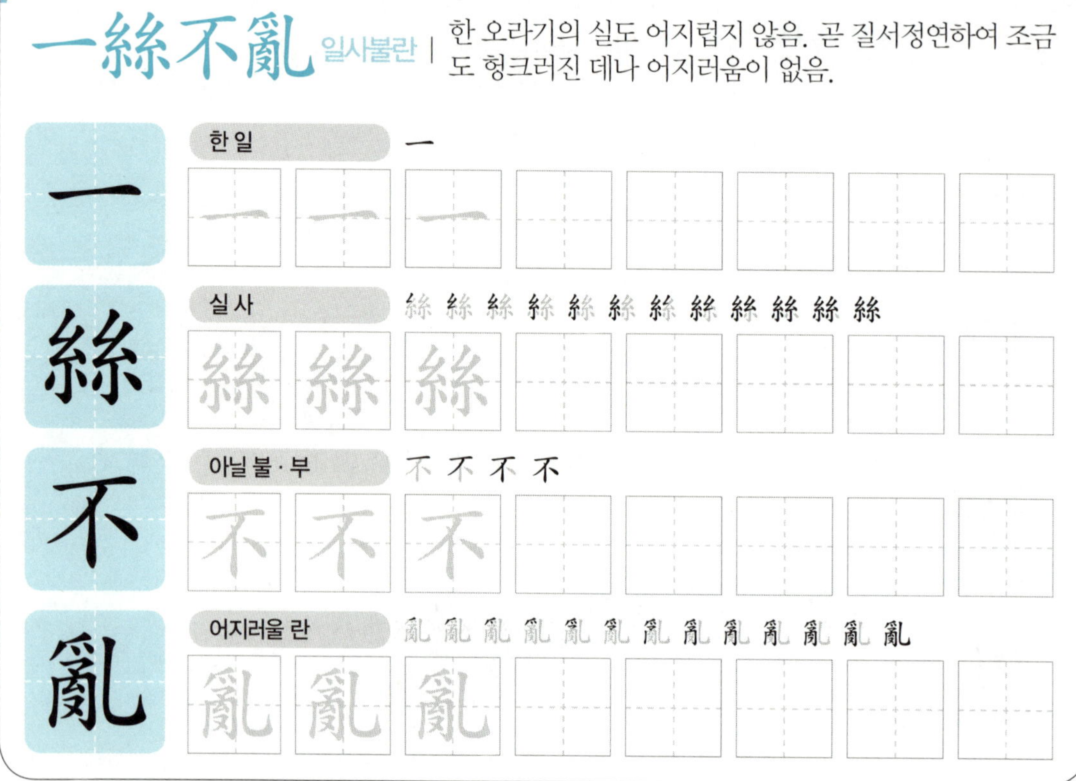

一絲不亂 일사불란

한 오라기의 실도 어지럽지 않음. 곧 질서정연하여 조금도 헝크러진 데나 어지러움이 없음.

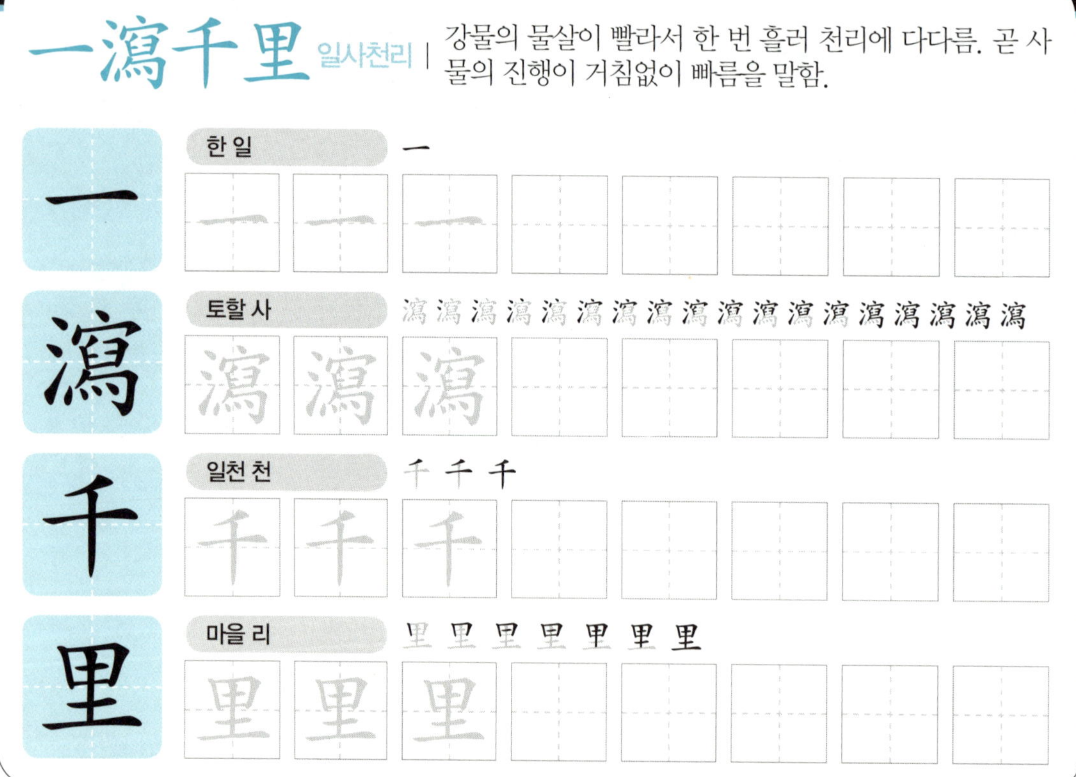

一瀉千里 일사천리

강물의 물살이 빨라서 한 번 흘러 천리에 다다름. 곧 사물의 진행이 거침없이 빠름을 말함.

一視同仁 일시동인 | 모두를 평등하게 보아 똑같이 사랑함.

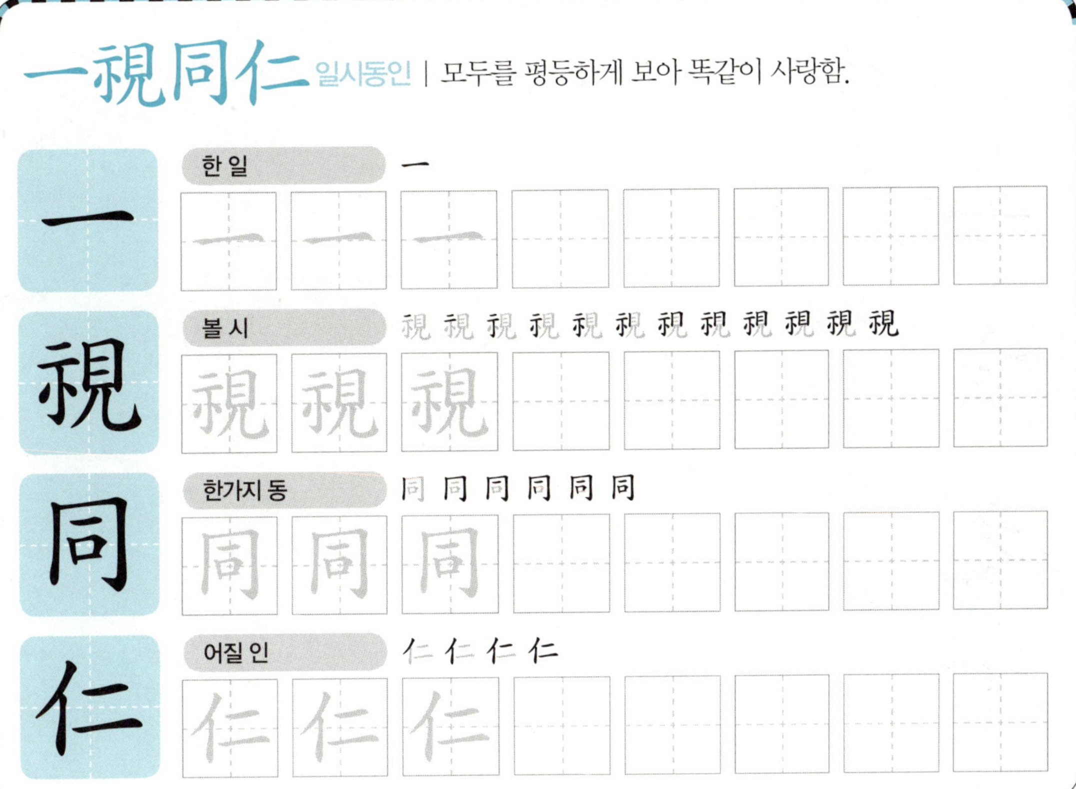

한 일	一
볼 시	視視視視視視視視視視視
한가지 동	同同同同同同
어질 인	仁仁仁仁

一魚濁水 일어탁수 | 한 마리의 고기가 물을 흐린다는 뜻으로, 곧 한 사람의 잘못으로 여러 사람이 그 피해를 받게 됨의 비유.

한 일	一
물고기 어	魚魚魚魚魚魚魚魚魚魚魚
흐릴 탁	濁濁濁濁濁濁濁濁濁濁濁濁濁濁濁
물 수	水水水水

一言之下

일언지하 | 한 마디로 딱 잘라 말함. 두말할 나위 없음.

한 일	一
말씀 언	言 言 言 言 言 言 言
갈 지	之 之 之 之
아래 하	下 下 下

一葉片舟

일엽편주 | 조그마한 조각배.

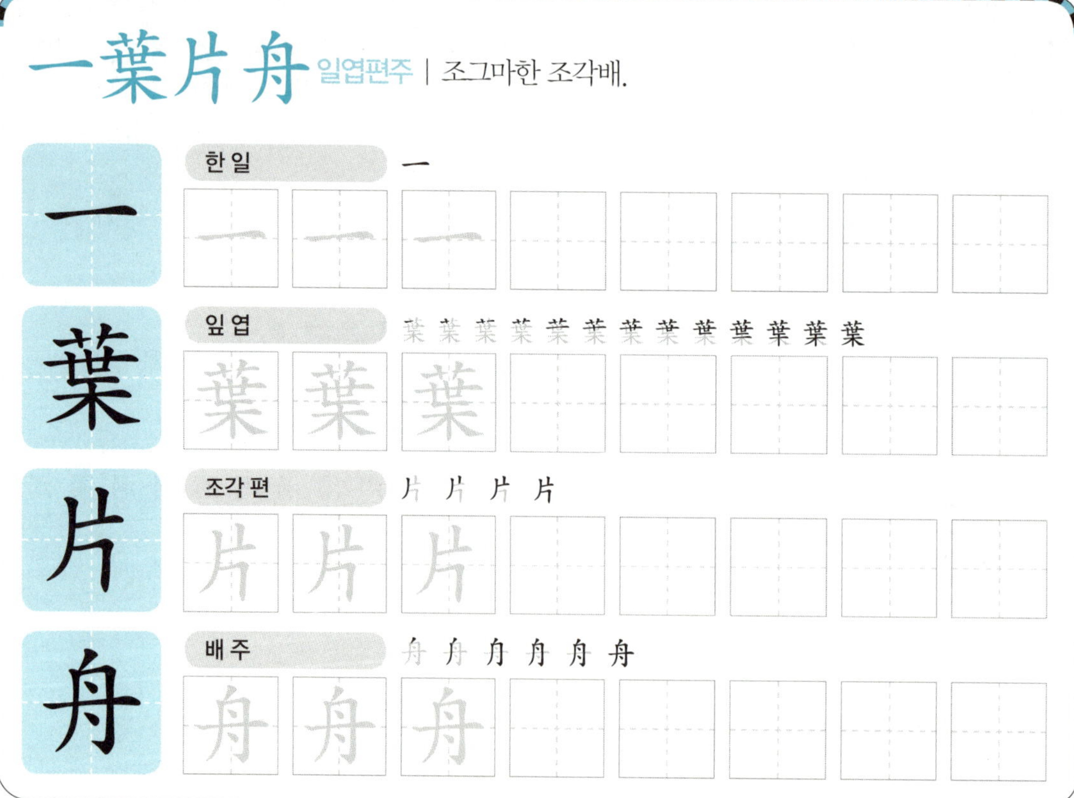

한 일	一
잎 엽	葉 葉 葉 葉 葉 葉 葉 葉 葉 葉 葉 葉 葉
조각 편	片 片 片 片
배 주	舟 舟 舟 舟 舟 舟

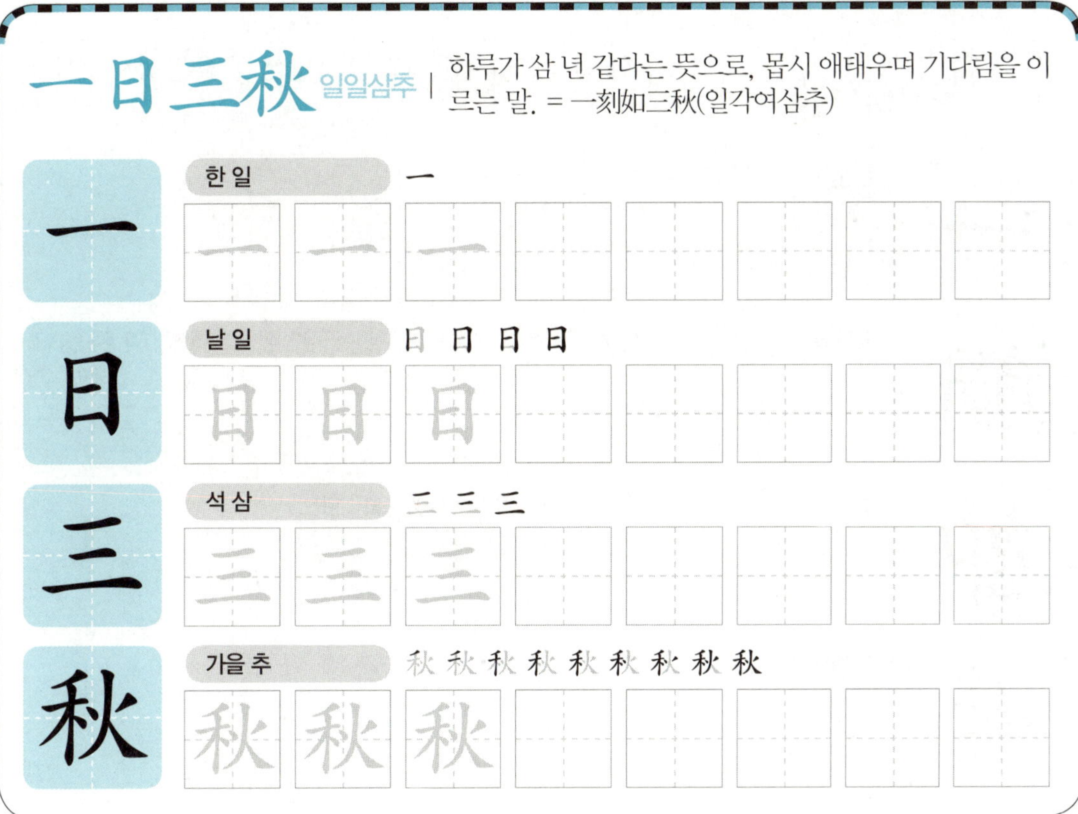

一日三秋 일일삼추 | 하루가 삼 년 같다는 뜻으로, 몹시 애태우며 기다림을 이르는 말. = 一刻如三秋(일각여삼추)

	한 일	一

	날 일	日 日 日 日

	석 삼	三 三 三

	가을 추	秋 秋 秋 秋 秋 秋 秋 秋 秋

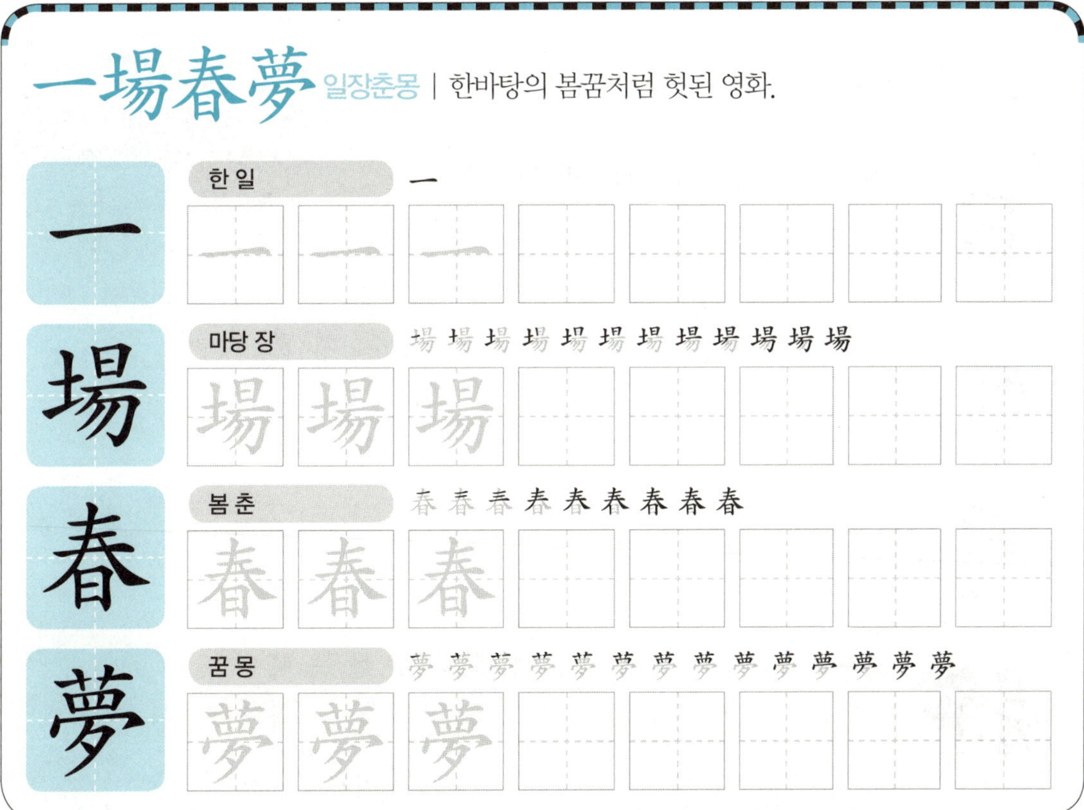

一場春夢 일장춘몽 | 한바탕의 봄꿈처럼 헛된 영화.

	한 일	一

	마당 장	場 場 場 場 場 場 場 場 場 場 場 場

	봄 춘	春 春 春 春 春 春 春 春 春

	꿈 몽	夢 夢 夢 夢 夢 夢 夢 夢 夢 夢 夢 夢 夢 夢

一觸卽發 일촉즉발 | 한 번 건드리기만 해도 곧 폭발할 것 같은 몹시 위급한 상태.

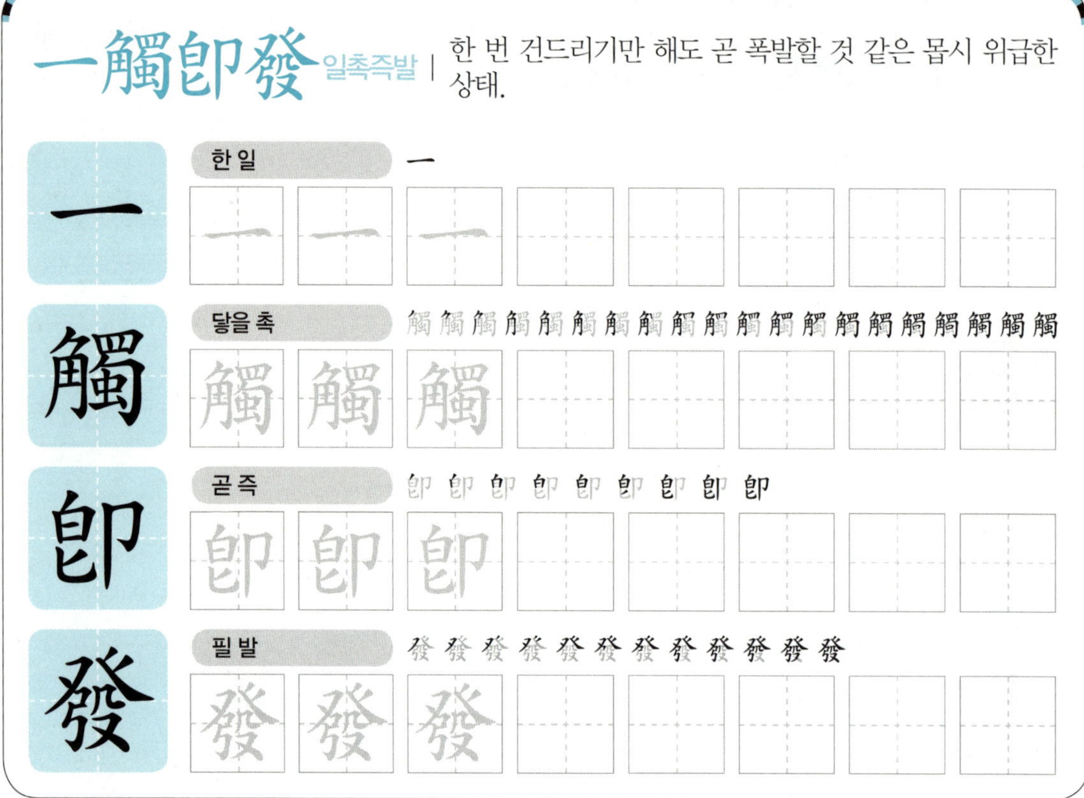

한 일	一
닿을 촉	觸
곧 즉	卽
필 발	發

日就月將 일취월장 | 나날이 다달이 진전함.

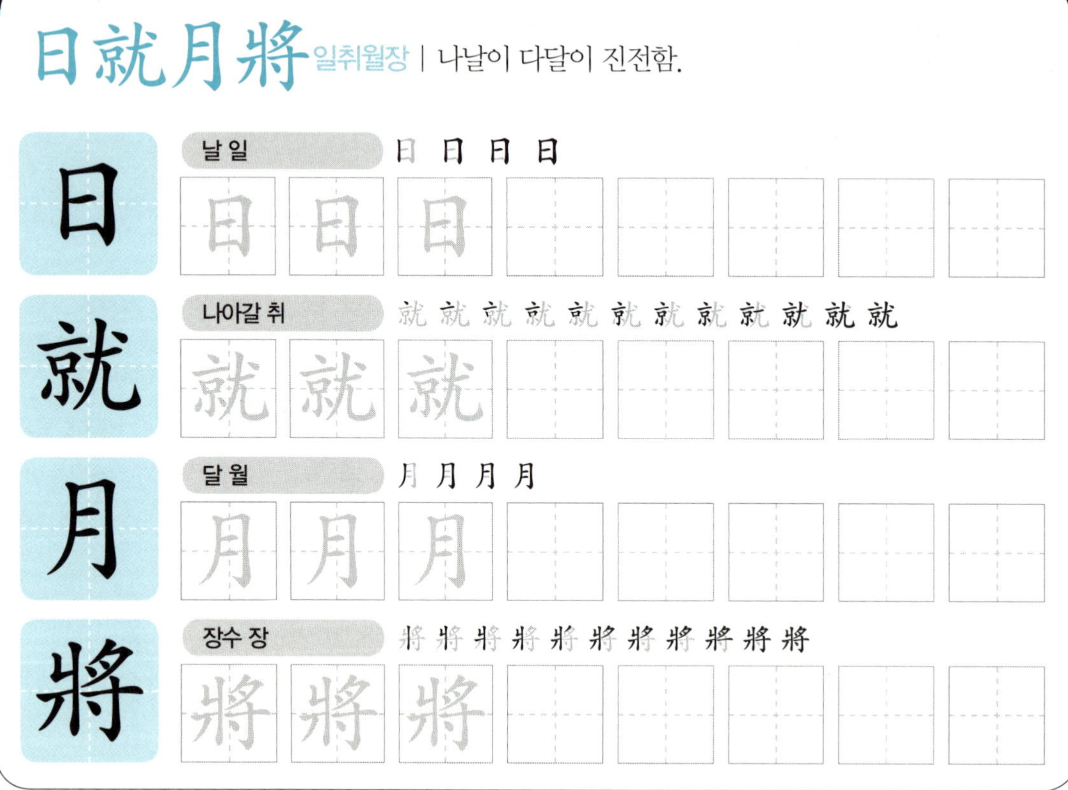

날 일	日 日 日 日
나아갈 취	就
달 월	月 月 月 月
장수 장	將

臨機應變 임기응변 | 그때 그때의 일의 형편에 따라서 융통성 있게 잘 처리함.

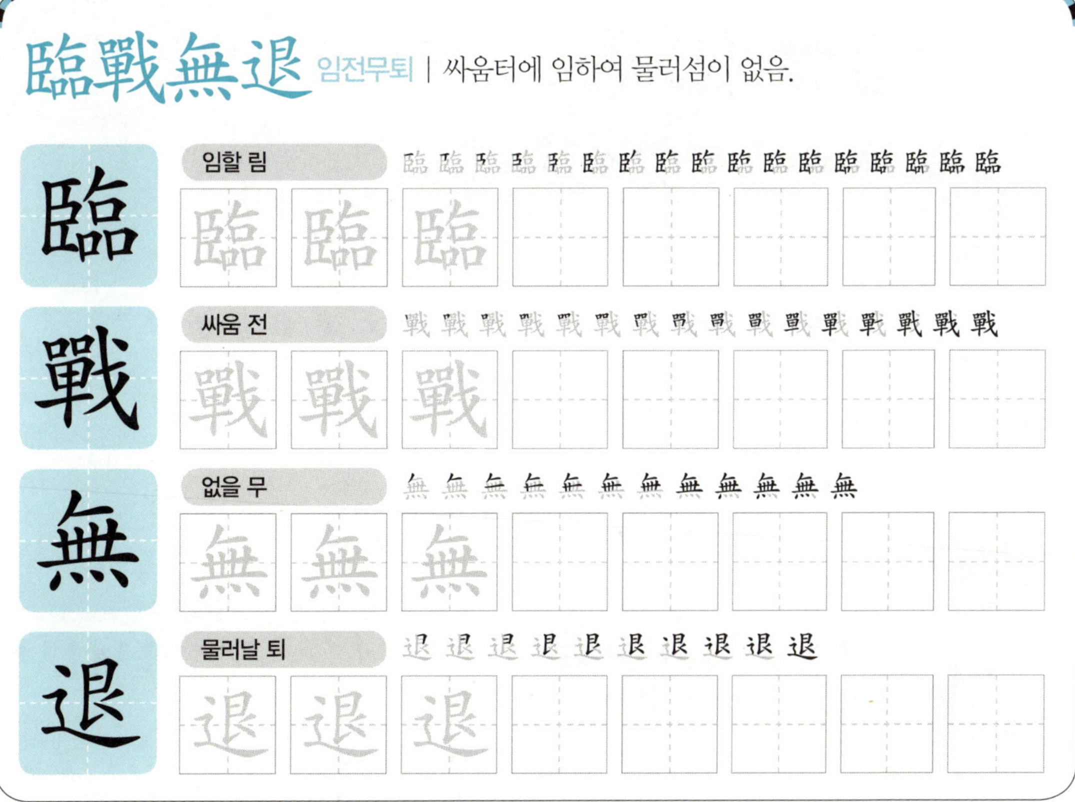

임할 림	臨
베틀 기	機
응할 응	應
변할 변	變

臨戰無退 임전무퇴 | 싸움터에 임하여 물러섬이 없음.

임할 림	臨
싸움 전	戰
없을 무	無
물러날 퇴	退

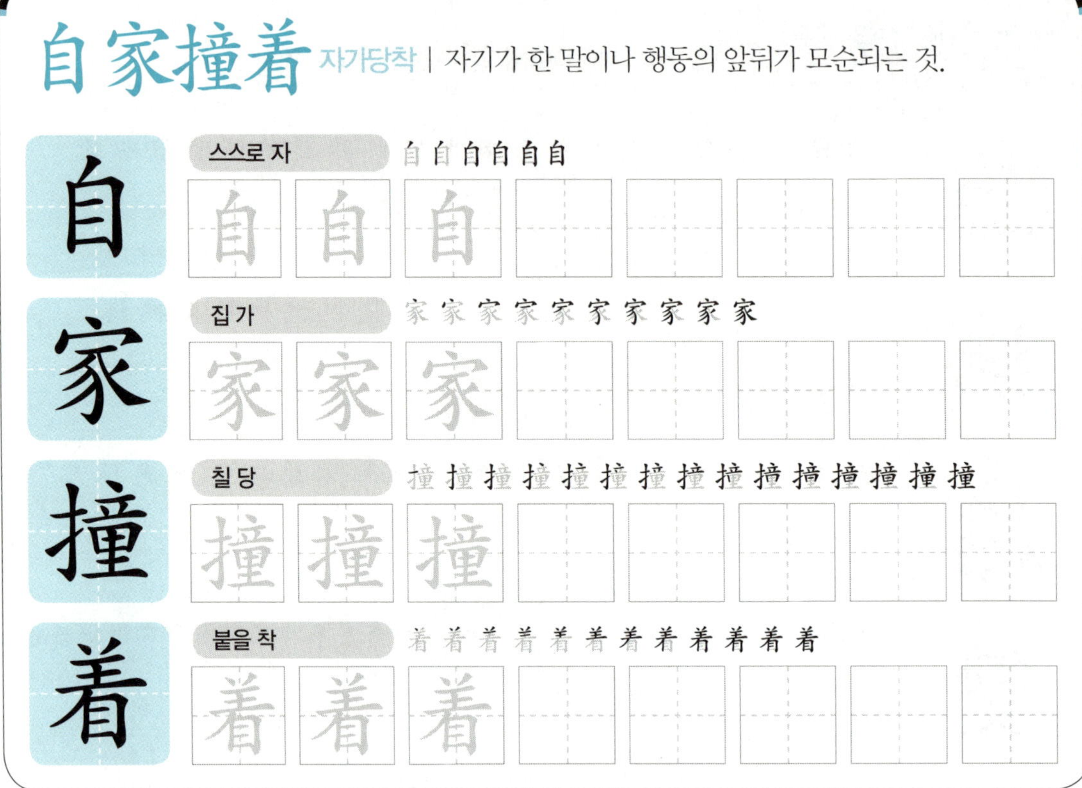

自家撞着 자가당착 | 자기가 한 말이나 행동의 앞뒤가 모순되는 것.

스스로 자	自自自自自自
집 가	家家家家家家家家家家
칠 당	撞撞撞撞撞撞撞撞撞撞撞撞撞撞
붙을 착	着着着着着着着着着着着着

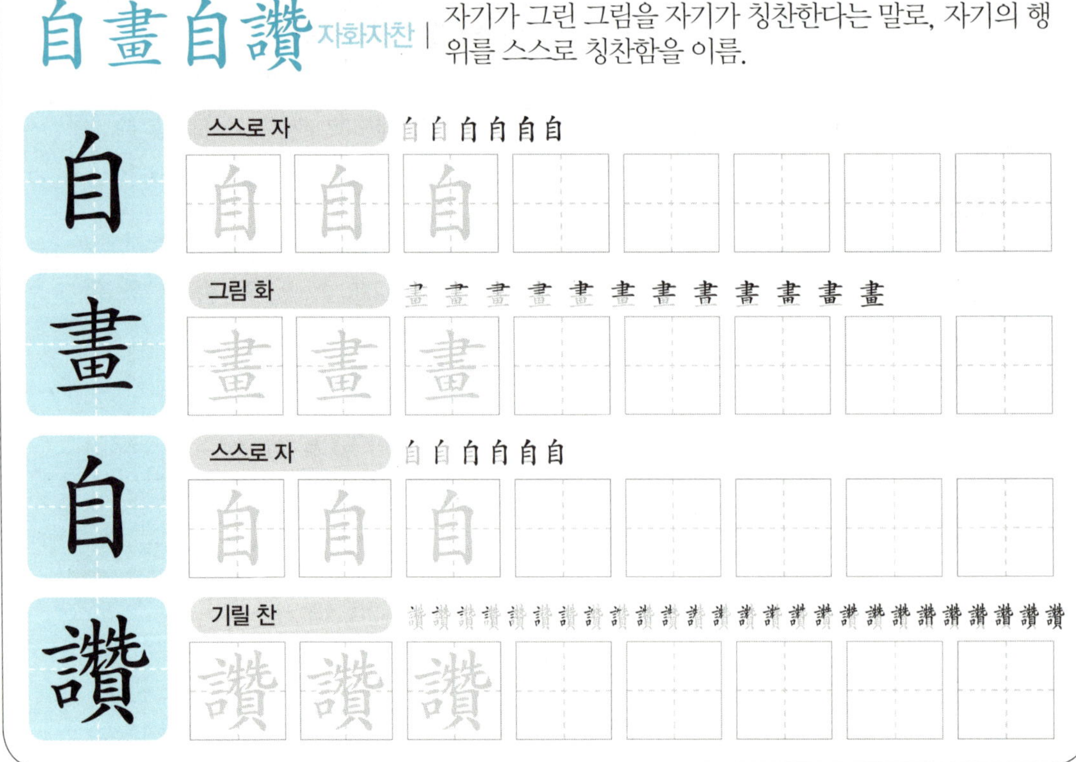

自畫自讚 자화자찬 | 자기가 그린 그림을 자기가 칭찬한다는 말로, 자기의 행위를 스스로 칭찬함을 이름.

스스로 자	自自自自自自
그림 화	畫畫畫畫畫畫畫畫畫畫畫畫
스스로 자	自自自自自自
기릴 찬	讚讚讚讚讚讚讚讚讚讚讚讚讚讚讚讚讚讚讚讚讚讚讚讚

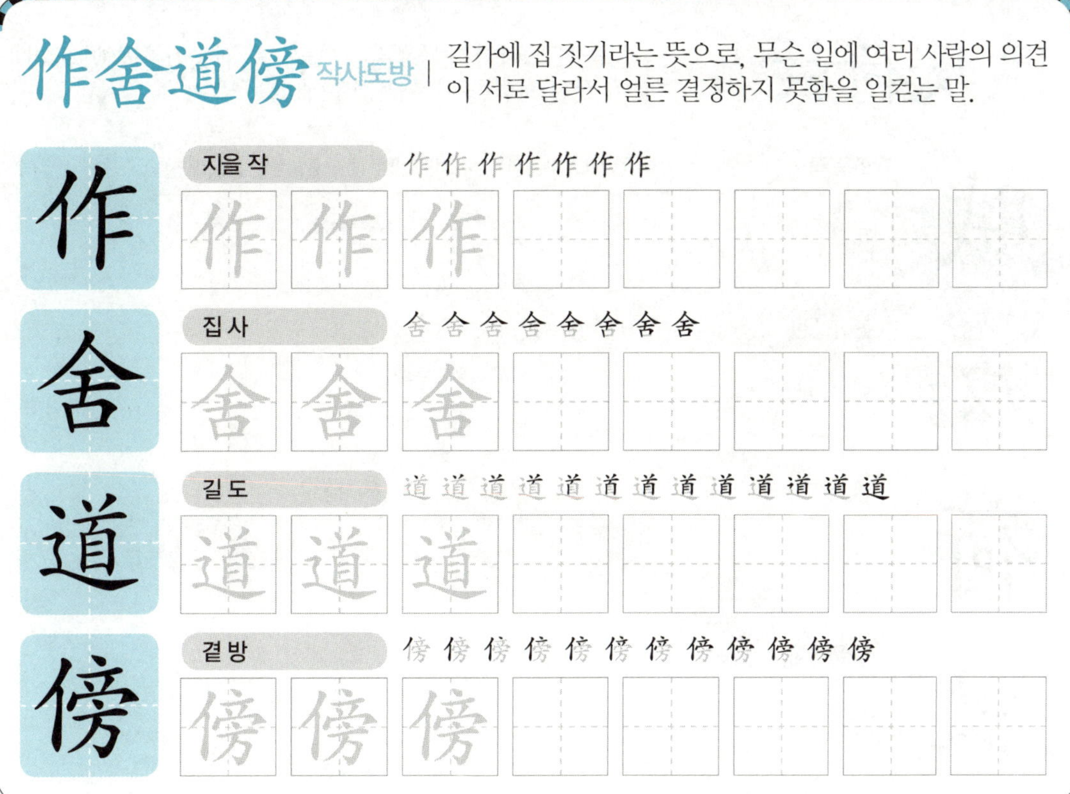

作舍道傍 작사도방

길가에 집 짓기라는 뜻으로, 무슨 일에 여러 사람의 의견이 서로 달라서 얼른 결정하지 못함을 일컫는 말.

지을 작	作 作 作 作 作 作 作
집 사	舍 舍 舍 舍 舍 舍 舍 舍
길 도	道 道 道 道 道 道 道 道 道 道 道 道
곁 방	傍 傍 傍 傍 傍 傍 傍 傍 傍 傍 傍

作心三日 작심삼일

한 번 결심한 것이 사흘을 가지 않는다는 뜻으로, 결심이 굳지 못함을 가리키는 말.

지을 작	作 作 作 作 作 作 作
마음 심	心 心 心 心
석 삼	三 三 三
날 일	日 日 日 日

賊反荷杖 적반하장 |

도둑이 도리어 매를 든다는 뜻으로, 잘못한 사람이 도리어 잘한 사람을 나무랄 경우에 쓰는 말.

도둑 적	賊 賊 賊 賊 賊 賊 賊 賊 賊 賊 賊 賊 賊
돌이킬 반	反 反 反 反
멜 하	荷 荷 荷 荷 荷 荷 荷 荷 荷 荷
지팡이 장	杖 杖 杖 杖 杖 杖 杖

積如丘山 적여구산 | 산과 같이 많이 쌓임.

쌓을 적	積 積 積 積 積 積 積 積 積 積 積 積 積 積 積
같을 여	如 如 如 如 如 如
언덕 구	丘 丘 丘 丘 丘
메 산	山 山 山

適材適所 적재적소 | 적당한 재목을 적당한 자리에 씀.

맞을 적	適 適 適 適 適 適 適 適 適 適 適 適 適 適							
	適	適	適					
재목 재	材 材 材 材 材 材 材							
	材	材	材					
맞을 적	適 適 適 適 適 適 適 適 適 適 適 適 適 適							
	適	適	適					
바 소	所 所 所 所 所 所 所 所							
	所	所	所					

電光石火 전광석화 | 번갯불과 부싯돌의 불. 곧 극히 짧은 시간이나 매우 빠른 동작을 말함.

번개 전	電 電 電 電 電 電 電 電 電 電 電 電 電						
	電	電	電				
빛 광	光 光 光 光 光 光						
	光	光	光				
돌 석	石 石 石 石 石						
	石	石	石				
불 화	火 火 火 火						
	火	火	火				

前無後無 전무후무 | 전에도 없었고 앞으로도 없음.

앞 전							
前	前	前					

없을 무							
無	無	無					

뒤 후							
後	後	後					

없을 무							
無	無	無					

轉禍爲福 전화위복 | 화가 바뀌어 복이 되었다는 뜻으로, 언짢은 일이 계기가 되어 도리어 행운을 맞게 됨을 이름.

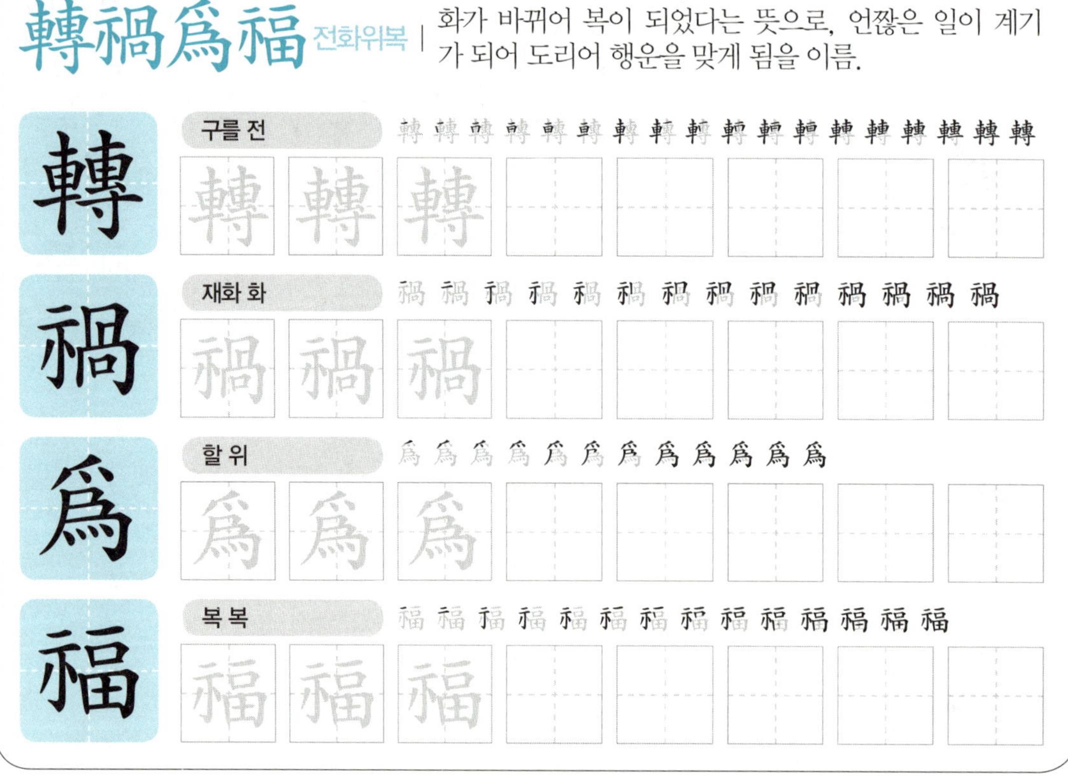

구를 전							
轉	轉	轉					

재화 화							
禍	禍	禍					

할 위							
爲	爲	爲					

복 복							
福	福	福					

切磋琢磨 절차탁마 | 옥(玉), 돌 따위를 갈고 닦는 것과 같이, 덕행과 학문을 쉼없이 노력하여 닦음을 말함.

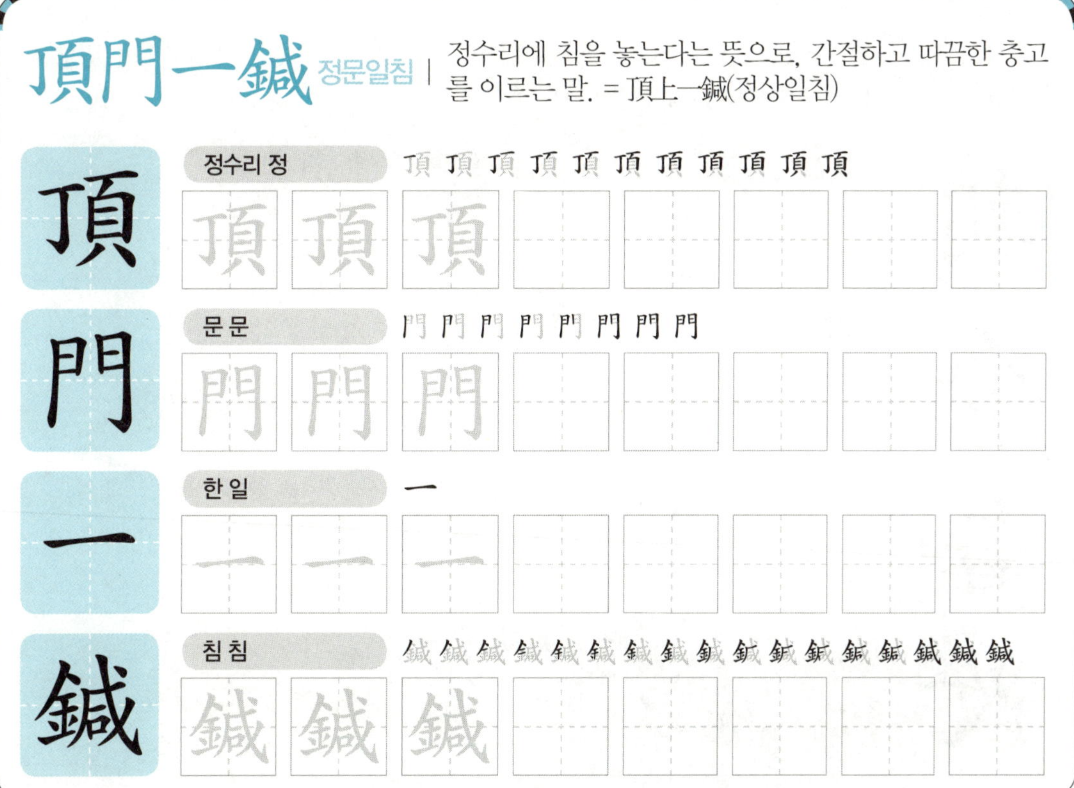

끊을 절	切 切 切 切
갈 차	磋 磋 磋 磋 磋 磋 磋 磋 磋 磋 磋 磋 磋 磋
쫄 탁	琢 琢 琢 琢 琢 琢 琢 琢 琢 琢 琢 琢
갈 마	磨 磨 磨 磨 磨 磨 磨 磨 磨 磨 磨 磨 磨 磨

頂門一鍼 정문일침 | 정수리에 침을 놓는다는 뜻으로, 간절하고 따끔한 충고를 이르는 말. = 頂上一鍼(정상일침)

정수리 정	頂 頂 頂 頂 頂 頂 頂 頂 頂 頂 頂
문 문	門 門 門 門 門 門 門 門
한 일	一
침 침	鍼 鍼 鍼 鍼 鍼 鍼 鍼 鍼 鍼 鍼 鍼 鍼 鍼 鍼 鍼 鍼

糟糠之妻

 | 지게미와 겨를 먹은 아내. 곧 고생을 함께 하여 온 본처.

재강 조	糟 糟 糟 糟 糟 糟 糟 糟 糟 糟 糟 糟 糟 糟 糟
겨강	糠 糠 糠 糠 糠 糠 糠 糠 糠 糠 糠 糠 糠 糠 糠
갈 지	之 之 之 之
아내 처	妻 妻 妻 妻 妻 妻 妻 妻

朝令暮改

조령모개 | 아침에 내린 명령을 저녁에 고침. 곧 법령이나 명령을 자주 뒤바꿈을 이름.

아침 조	朝 朝 朝 朝 朝 朝 朝 朝 朝 朝 朝
명령할 령	令 令 令 令 令
저물 모	暮 暮 暮 暮 暮 暮 暮 暮 莫 莫 莫 暮 暮
고칠 개	改 改 改 改 改 改 改

朝三暮四 조삼모사 | 간사한 꾀로 남을 속여 희롱함을 이르는 말.

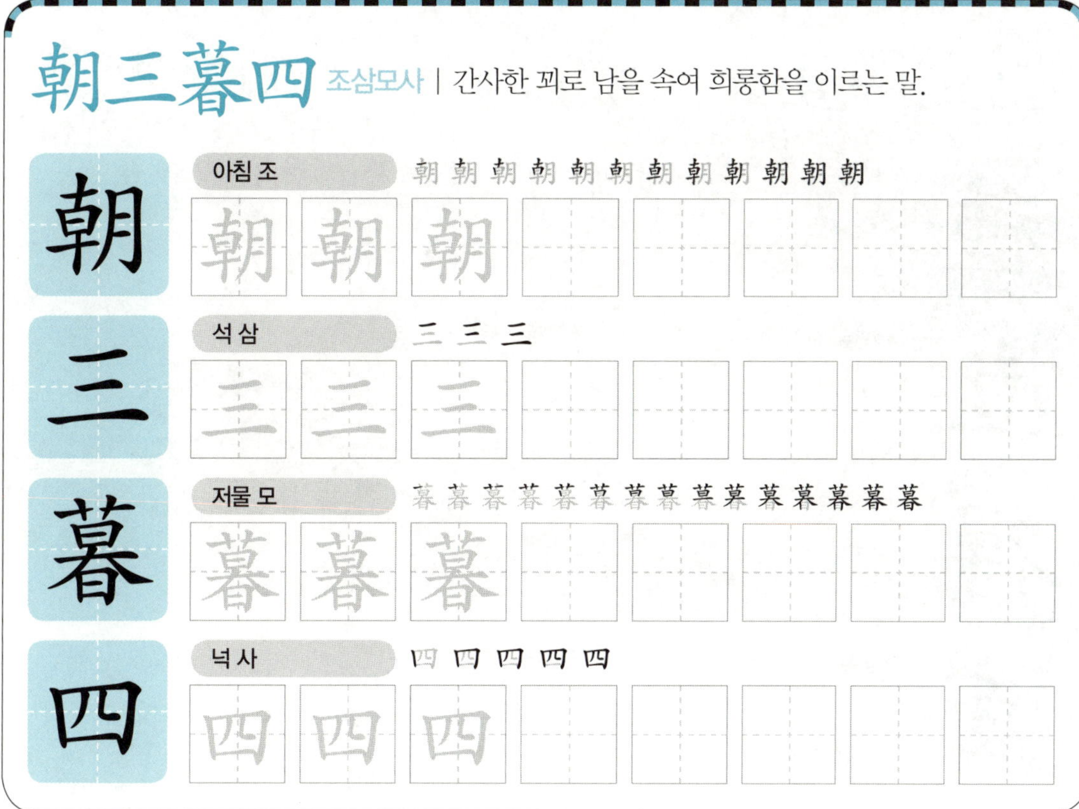

鳥足之血 조족지혈 | 새발의 피라는 뜻으로, 극히 적은 분량의 비유.

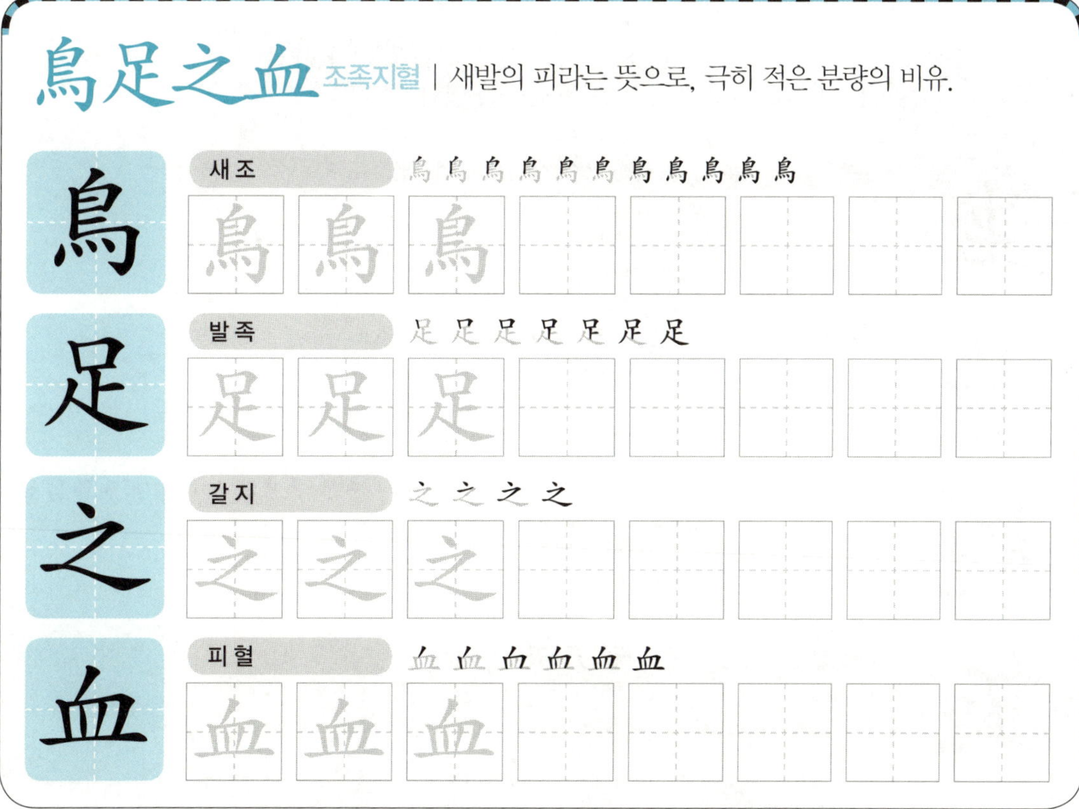

種豆得豆 종두득두

콩 심은 데 콩을 거둔다는 말로, 원인에는 그에 따른 결과가 온다는 뜻.

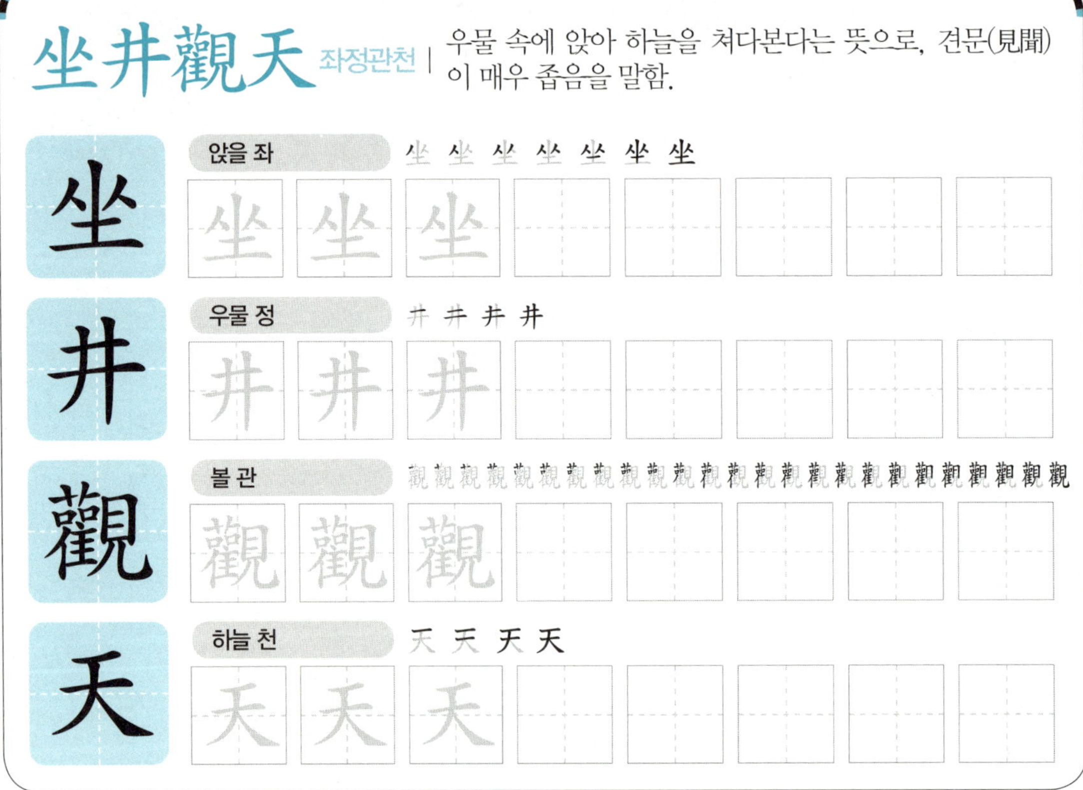

| 씨 종 | 種 種 種 種 種 種 種 種 種 種 種 種 種 種 |
| 種 種 種 | |

| 콩 두 | 豆 豆 豆 豆 豆 豆 豆 |
| 豆 豆 豆 | |

| 얻을 득 | 得 得 得 得 得 得 得 得 得 得 |
| 得 得 得 | |

| 콩 두 | 豆 豆 豆 豆 豆 豆 豆 |
| 豆 豆 豆 | |

坐井觀天 좌정관천

우물 속에 앉아 하늘을 쳐다본다는 뜻으로, 견문(見聞)이 매우 좁음을 말함.

| 앉을 좌 | 坐 坐 坐 坐 坐 坐 坐 |
| 坐 坐 坐 | |

| 우물 정 | 井 井 井 井 |
| 井 井 井 | |

| 볼 관 | 觀 |
| 觀 觀 觀 | |

| 하늘 천 | 天 天 天 天 |
| 天 天 天 | |

主客顚倒 주객전도 | 사물의 경중(輕重) · 선후(先後), 주인과 객의 차례 따위가 서로 뒤바뀜.

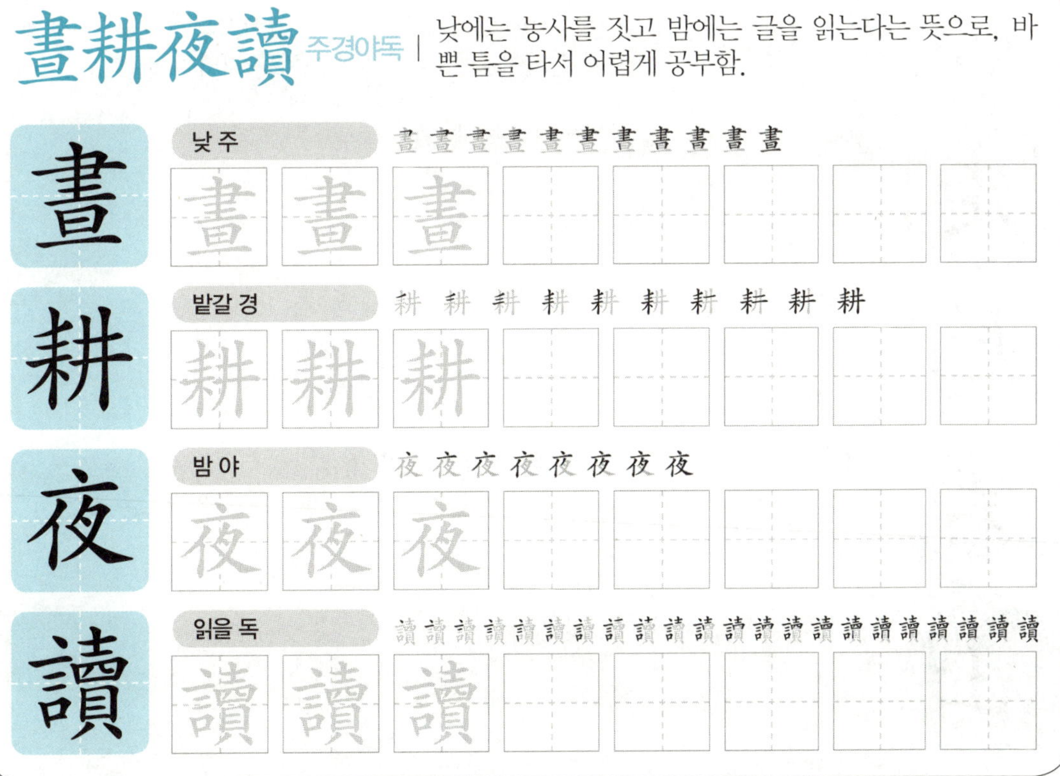

주인 주	主 主 主 主 主
손 객	客 客 客 客 客 客 客 客 客
넘어질 전	顚 顚 顚 顚 顚 顚 顚 顚 顚 顚 顚 顚 顚 顚 顚 顚 顚 顚
넘어질 도	倒 倒 倒 倒 倒 倒 倒 倒 倒 倒

晝耕夜讀 주경야독 | 낮에는 농사를 짓고 밤에는 글을 읽는다는 뜻으로, 바쁜 틈을 타서 어렵게 공부함.

낮 주	晝 晝 晝 晝 晝 晝 晝 晝 晝 晝 晝
밭갈 경	耕 耕 耕 耕 耕 耕 耕 耕 耕 耕
밤 야	夜 夜 夜 夜 夜 夜 夜 夜
읽을 독	讀 讀 讀 讀 讀 讀 讀 讀 讀 讀 讀 讀 讀 讀 讀 讀 讀 讀 讀 讀

走馬加鞭 주마가편 |

달리는 말에 채찍질한다는 말로, 부지런하고 성실한 사람을 더 격려함을 이르는 말.

走 馬 加 鞭

달릴 주	走 走 走 走 走 走 走
말 마	馬 馬 馬 馬 馬 馬 馬 馬 馬 馬
더할 가	加 加 加 加 加
채찍 편	鞭 鞭 鞭 鞭 鞭 鞭 鞭 鞭 鞭 鞭 鞭 鞭 鞭 鞭 鞭 鞭

走馬看山 주마간산 |

달리는 말 위에서 산천을 구경한다는 뜻으로, 바쁘고 어수선하여 무슨 일이든지 스치듯 지나쳐서 봄.

走 馬 看 山

달릴 주	走 走 走 走 走 走 走
말 마	馬 馬 馬 馬 馬 馬 馬 馬 馬 馬
볼 간	看 看 看 看 看 看 看 看 看
메 산	山 山 山

晝夜長川 주야장천 | 밤낮으로 쉬지 않고 흐르는 시냇물과 같이 늘 잇따름.

낮 주	晝 晝 晝 晝 晝 晝 晝 晝 晝 晝 晝
밤 야	夜 夜 夜 夜 夜 夜 夜 夜
긴 장	長 長 長 長 長 長 長 長
내 천	川 川 川

酒池肉林 주지육림 | 술이 못을 이루고 고기가 숲을 이루었다는 뜻으로, 호사스럽고 굉장한 술잔치를 두고 이르는 말.

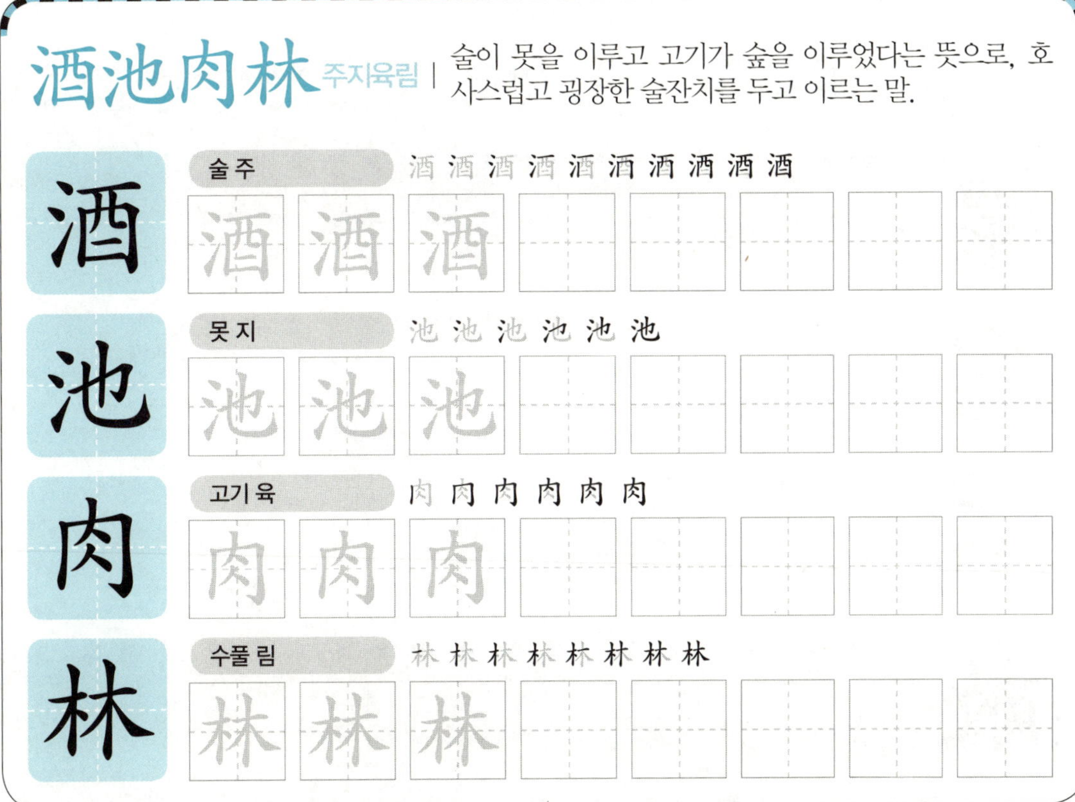

술 주	酒 酒 酒 酒 酒 酒 酒 酒 酒 酒
못 지	池 池 池 池 池 池
고기 육	肉 肉 肉 肉 肉 肉
수풀 림	林 林 林 林 林 林 林 林

竹馬故友 죽마고우 | 어릴 때부터 같이 놀며 자란 벗.

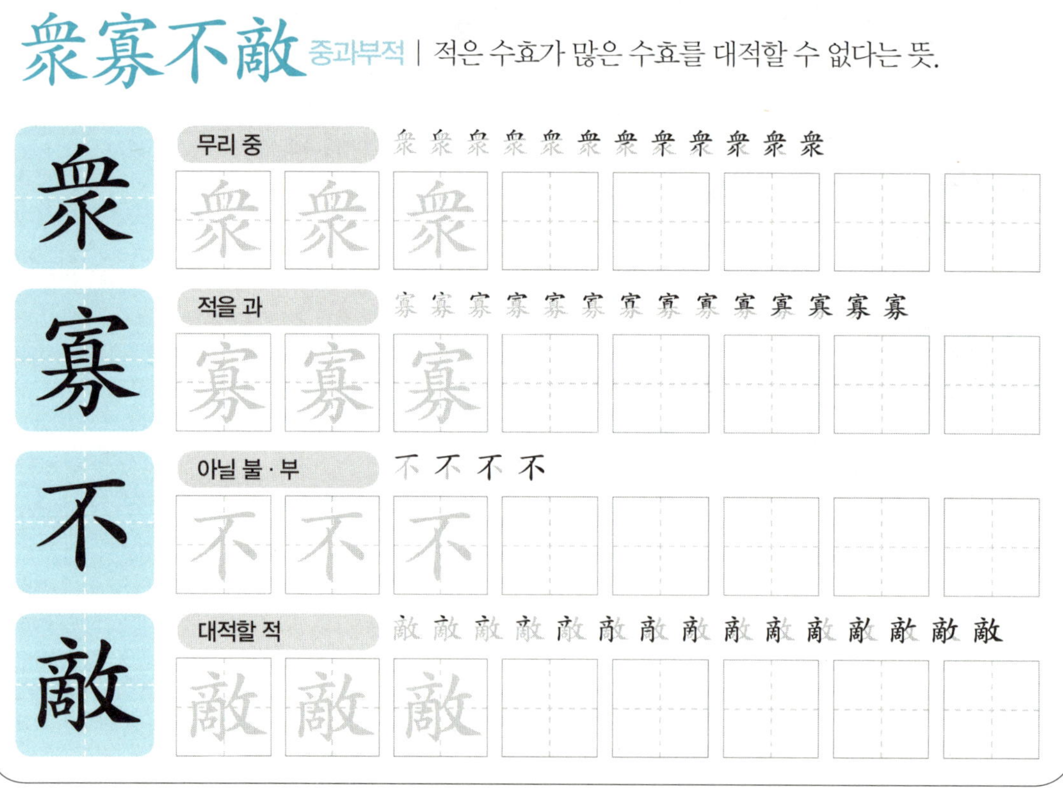

竹	대 죽	竹 竹 竹 竹 竹 竹
馬	말 마	馬 馬 馬 馬 馬 馬 馬 馬 馬 馬
故	연고 고	故 故 故 故 故 故 故 故 故
友	벗 우	友 友 友 友

衆寡不敵 중과부적 | 적은 수효가 많은 수효를 대적할 수 없다는 뜻.

衆	무리 중	衆 衆 衆 衆 衆 衆 衆 衆 衆 衆 衆 衆
寡	적을 과	寡 寡 寡 寡 寡 寡 寡 寡 寡 寡 寡 寡 寡
不	아닐 불·부	不 不 不 不
敵	대적할 적	敵 敵 敵 敵 敵 敵 敵 敵 敵 敵 敵 敵 敵 敵

衆口難防 중구난방 | 여러 사람의 입을 다 막기가 어렵다는 말.

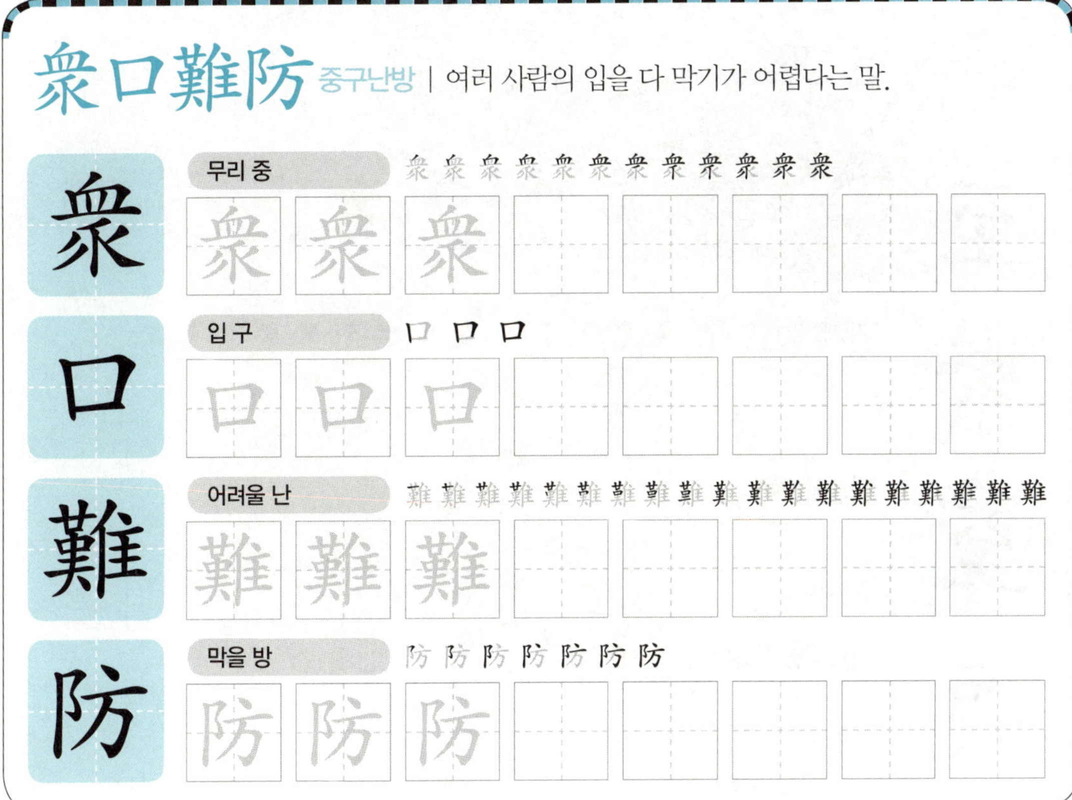

무리 중	衆 衆 衆 衆 衆 衆 衆 衆 衆 衆 衆 衆
입 구	口 口 口
어려울 난	難 難 難 難 難 難 難 難 難 難 難 難 難 難 難 難 難 難
막을 방	防 防 防 防 防 防 防

知己之友 지기지우 | 자기를 잘 알아주는 친한 벗.

알 지	知 知 知 知 知 知 知 知
몸 기	己 己 己
갈 지	之 之 之 之
벗 우	友 友 友 友

至緊至要 지긴지요 | 더할 나위 없이 긴요함.

至	이를 지	至 至 至 至 至 至
緊	긴요할 긴	緊 緊 緊 緊 緊 緊 緊 緊 緊 緊 緊 緊 緊 緊
至	이를 지	至 至 至 至 至 至
要	요긴할 요	要 要 要 要 要 要 要 要 要

指鹿爲馬 지록위마 | 윗사람을 속이고 권세를 거리낌없이 제 마음대로 휘두르는 것을 가리키는 말.

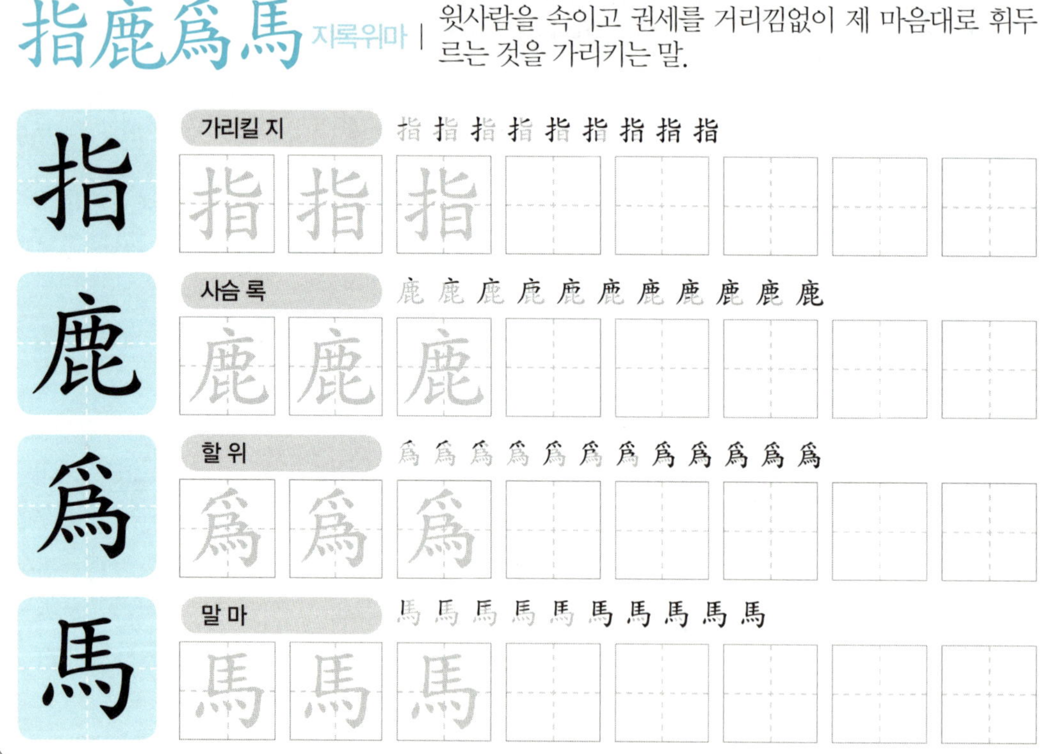

指	가리킬 지	指 指 指 指 指 指 指 指 指
鹿	사슴 록	鹿 鹿 鹿 鹿 鹿 鹿 鹿 鹿 鹿 鹿 鹿
爲	할 위	爲 爲 爲 爲 爲 爲 爲 爲 爲 爲 爲 爲
馬	말 마	馬 馬 馬 馬 馬 馬 馬 馬 馬 馬

支離滅裂 지리멸렬 | 순서없이 마구 뒤섞여 갈피를 잡을 수 없는 상태.

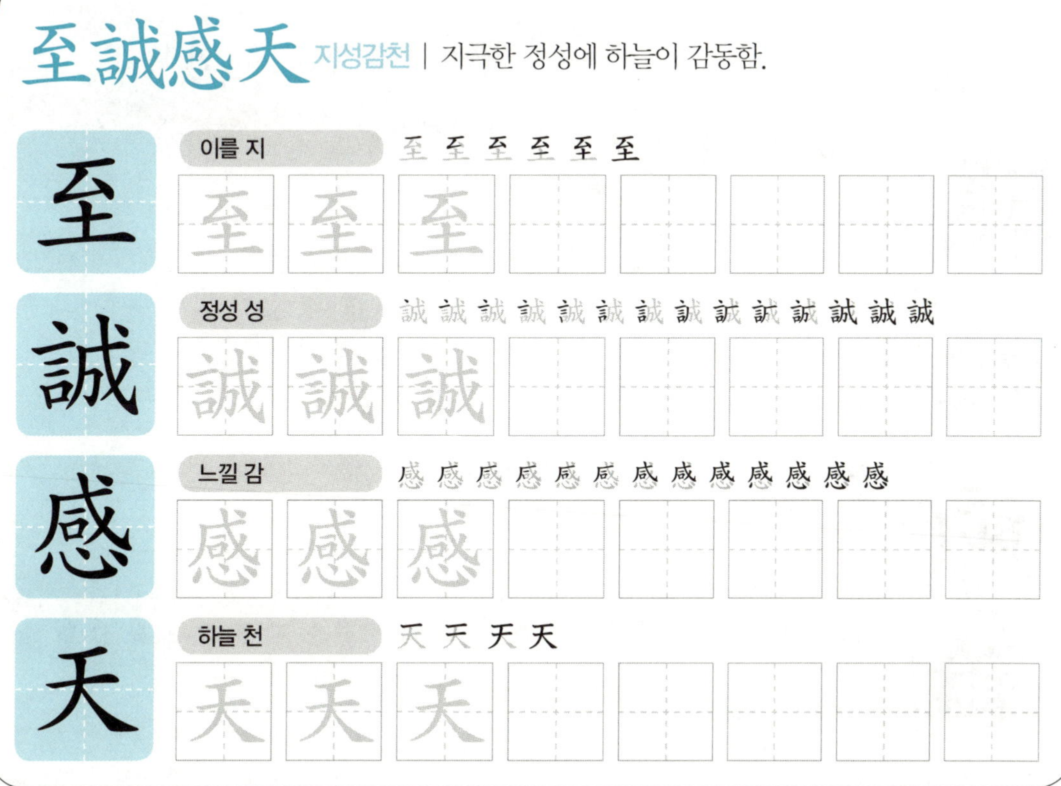

지탱할 지 — 支

떠날 리 — 離

멸망할 멸 — 滅

찢을 렬 — 裂

至誠感天 지성감천 | 지극한 정성에 하늘이 감동함.

이를 지 — 至

정성 성 — 誠

느낄 감 — 感

하늘 천 — 天

知彼知己 지피지기 | 적의 사정과 나의 사정을 소상히 앎.

知	알 지	知 知 知 知 知 知 知 知
彼	저 피	彼 彼 彼 彼 彼 彼 彼 彼
知	알 지	知 知 知 知 知 知 知 知
己	몸 기	己 己 己

進退兩難 진퇴양난 | 나아갈 수도 물러설 수도 없는 어려운 처지.

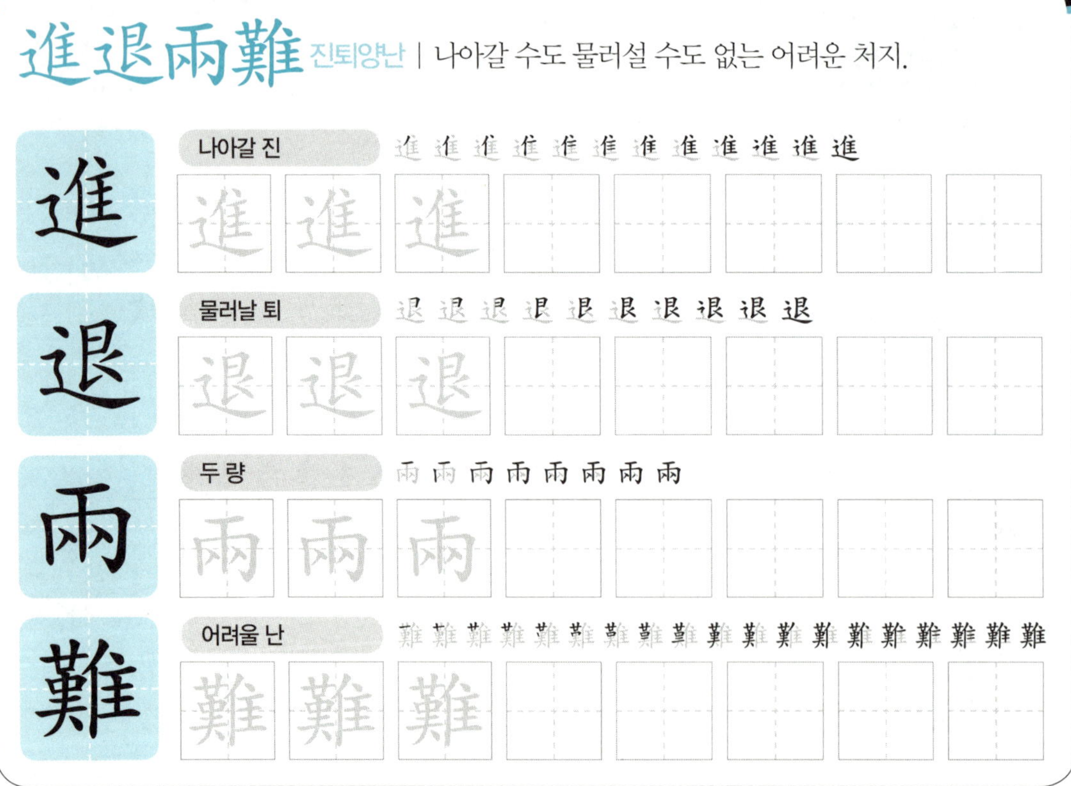

進	나아갈 진	進 進 進 進 進 進 進 進 進 進 進 進
退	물러날 퇴	退 退 退 退 退 退 退 退 退 退
兩	두 량	兩 兩 兩 兩 兩 兩 兩 兩
難	어려울 난	難 難 難 難 難 難 難 難 難 難 難 難 難 難 難 難 難 難

進退維谷 진퇴유곡 | 앞으로도 뒤로도 나아가거나 물러서지 못한다는 뜻으로, 궁지에 빠짐. = 進退兩難(진퇴양난)

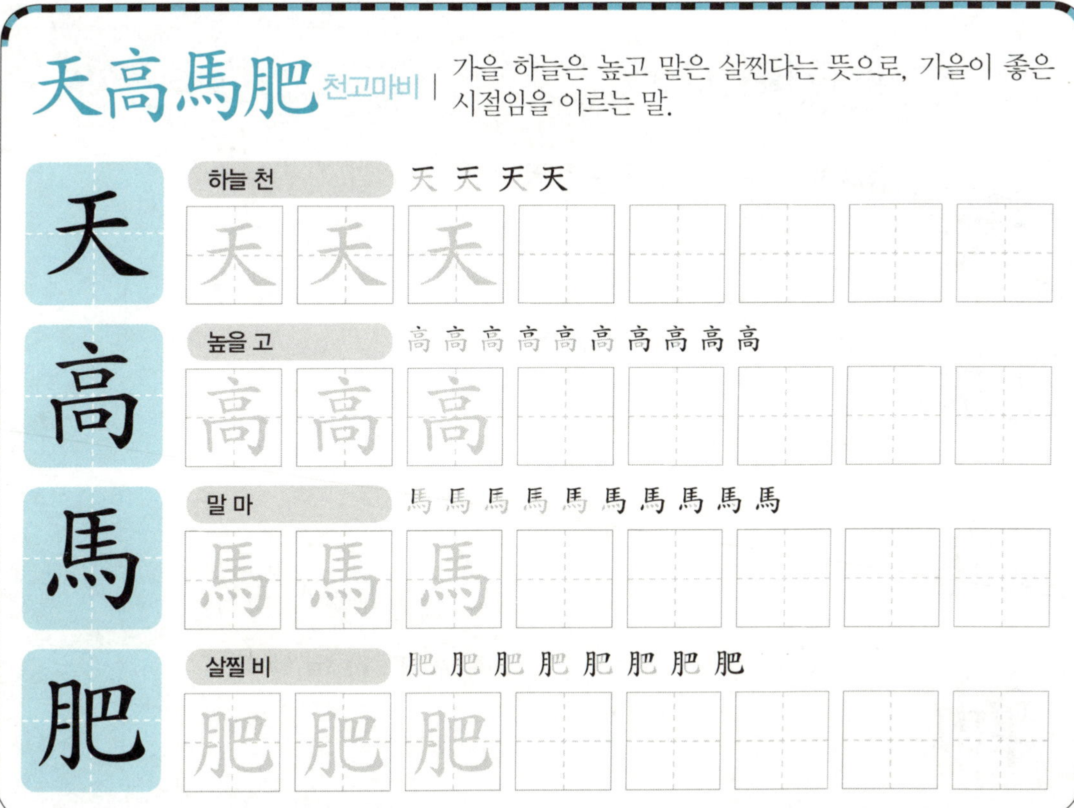

나아갈 진	進 進 進 進 進 進 進 進 進 進 進
물러날 퇴	退 退 退 退 退 退 退 退 退 退
맬 유	維 維 維 維 維 維 維 維 維 維 維 維 維
골 곡	谷 谷 谷 谷 谷 谷 谷

天高馬肥 천고마비 | 가을 하늘은 높고 말은 살찐다는 뜻으로, 가을이 좋은 시절임을 이르는 말.

하늘 천	天 天 天 天
높을 고	高 高 高 高 高 高 高 高 高 高
말 마	馬 馬 馬 馬 馬 馬 馬 馬 馬 馬
살찔 비	肥 肥 肥 肥 肥 肥 肥 肥

千慮一得 천려일득

바보같은 사람이라도 많은 생각 속에는 한 가지 쓸만한 것이 있다는 말. ↔ 千慮一失(천려일실)

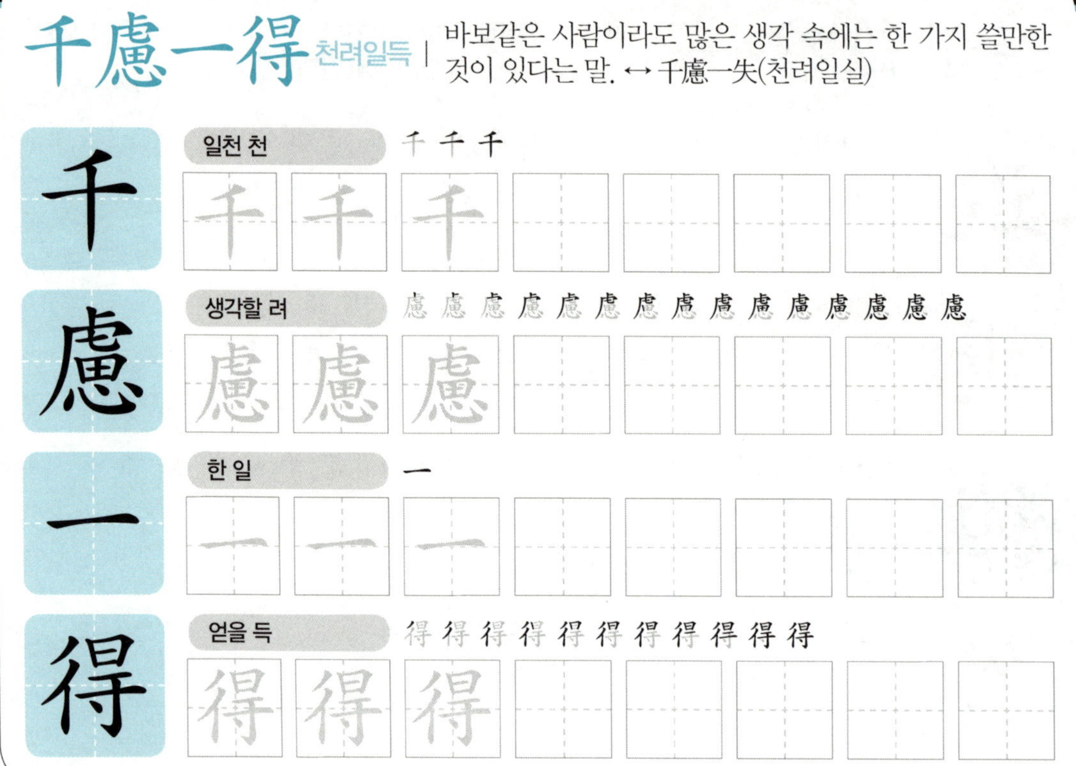

일천 천	千 千 千
생각할 려	慮 慮 慮 慮 慮 慮 慮 慮 慮 慮 慮 慮 慮 慮
한 일	一
얻을 득	得 得 得 得 得 得 得 得 得 得

天方地軸 천방지축

① 너무 바빠서 허둥지둥 내닫는 모양.
② 분별없이 함부로 덤비는 모양.

하늘 천	天 天 天 天
모 방	方 方 方 方
땅 지	地 地 地 地 地 地
굴대 축	軸 軸 軸 軸 軸 軸 軸 軸 軸 軸 軸

天涯地角 천애지각

하늘의 끝과 땅의 한 귀퉁이라는 뜻으로, 서로 멀리 떨어져 있음을 가리키는 말.

天涯地角

하늘 천	天 天 天 天
물가 애	涯 涯 涯 涯 涯 涯 涯 涯 涯 涯 涯
땅 지	地 地 地 地 地 地
뿔 각	角 角 角 角 角 角 角

天壤之判 천양지판

하늘과 땅의 차이처럼 엄청난 차이. = 天壤之差(천양지차)

天壤之判

하늘 천	天 天 天 天
흙덩이 양	壤 壤 壤 壤 壤 壤 壤 壤 壤 壤 壤 壤 壤 壤 壤 壤 壤
갈 지	之 之 之 之
판단할 판	判 判 判 判 判 判 判

天人共怒 천인공노 | 하늘과 땅이 함께 분노한다는 뜻으로, 도저히 용납할 수 없음을 이르는 말.

天	하늘 천	天 天 天 天
人	사람 인	人 人
共	함께 공	共 共 共 共 共 共
怒	성낼 노	怒 怒 怒 怒 怒 怒 怒 怒 怒

千載一遇 천재일우 | 천년에 한 번 만남. 곧 좀처럼 얻기 어려운 좋은 기회.

千	일천 천	千 千 千
載	실을 재	載 載 載 載 載 載 載 載 載 載 載 載 載
一	한 일	一
遇	만날 우	遇 遇 遇 遇 遇 遇 遇 遇 遇 遇 遇 遇

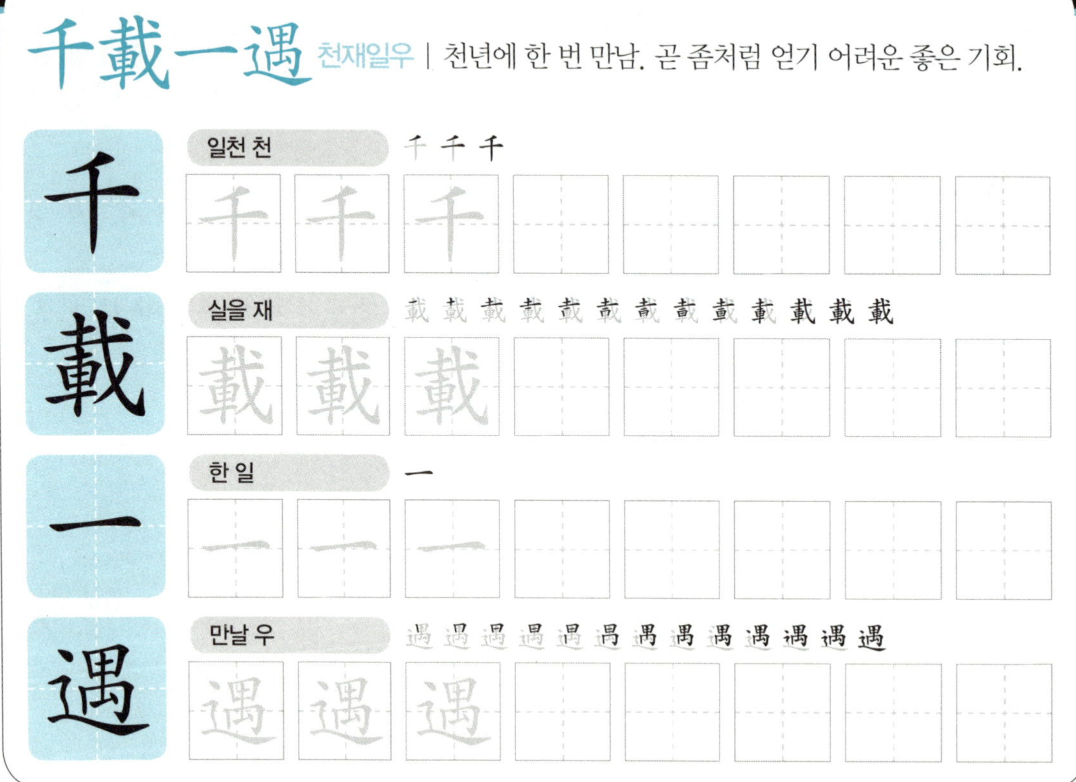

天眞爛漫 천진난만 | 꾸밈이나 거짓이 없는 천성 그대로의 순진함.

하늘 천 　天 天 天 天
참 진 　眞 眞 眞 眞 眞 眞 眞 眞 眞 眞
빛날 란 　爛 爛 爛 爛 爛 爛 爛 爛 爛 爛 爛 爛 爛 爛 爛 爛 爛 爛
흩어질 만 　漫 漫 漫 漫 漫 漫 漫 漫 漫 漫 漫 漫 漫 漫

千篇一律 천편일률 | ① 많은 사물이 변화가 없이 모두 엇비슷한 현상. ② 여러 시문(詩文)의 글귀가 거의 비슷하여 변화가 없음.

일천 천 　千 千 千
책 편 　篇 篇 篇 篇 篇 篇 篇 篇 篇 篇 篇 篇 篇 篇 篇
한 일 　一
법 률 　律 律 律 律 律 律 律 律 律

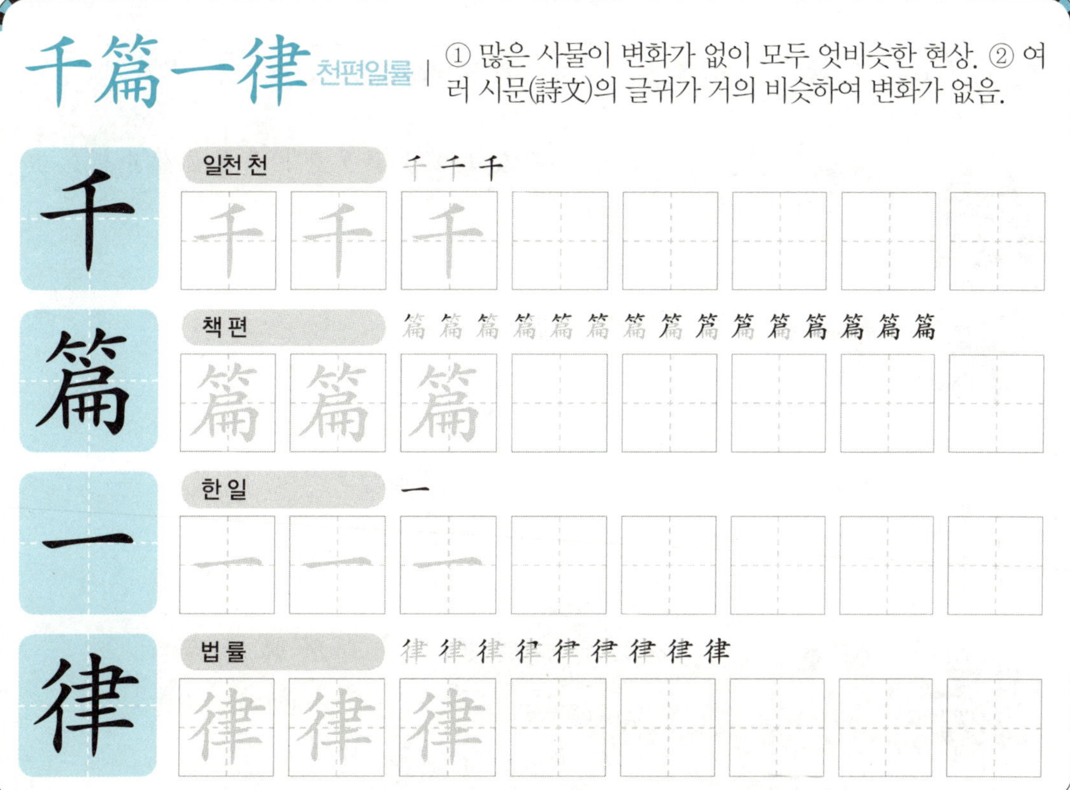

天下英才 천하영재 | 하늘 아래의 뛰어난 재주라는 뜻으로, 세상에 드문 뛰어난 재주를 가진 사람.

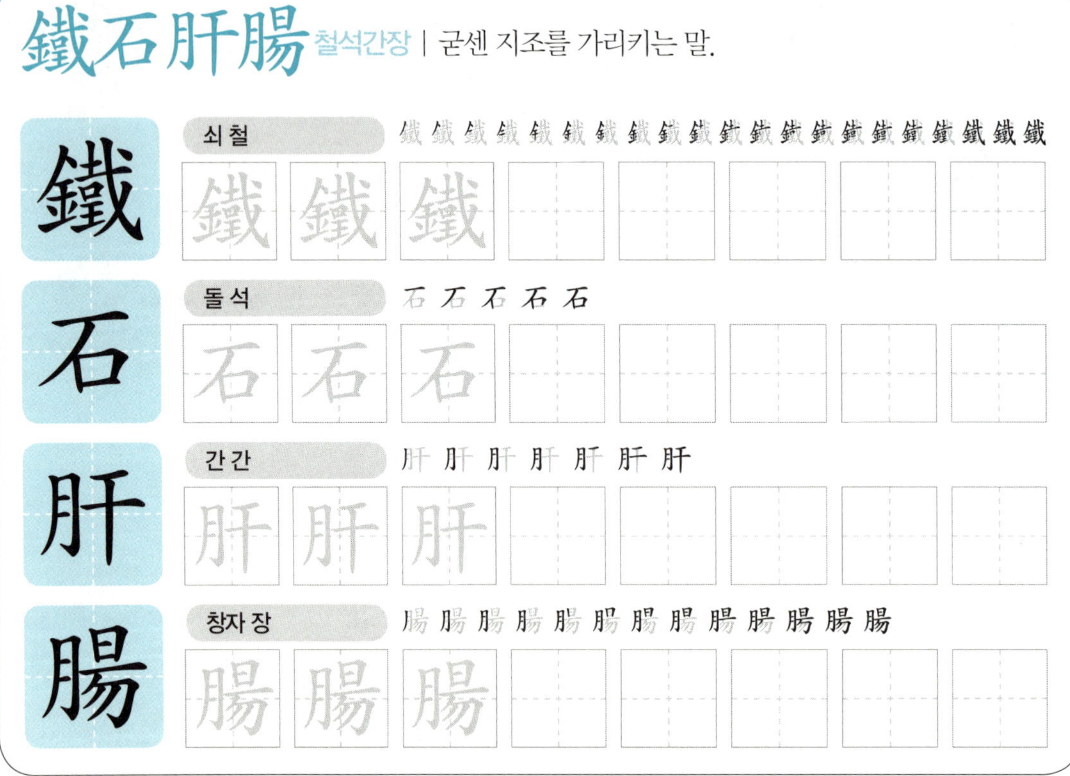

天	하늘 천	天 天 天 天
下	아래 하	下 下 下
英	꽃부리 영	英 英 英 英 英 英 英 英 英
才	재주 재	才 才 才

鐵石肝腸 철석간장 | 굳센 지조를 가리키는 말.

鐵	쇠 철	鐵 鐵 鐵 鐵 鐵 鐵 鐵 鐵 鐵 鐵 鐵 鐵 鐵 鐵 鐵 鐵 鐵 鐵 鐵 鐵
石	돌 석	石 石 石 石 石
肝	간 간	肝 肝 肝 肝 肝 肝 肝
腸	창자 장	腸 腸 腸 腸 腸 腸 腸 腸 腸 腸 腸 腸 腸

靑雲萬里 청운만리 | 푸른 구름 일만 리라는 뜻으로, 원대한 포부나 높은 이상을 이르는 말.

青	푸를 청	青 青 青 青 青 青 青 青
雲	구름 운	雲 雲 雲 雲 雲 雲 雲 雲 雲 雲 雲 雲
萬	일만 만	萬 萬 萬 萬 萬 萬 萬 萬 萬 萬 萬 萬 萬
里	마을 리	里 里 里 里 里 里 里

靑出於藍 청출어람 | 쪽에서 나온 푸른 물감이 쪽보다 더 푸르다는 뜻으로, 제자가 스승보다 낫다는 말.

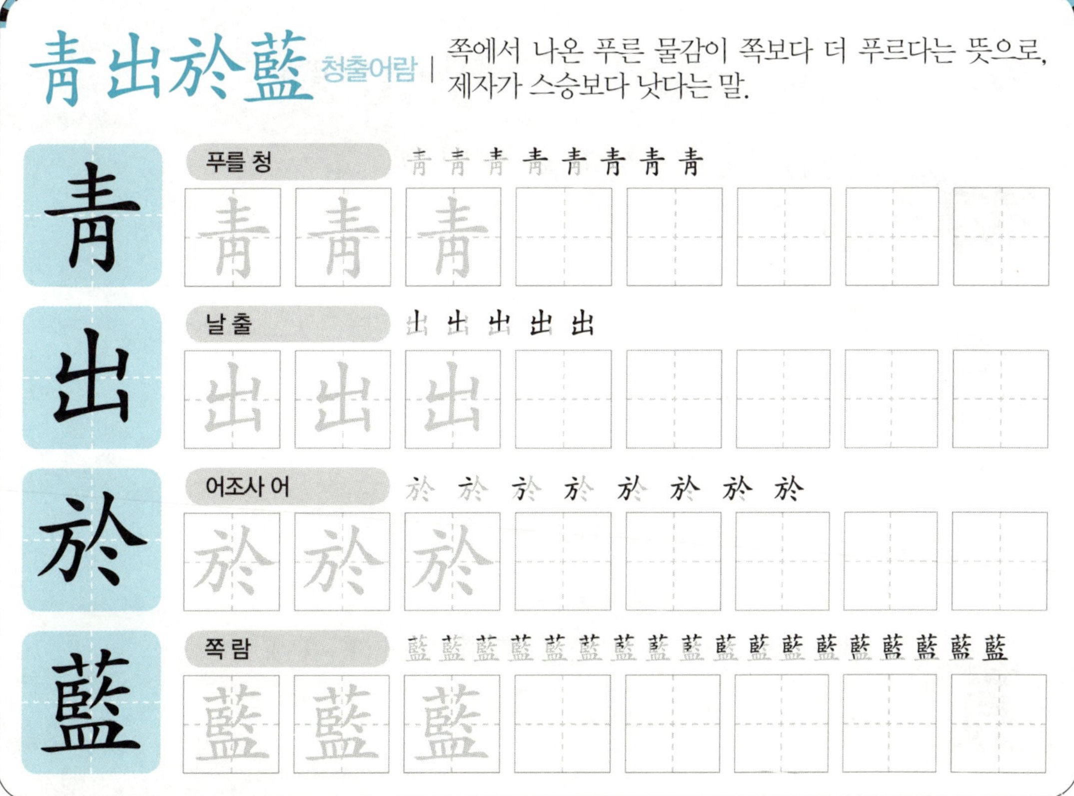

青	푸를 청	青 青 青 青 青 青 青 青
出	날 출	出 出 出 出 出
於	어조사 어	於 於 於 於 於 於 於 於
藍	쪽 람	藍 藍 藍 藍 藍 藍 藍 藍 藍 藍 藍 藍 藍 藍 藍 藍 藍

草綠同色

풀의 푸른 빛은 서로 같다는 뜻으로, 같은 처지에 있는 사람들은 서로 같은 처지에 있는 사람들끼리 어울림.

풀 초	草草草草草草草草草草
푸를 록	綠綠綠綠綠綠綠綠綠綠綠綠綠綠
한가지 동	同同同同同同
빛 색	色色色色色色

初志一貫 | 처음 품은 뜻을 한결같이 밀고 나감.

처음 초	初初初初初初初
뜻 지	志志志志志志志
한 일	一
꿰일 관	貫貫貫貫貫貫貫貫貫貫貫

寸鐵殺人 촌철살인

작고 날카로운 쇠붙이로 살인을 한다는 뜻으로, 짤막한 경구(警句)로 사람의 마음을 찔러 감동시킴을 가리키는 말.

마디 촌	寸寸寸
쇠 철	鐵鐵鐵鐵鐵鐵鐵鐵鐵鐵鐵鐵鐵鐵鐵鐵鐵鐵鐵
죽일 살	殺殺殺殺殺殺殺殺殺殺殺
사람 인	人人

春風秋雨 춘풍추우

봄철에 부는 바람과 가을에 내리는 비라는 뜻으로, 지나가는 세월을 이르는 말.

봄 춘	春春春春春春春春春
바람 풍	風風風風風風風風風
가을 추	秋秋秋秋秋秋秋秋秋
비 우	雨雨雨雨雨雨雨雨

忠言逆耳 충언역이 | 충직한 말은 귀에 거슬림.

충성 충	忠忠忠忠忠忠忠忠
말씀 언	言言言言言言言
거스를 역	逆逆逆逆逆逆逆逆逆逆
귀 이	耳耳耳耳耳耳

醉生夢死 취생몽사 | 술에 취하듯 살다가, 꿈을 꾸듯 죽는다는 뜻.

술취할 취	醉醉醉醉醉醉醉醉醉醉醉醉醉醉醉
날 생	生生生生生
꿈 몽	夢夢夢夢夢夢夢夢夢夢夢夢夢夢
죽을 사	死死死死死死

七顚八起 칠전팔기 | 일곱 번 넘어지고 여덟 번 일어난다는 뜻으로, 실패를 무릅쓰고 분투함을 이르는 말.

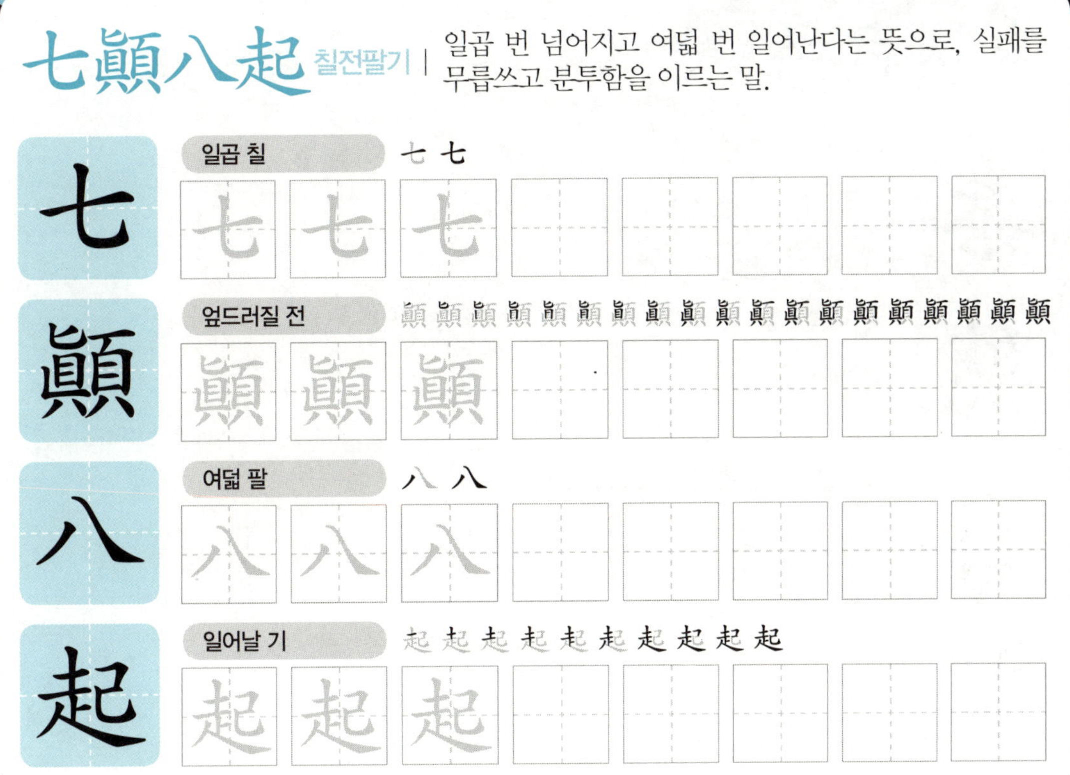

他山之石 타산지석 | 다른 산에서 나는 돌로 자기의 옥(玉)을 가는 데 쓸 수 있다는 뜻으로, 다른 사람의 하찮은 언행일지라도 자기의 지덕(智德)을 닦는데 도움이 된다는 말.

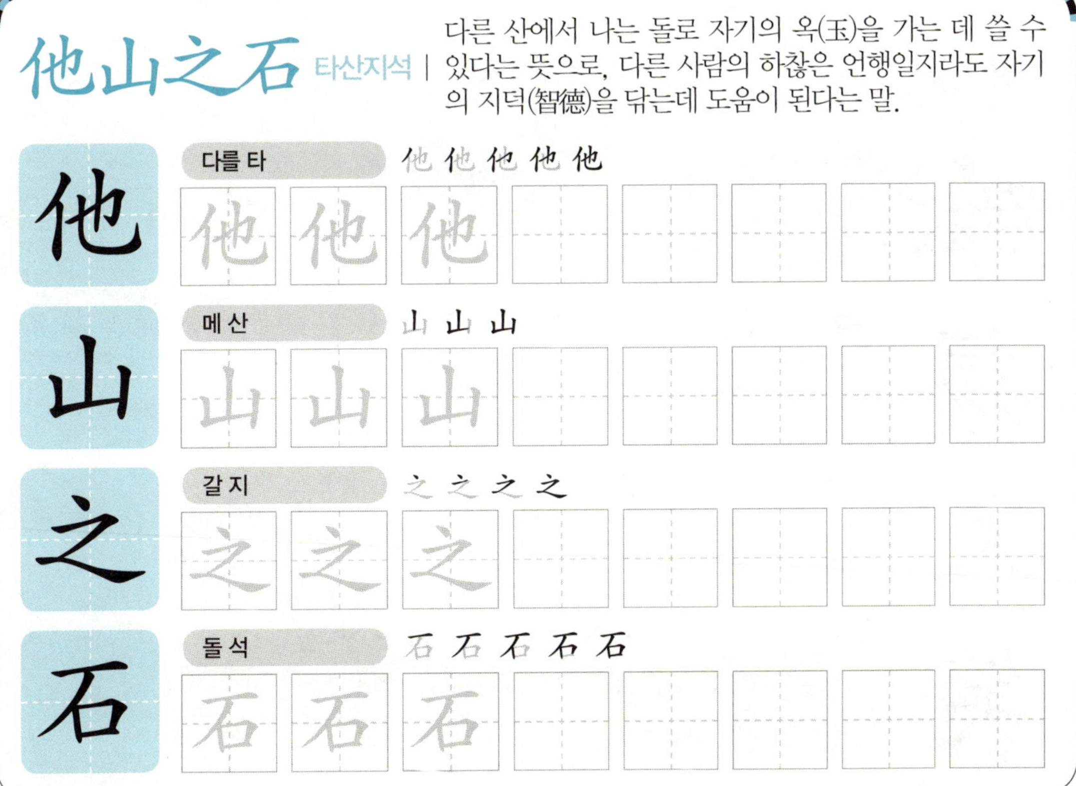

泰然自若 태연자약 | 마음에 무슨 충동을 당하여도 듬직하고 천연스러움.

클 태	泰 泰 泰 泰 泰 泰 泰 泰 泰 泰
그럴 연	然 然 然 然 然 然 然 然 然 然 然
스스로 자	自 自 自 自 自 自
같을 약	若 若 若 若 若 若 若 若 若

破顔大笑 파안대소 | 얼굴이 찢어질 정도로 크게 웃음.

깨뜨릴 파	破 破 破 破 破 破 破 破 破 破
얼굴 안	顔 顔 顔 顔 顔 顔 顔 顔 顔 顔 顔 顔 顔 顔 顔 顔
큰 대	大 大 大
웃을 소	笑 笑 笑 笑 笑 笑 笑 笑 笑 笑

破竹之勢 파죽지세 | 대나무를 쪼갤 때의 맹렬한 기세라는 뜻으로, 막을 수 없게 맹렬히 적을 치는 기세를 이름.

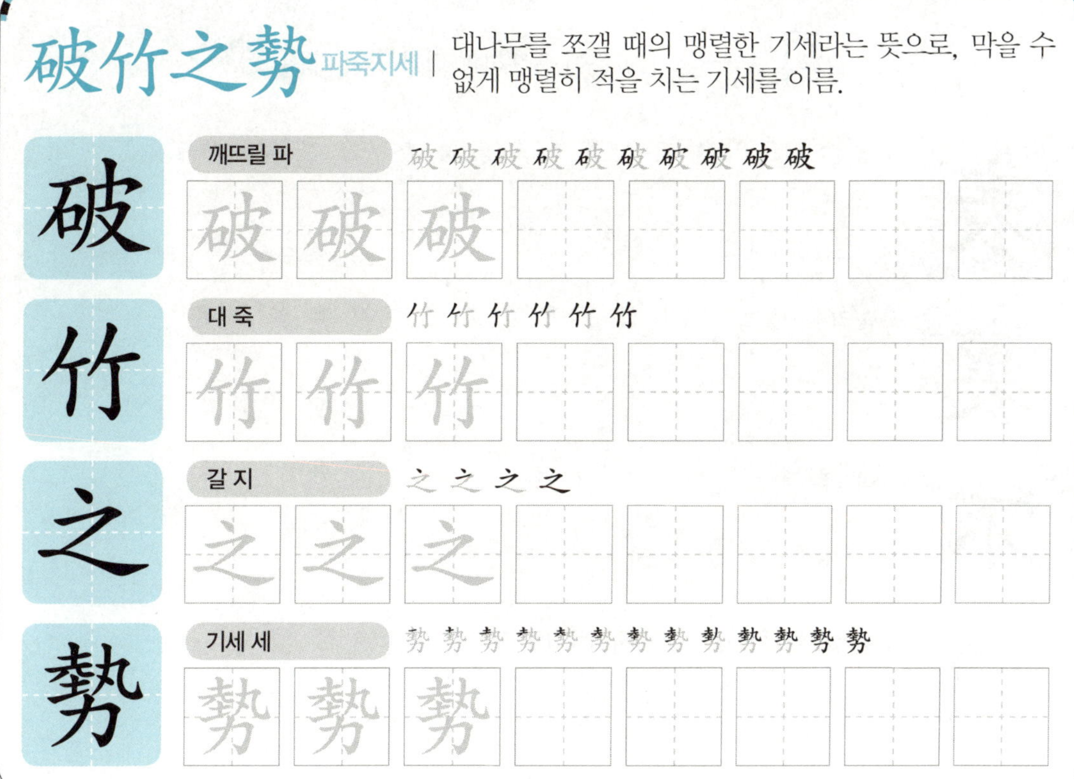

布衣之交 포의지교 | 벼슬이 없는 선비 시절에 사귄 벗.

表裏不同 표리부동 | 마음이 음흉하여 겉과 속이 다름.

겉 표	表 表 表 表 表 表 表 表
속 리	裏 裏 裏 裏 裏 裏 裏 裏 裏 裏 裏 裏 裏
아닐 불·부	不 不 不 不
한가지 동	同 同 同 同 同 同

風前燈火 풍전등화 | 바람 앞에 켠 등불이란 뜻으로, 사물이 매우 위급한 자리에 놓여 있음을 가리키는 말.

바람 풍	風 風 風 風 風 風 風 風 風
앞 전	前 前 前 前 前 前 前 前 前
등잔 등	燈 燈 燈 燈 燈 燈 燈 燈 燈 燈 燈 燈 燈 燈 燈
불 화	火 火 火 火

漢江投石 한강투석 | 한강에 돌 던지기라는 뜻으로, 아무리 애써도 보람 없음을 이르는 말.

한수·한나라 한	漢漢漢漢漢漢漢漢漢漢漢漢漢漢
강 강	江江江江江江
던질 투	投投投投投投投
돌 석	石石石石石

含憤蓄怨 함분축원 | 분한 마음을 품고 원한을 쌓음.

머금을 함	含含含含含含含
분할 분	憤憤憤憤憤憤憤憤憤憤憤憤憤憤
쌓을 축	蓄蓄蓄蓄蓄蓄蓄蓄蓄蓄蓄蓄蓄
원망할 원	怨怨怨怨怨怨怨怨怨

咸興差使 함흥차사 | 심부름꾼이 가서 소식이 없거나, 회답이 더딜 때의 비유. [이조 태조가 함흥에 은퇴하여 있을 때, 태종이 보낸 사신을 죽이거나 가두어 돌려 보내지 않은 고사에서 유래]

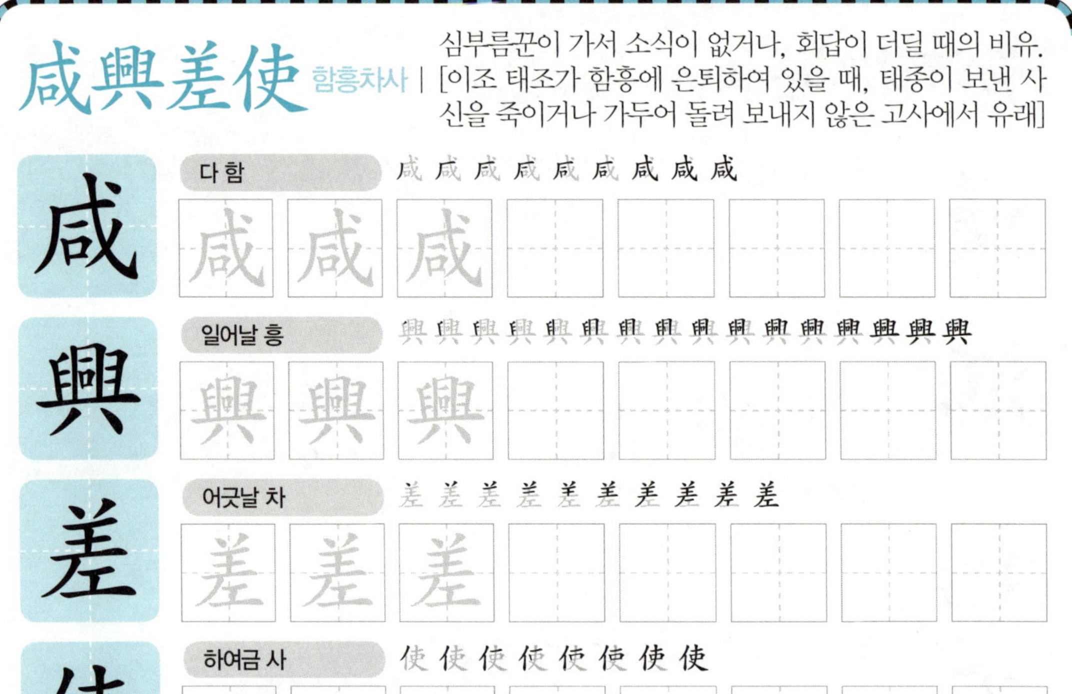

咸 다 함
興 일어날 흥
差 어긋날 차
使 하여금 사

賢母良妻 현모양처 | 어진 어머니이면서 또한 착한 아내.

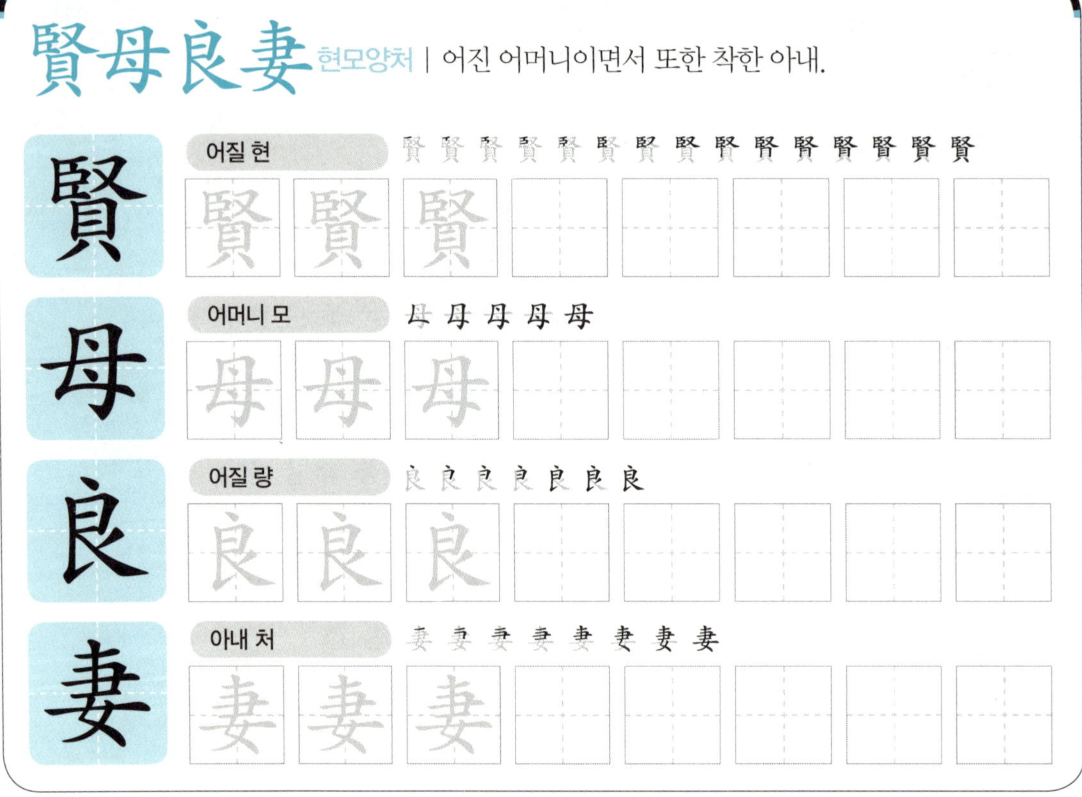

賢 어질 현
母 어머니 모
良 어질 량
妻 아내 처

螢雪之功 형설지공 |

갖은 고생을 하며 학문을 닦은 보람.
[중국 진나라 차윤(車胤)이 반딧불로 글을 읽고 손강(孫康)이 눈빛으로 글을 읽었다는 고사에서 유래]

반딧불 형	螢 螢 螢 螢 螢 螢 螢 螢 螢 螢 螢 螢 螢 螢 螢
눈 설	雪 雪 雪 雪 雪 雪 雪 雪 雪 雪 雪
갈 지	之 之 之 之
공 공	功 功 功 功 功

狐假虎威 호가호위 |

여우가 범의 힘을 빌려 위협한다는 뜻으로, 남의 권세에 의지하여 위세를 부림의 비유.

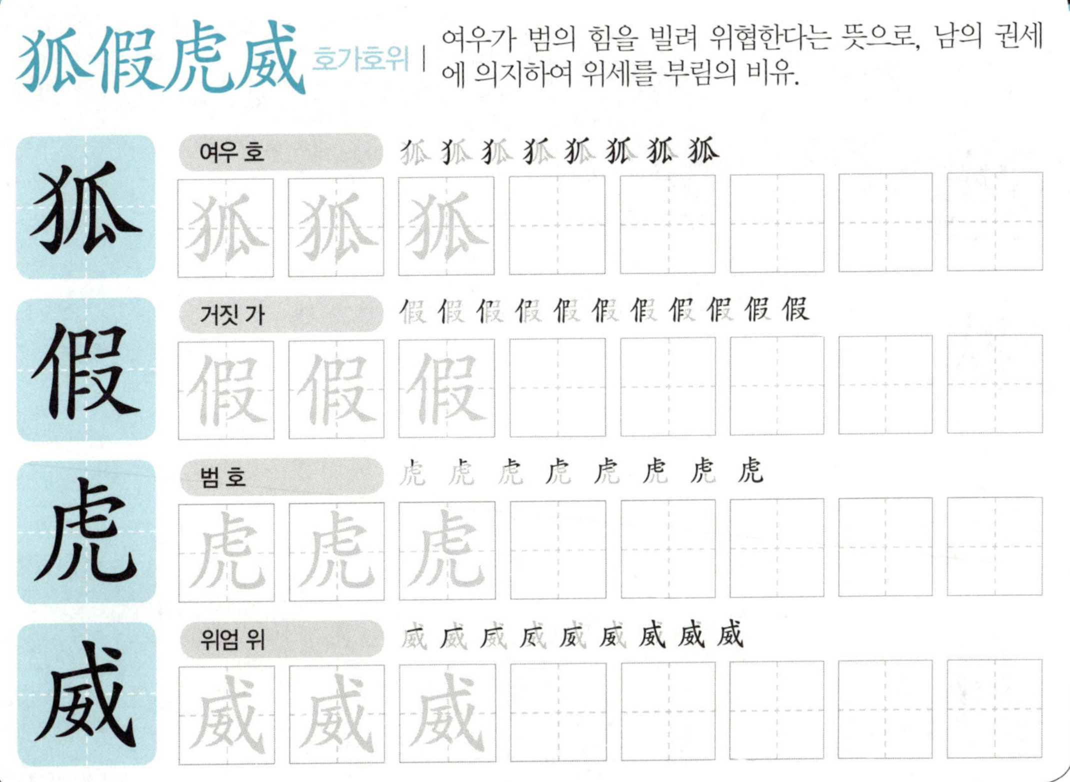

여우 호	狐 狐 狐 狐 狐 狐 狐 狐
거짓 가	假 假 假 假 假 假 假 假 假 假
범 호	虎 虎 虎 虎 虎 虎 虎 虎
위엄 위	威 威 威 威 威 威 威 威 威

糊口之策 호구지책 | 가난한 살림에서 겨우 먹고 살아가는 방책.

풀칠할 호	糊 糊 糊 糊 糊 糊 糊 糊 糊 糊 糊 糊 糊 糊 糊
입구	口 口 口
갈 지	之 之 之 之
꾀 책	策 策 策 策 策 策 策 策 策 策 策 策

浩然之氣 호연지기 | ① 하늘과 땅 사이에 가득 차 있는 넓고 큰 원기(元氣).
② 도의에 뿌리를 박고 공명 정대하여 스스로 돌아보아 조금도 부끄럽지 않은 도덕적 용기.

넓을 호	浩 浩 浩 浩 浩 浩 浩 浩 浩 浩
그럴 연	然 然 然 然 然 然 然 然 然 然
갈 지	之 之 之 之
기운 기	氣 氣 氣 氣 氣 氣 氣 氣 氣 氣

昏定晨省 혼정신성 | 저녁에는 잠자리를 보아 드리고, 아침에는 문안(問安)을 드린다는 뜻으로, 부모에게 효도하는 도리.

어두울 혼	昏 昏 昏 昏 昏 昏 昏 昏
정할 정	定 定 定 定 定 定 定 定
새벽 신	晨 晨 晨 晨 晨 晨 晨 晨 晨 晨 晨
살필 성	省 省 省 省 省 省 省 省 省

昏 定 晨 省

紅爐點雪 홍로점설 | 빨갛게 달아오른 화로에 눈이 내리면 순식간에 녹아 버리고 만다는 말로, 큰 일을 함에 있어서 작은 힘이 아무런 보탬이 되지 못함을 비유하는 말.

붉을 홍	紅 紅 紅 紅 紅 紅 紅 紅 紅
화로 로	爐 爐 爐 爐 爐 爐 爐 爐 爐 爐 爐 爐 爐 爐 爐 爐 爐
점 점	點 點 點 點 點 點 點 點 點 點 點 點 點 點 點 點
눈 설	雪 雪 雪 雪 雪 雪 雪 雪 雪 雪 雪

紅 爐 點 雪

紅顔少年 홍안소년 | 나이가 젊고 얼굴이 곱게 생긴 남자.

붉을 홍	紅 紅 紅 紅 紅 紅 紅 紅 紅
얼굴 안	顔 顔 顔 顔 顔 顔 顔 顔 顔 顔 顔 顔 顔 顔 顔 顔
적을 소	少 少 少 少
해 년	年 年 年 年 年 年

畫中之餠 화중지병 | 그림의 떡. 곧 실속 없는 일에 비유하는 말.

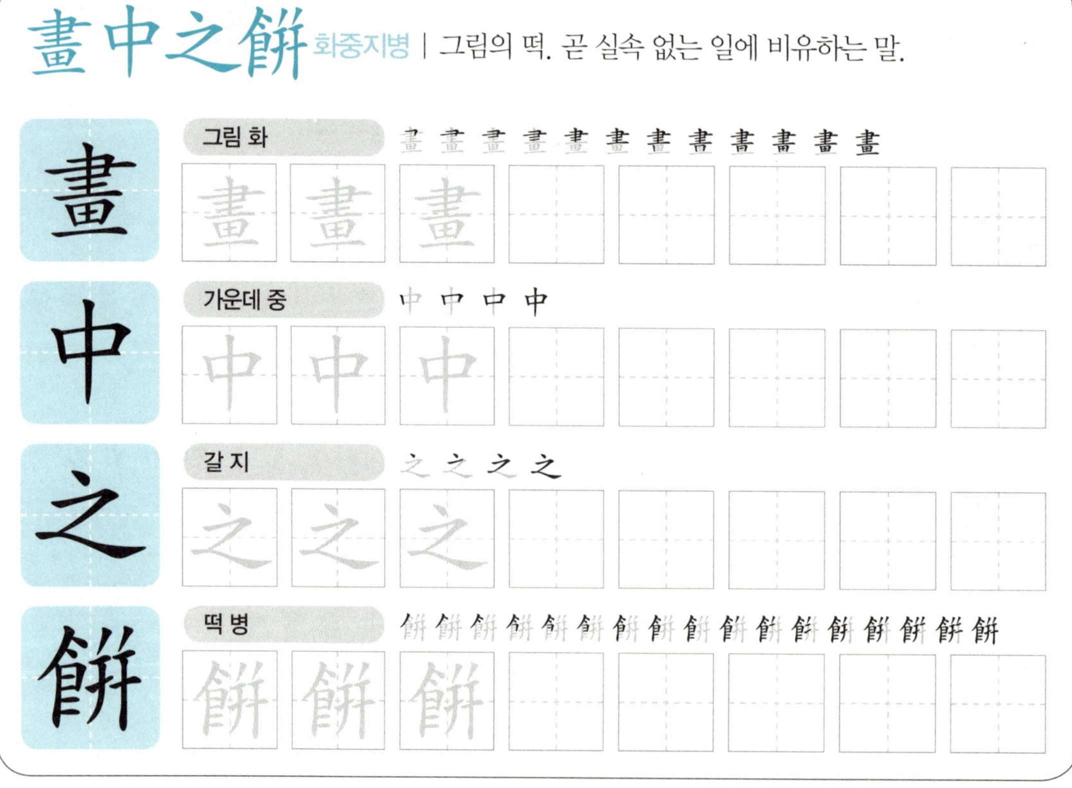

그림 화	畫 畫 畫 畫 畫 畫 畫 畫 畫 畫 畫 畫
가운데 중	中 中 中 中
갈 지	之 之 之 之
떡 병	餠 餠 餠 餠 餠 餠 餠 餠 餠 餠 餠 餠 餠 餠 餠

確乎不拔 확호불발 | 매우 든든하여 흔들리지 아니함.

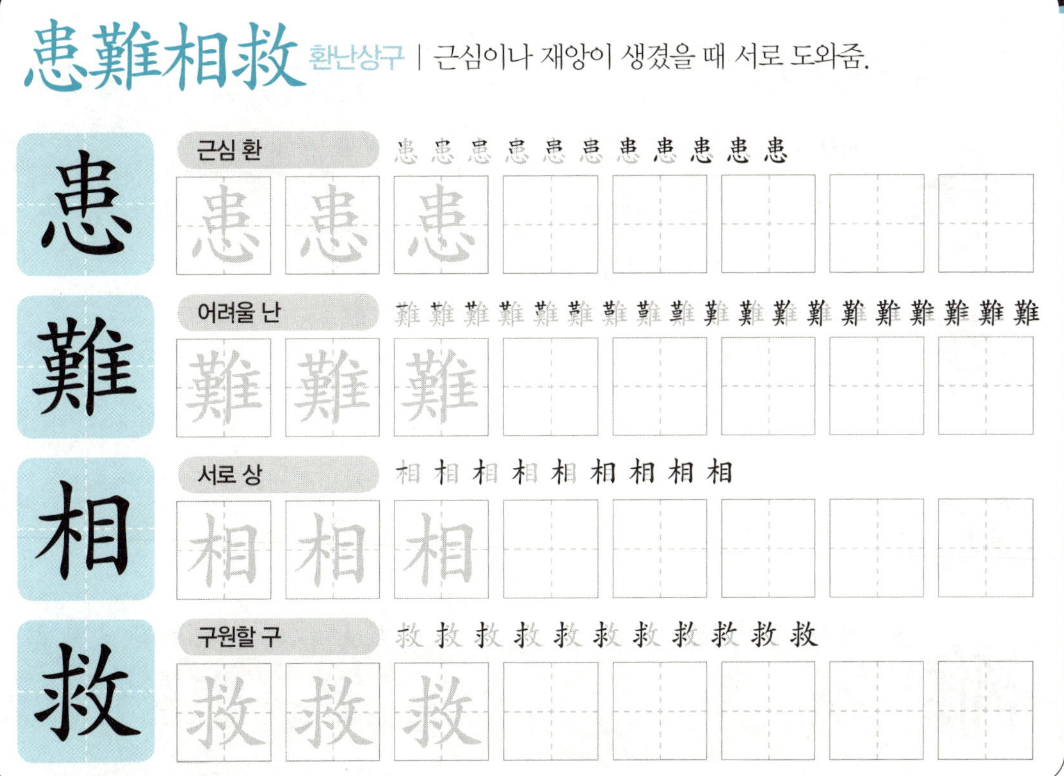

확실할 확	確
어조사 호	乎
아닐 불·부	不
뽑을 발	拔

患難相救 환난상구 | 근심이나 재앙이 생겼을 때 서로 도와줌.

근심 환	患
어려울 난	難
서로 상	相
구원할 구	救

興盡悲來 흥진비래 | 즐거운 일이 다하면 슬픈 일이 온다는 뜻으로, 세상 일은 순환됨을 이르는 말. ↔ 苦盡甘來(고진감래)

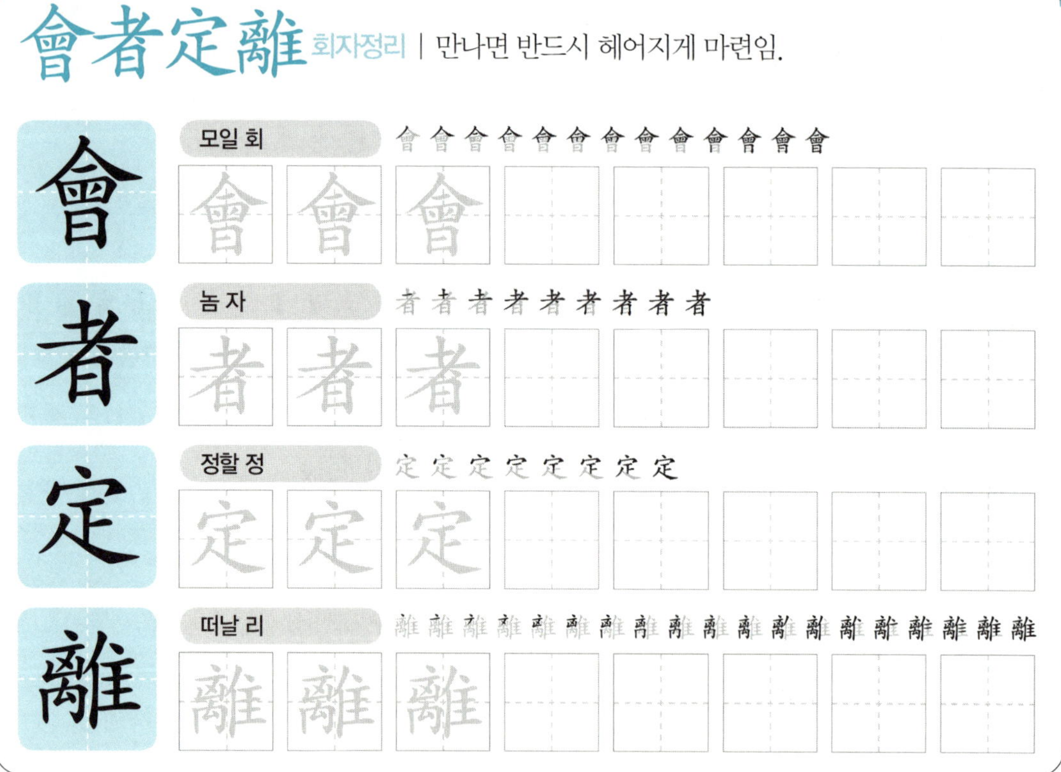

興 | 일어날 흥
盡 | 다할 진
悲 | 슬플 비
來 | 올 래

會者定離 회자정리 | 만나면 반드시 헤어지게 마련임.

會 | 모일 회
者 | 놈 자
定 | 정할 정
離 | 떠날 리